课题顾问

李 扬　谢 多

Assessment on Financial Ecological
Environment in China's Area (2013-2014)

中国地区
金融生态环境评价

（2013~2014）

主　编／王国刚　冯光华
副主编／刘煜辉　钟用　蔡真

社会科学文献出版社
SOCIAL SCIENCES ACADEMIC PRESS (CHINA)

中国地区金融生态环境评价课题组

李 扬　　谢 多　　王国刚　　冯光华
刘煜辉　　殷剑峰　　任东旭　　蔡国喜
蔡 真　　钟 用　　霍志辉　　李海龙
王新华　　胡志浩　　徐义国　　何海峰
胡 滨　　袁增霆　　黄国平　　牛新艳
祁逸超　　张桦成　　赵旭东　　才 进
吴冬雯　　郭永斌　　张 鑫　　叶 枫
于国龙　　陈 曦

序

2014年，世界经济仍处于缓慢复苏期，回升步伐受到诸多深层次结构性矛盾的制约，面对错综复杂的国际环境和"三期"叠加的国内形势，党中央、国务院科学统筹"稳增长、促改革、调结构、惠民生、防风险"的发展目标，向改革创新要动力、向结构调整要助力，着力发挥市场机制作用。随着深化改革的全面推进、简政放权系列举措陆续出台，利率市场化、汇率市场化不断提速，结构调整、产能优化取得阶段性成果，国内经济逐渐步入"新常态"，经济转型升级势头总体良好。

"新常态"孕育着新机遇、新动力，供应链重组、经济结构调整、治理体系重塑和大国关系再造，中国经济将走上追求质量、效益和可持续发展的道路。但同时，"新常态"也带来新要求、新挑战，原有增长模式下所形成的风险因素或将不断暴露、释放，并且随着我国经济体量、全球影响力的不断提升，中国经济这艘巨轮面临着更巨大的压力、更艰巨的挑战与更复杂的风险。这其中，中国地方政府性债务因其深远影响及潜藏风险，可以说已经成为当前被高度关注的重要课题。

就内在成因而言，地方政府所肩负的发展使命是其融资举债的主要动因。近十年来，我国处于加快推进工业化、信息化、城市化、市场化和国际化的发展阶段，各级地方政府不仅承担着依靠基础设施建设等来发展地区经济的艰巨任务，而且肩负着供给基本养老、教育、医疗等公共产品以切实改善民生的使命，生产性、生活性公共产品的持续供给需要地方政府具有较强的资金动员和配置能力。加之在"GDP激励机制"的驱动下，地方政府资本支出的预算软约束明显，纷纷通过预算外融资模式创新为地方政府基础设施建设筹集资金，地方政府融资平台应运而生。尤其是在2008年国际金融危机以后，各地政府融资平台迅速扩张，地方政府性债务规模快速增长。根据审计署2013年审计结果，截至2013年6月底，地方政府负有偿还责任的债务为10.89万亿元，负有担保责任的债务为2.67万亿元，承担一定救助责任的债务为 4.34 万亿元。整体而言，我国地方政府债务仍处在较为可控的范围，地方政府债务支出也形成了大量的优质资产，比如土地储备、轨道交通、保障房、高速公路等，加之国有企业净资产等为抵御各类债务风险提供了较为坚实的物质基础。但与此同时，地方政府债务规模增长过快、部分地方债务负担较重、融资成本较高等潜在风险点亦不容忽视。

党中央、国务院多次强调"要把控制和化解地方政府性债务风险作为经济工作的重要任务"，尤其在经济金融全球化的大背景下，国际国内经济形势更趋复杂多变，要求我们必须以全球视野和战略眼光，正确看待、有效解决地方政府债务问题，牢牢守住不发生区域性、系统性金融风险的底线，确保国家经济金融安全，确保社会和谐稳定。2014 年以来，中央政府、各主管部门在加快推进地方政府债券改革的道路上不断加码发力，5月，财政部印发《2014 年地方政府债券自发自还试点办法》，试水地方政府自主发债；8 月，《预算法》的修改为省级地方政府发债确立了法律依据，10 月，国务院颁布的《关于加强地方政府性债务管理意见》（简称"43 号文"）进一步清楚勾勒了地方债务治理路线图，赋予地方政府依法适度举债权限，地方政府债务融资迎来了"向公众交底、让市场选择"的全新时代。长期来看，"改革创新与防范风险"仍将成为社会发展、经济发展、市场发展的主旋律，在探索如何应对地方政府性债务融资风险这一现实问题的过程中，有关部门及学界、业界亦逐步形成共识——市场化、透明化是规范地方债发展的根本之道。

"市场化"意味着拓宽市场化的融资渠道，建立市场化的地方政府融资模式，形成市场化的地方债风险与收益定价机制，真正树立起"谁受益谁出钱、谁发行谁偿还"的市场化运行规则。在当前经济转型升级的大背景下，在国务院大力倡导下，多部委加快落实简政放权、转变政府职能，未来，推广运用政府与社会资本合作模式，鼓励社会资本通过特许经营等方式参与城市基础设施投资和运营将是大势所趋。地方政府一方面可与社会资本合作（PPP）成立特殊目的公司，通过银行贷款、企业债、项目收益债券、资产证券化等市场化方式融资；另一方面，地方政府也可发行一般债券和专项债券，借助债务融资市场产品工具创新、制度机制创新，进一步拓宽地方政府的融资途径，更好地满足其融资需求，优化融资模式。

　　"透明化"意味着要理顺并完善地方债务管理体系,构建多维度、多层次、全流程的市场化风险识别与控制体系,及时应对局部性、区域性风险,及时公开地方政府的信用评级、债券发行使用和偿还等基本信息以及地方政府经济财政债务数据等,接受社会广泛监督,真正实现公债资金良性循环。这其中,信用评级无疑将成为推动地方政府性债务阳光化、透明化的关键环节。由于地方政府性债务融资依托于地方政府信用,与地方经济发展、财政收支、政府治理等紧密相连,其信用风险凸显一定的特殊性、关联性、复杂性,加大了风险研判的难度。因此,信用评级有望成为搭建地方债务与风险防范之间"平衡木"的重要考虑因素。国务院43号文明确指出"建立地方政府信用评级制度,逐步完善地方政府债券市场",在充分披露信息的基础上开展地方政府信用评级,对地方政府的偿债能力进行客观公正的评价,对风险进行有效识别与揭示,是建立地方政府债务融资的市场化约束和风险分担机制的基础条件,是对地方政府举债融资行为建立正向激励约束的必要举措,是提高地方政府债务融资的透明度与规范性的重要基石。

　　地方政府债务风险研判问题是一个复杂的系统工程,必须科学论证,开展大量的基础性研究工作。地区金融生态环境作为地方政府生存和发展的外部环境,对地方政府融资可获得性、融资成本、未来债务偿还等方面有重大影响。自2005年起,中国社会科学院受中国人民银行委托,对地区金融生态环境评价开展研究,先后出版了四部《中国城市金融生态环境评价》报告,建立了较为系统的评价体系。而中债资信评级公司(中国人民银行主管)作为落实中国政府在G20会议上关于推进评级业改革承诺的重要举措、探索评级行业营运模式创新的试点单位,自成立以来立足于服务地方政府债券市场发展、服务地方金融生态环境改善,在相关领域持续研究,在地方政府评级技术、业务经验、人才储备等方面进行了积极准备,搭建了一套中国地方政府信用评级体系,并与中国社会科学院合作开展了"中国地方政府信用评级模型研究"课题研究。2014年中债资信先后参与了北京、江苏、浙江三省(市)2014年地方政府债券信用评级项目,在评级实际工作中应用和检验了《中国地区金融生态环境评价(2013~2014)》相关成果。出于共同维护市场金融生态环境的使命感与责任感,在几年深入研究与技术积累的基础上,中国社会科学院与中债资信联合出版《中国地区金融生态环境评价(2013~

2014)》，希望此书能为完善地方政府债务管理体系、建立地方政府债务的风险评估和约束机制提供有益参考，为推动我国金融市场建设和支持实体经济发展添砖加瓦。最后，感谢在本书的编写过程中相关主管部门给予我们的关怀、指导与支持，感谢市场成员、行业专家及各界同人为我们提供了丰富的案例与素材，也感谢所有编写人员为此书出版付出的辛勤汗水与不懈努力。

冯光华

2015 年 5 月

内容摘要

　　地方政府债务问题是当前中国经济发展的重要议题之一。2014 年 8 月，十二届全国人大常委会第十次会议表决通过了关于修改《中华人民共和国预算法》的决定，明确了地方政府发债的有限放开。无论是从事前的发债规模控制还是从事中的风险监督角度来看，构建一个健全、有效的地方债务信用评级系统已成为市场建设迫在眉睫的工作。本报告是中国地区金融生态环境评价研究项目的第五部专题研究报告，相对于第四部研究报告，我们不仅在制度层面分析如何通过金融生态建设促进地方政府债务治理，而且在应用层面评估地方政府债务对地区金融生态的影响，在技术层面说明如何对地方政府信用主体进行评级。报告分为上下两篇。上篇为"地方政府债务与地区金融生态建设"，主要阐明地方债务问题是金融生态的一种异化表现，在宏观层面说明地方债务的结构性风险及衍生风险，在微观层面测度各地债务可承受水平，在地方债务对金融稳定影响的前提下对地区金融生态环境进行评价；下篇为"地方政府主体信用评级及中国特色评级要素研究"，主要阐明金融生态环境评价与地方政府信用评级的关系、地方政府信用评级方法、中国特有的评级要素、国外地方政府破产的经验以及当前对地方政府债务工作的总结和展望。

　　《从金融生态评估到地方政府债务治理》一文首先回顾了金融生态研究的历史以及取得的良好社会效果。我们认为中国金融业的风险不仅与内部治理结构的缺陷有关，还与其生存和发展的外部环境密切相关。银行业较高的不良率是经济转轨过程中体制性矛盾积累后的集中表现，如"拨改贷"过程中要求银行支持、国企关停并转过程中甩空银行债务、司法和执法过程中对债权人保护不力等。历经近 10 年的研究，地区金融生态评价取得了良好的社会影响：一方面有力推动了金融生态环境体制机制建设，为金融资源优化配置、维护区域金融稳定发挥了重要作用；另一方面为破除单纯 GDP 考核的政绩观开创了一条改革新思路。然而，近年来地方金融生态环境出现了一种异化表现，即地方政府由过去直接干预信贷转变为运用手中掌握的土地、矿产等资源获取信贷并进行开发建设。这些财政和准财政活动具有极强的货币创生性，我们称之为"财政决定信用"。这种活动最终可能将财政风险传导至金融层面。我们已经观察到这种金融风险的端倪：2013年的"6·20钱荒"事件表面看来是一次短暂的流动性冲击，但背后隐藏着严重的流动性错配。银行的负债端伴随利率市场化的进程久期明显变短，而资产端大都是公共基础设施等长期限项目。当长期资产的现金流不能够覆盖短期负债的成本之时，流动性冲击就会成为常态；央行在2014年运用各种措施预防这种冲击，包括应用短期借贷便利直接对中小银行操作，创设更长期的中期借贷便利投放流动性。这实际上是运用金融手段为财政风险埋单，应该建立地方政府发债的长效机制，使市政建设筹借资金的期限与运用的期限相匹配，解决流动性错配的问题。地方政府债务膨胀除了产生流动性错配风险外，更深层次的，还存在系统性风险：在软约束条件下，地方政府普遍存在着借钱不嫌贵的现象，这导致资金成本高企；资金成本高表明资金需求非常旺盛，而在市场机制中，资金需求应是资本回报率的增函数，但中国的资本回报率是明显衰退的。软预算约束产生挤出效应，损害经济增长，它是造成地方金融生态异化的关键因素。中国人民银行行长周小川在最近的讲话中提到"目前软约束实体主要是地方政府融资平台"，因此，针对地方政府债务问题，不仅需要通过发债解决流动性错配的问题，更需要构建健全、有效的评级机制，让市场以"用脚投票"的方式形成地方政府融资行为的硬约束。本次地区金融生态环境评价在指标体系方面进行了较大的改动，特设了"地方政府债务对金融稳定的影响"这一大类指标，这是金融生态评估向地方政府债务治理过渡的一次有益尝试。

《地方政府债务的结构性风险及衍生风险》一文是从宏观层面对当前地方政府债务风险的考察。国家审计署的政府债务审计报告表明，无论是从债务负担率指标还是从债务率指标来看，中国的政府债务（包括地方政府债务）风险都处于绝对安全的水平。我们对中国政府性债务违约率的测算也极低，然而单考虑地方政府层面，在不考虑土地出让金收入的情况下，各省债务率几乎全部超过150%的警戒线；在考虑土地出让金作为可支配财力的情况下，超过警戒线的省份也接近一半。我们将这种全国性政府债务风险较低但其中的地方部分风险较高的现象称为中国政府债务的结构性风险。阐释结构性风险的原因很简单：考虑债务负担率指标，分母同为 GDP，计算结果地方的比全国的低显然是因为地方的债务比全国的少（即分子）；换作债务率指标，地方的计算结果比全国的大，分子已经是地方的债务余额，比全国的小了，那么要想计算结果变大，分母部分地方的应该以更快的速度减少。负债率的分母是政府可支配财力，那么产生这种结构性风险的根源是地方政府可支配财力难以支撑债务。1994 年分税制改革之后，增值税、所得税等逐步成为共享税，且中央分享比例更大，地方政府剩下最大的税种就是营业税。然而，我们认为财权和财源的上收还不是造成地方政府债务膨胀的唯一必要条件，毕竟财政收入少了，可以减少财政支出。我们发现 1998 年住房货币化改革之前，地方的财政赤字水平相对稳定；但随着土地出让市场的放开，尤其是土地招拍挂制度的施行，地方的财政赤字以及债务规模加速膨胀。其原因是土地资源使得地方政府有了举债的担保条件。这种结构性风险还衍生出两重风险：一是这种隐性财政风险一头与资产价格（地价房价）相连，另一头与银行信用风险相连，而信用风险与波动的资产价格相连是大忌。二是这种结构性风险还产生了系统重要性风险，一方面大部分的债务集中在系统重要性机构；另一方面高负债集中在中心城市，中心城市房价如果下跌将具有示范效应。因此，如果地方政府债务风险爆发，这种结构效应下产生的危害比匀质条件下要大得多。总体而言，地方政府发债是隔离银行风险与房地产市场风险的有效办法；但如果不能解决发债后的偿债资金来源问题，债务到期依然存在违约风险；如果中央救助，就有道德风险，那么发债所期望形成的硬约束就会落空。所幸，地方政府债务不存在整体性风险，仅仅是结构性风险；那么调整财政收入结构就成为化解风险的关键之策，遵循增量改革成功的过往经验，可在大体保持当前税制的前提下开征新的地方税种，尤其是不动产税。不动产税的开征一方面有利于充盈地方岁入，增加偿债来源；另一方面也是对城市基础设施建设产生的外溢效应的修正。

鉴于当前地方政府发债所采取的限额管理措施，我们撰写了《地方政府债务可承受水平测度》一文，着眼于从微观应用的角度研究各省可承受债务水平的上限，并与当前现实债务水平进行对比，从而为事前控制风险提供一个参考。该文首先纠正了大部分文献存在的"用收入流量度量债务存量风险"的错误做法，将其转换为"可偿债资金支撑多少债务年金"的流量模型；其次修订了以往文献假定以财政收入一定比例作为可偿债资金

的简单做法，明确了可偿债资金的定义以及现实操作方法；最后应用
Bootstrap 方法解决了分税制改革以来时间序列过短进而导致难以模拟的问
题。我们的实证结果表明在假定 1% 违约概率条件下，现实债务水平超过
理论推算的可承受债务水平上限的省份有北京、河北、山西、辽宁、吉
林、黑龙江、江西、河南、湖北、湖南、四川、贵州、云南、陕西、甘
肃。这些地区应该严格限定发债规模。

《2013～2014 年中国地区金融生态环境评价结果报告》是全书的主体，
该报告从政府债务与政府治理对金融稳定的影响、经济基础、金融发展和
制度与诚信文化四个方面分析了中国地区金融生态环境，并对直辖市、重
点城市以及十大经济区的金融生态进行了对比分析。分析结果表明，我国
地区金融生态环境存在着巨大的差异。东部沿海地区金融生态环境要优于
中部地区、东北地区和西部地区。在入选的 247 个城市中，Ⅰ级城市全部
位于东部，56.9% 的Ⅱ级城市位于东部。东部地区的金融生态环境已经比
较完善。中部入选的 58 座城市中，21% 分布在Ⅱ级，36% 分布在Ⅲ级，
38% 分布在Ⅳ级，5% 分布在Ⅴ级，表现出较大的差异性。中部地区若想成
为中国未来经济的增长极，其金融生态环境的改善是不可或缺的一环。其
中提高经济市场化程度、减少激进城市化行为、降低城市化进程中的政府
债务负担、加强社会诚信体系建设是改善中部金融生态环境的首要任务。
西部和东北地区入选城市分布在Ⅱ级的比率分别只有 7% 和 13%，而分布
在Ⅳ级及以下的比率分别为 41% 和 53%。西部地区地域辽阔、人口稀少，
多数地区远离出海口，交通不便。长期以来西部对外开放程度低，基础设
施落后，经济欠发达，政府治理不良，市场化程度低，金融法制环境欠
佳。找到适合西部发展的金融发展模式是西部金融发展的重要切入点。

《2013～2014 年中国地区金融生态环境问卷调查结果分析报告》针对
部分难以通过客观数据反映的情况，采用问卷方式进行分析。此次问卷调
查结果从法治环境、政府治理与地方政府债务、诚信文化三个方面进行了
深度分析，有效补充了客观数据未能反映的情况。虽然较之客观数据，基
于问卷调查的主观评分在完备性和精确性方面先天地存在不足，然而，从
总体上来说，此次问卷调查结果具有很强的说服力，在难以量化测度的方
面为我们提供了有力的佐证。

《地区金融生态环境评价与地方政府信用评级的关系分析》一文是对
金融生态如何应用到地方政府债务治理中进行的理论论述。该文首先介绍

了地区金融生态环境和地方政府信用评级的概念及评价方法。其次，从评价对象、评价指标等方面深入分析了地区金融生态环境与地方政府信用评级的差异和联系：尽管两者在评价对象、概念内涵上存在差异，但我们认为，地区金融生态环境对地方政府信用评级有很大的影响，地方政府信用评级应当考虑地区金融生态环境因素，在中国地方政府信用评级分析框架中可将地区金融生态环境作为一个外部调整因素来分析。地区金融生态环境评价和地方政府信用评级之间有很多共同的评价指标，两者的评价结果有一定的正相关性。因此，我们提出中国地方政府评级分析框架要将地区金融生态环境评价结果及相关指标纳入其中的设想。

《中国地方政府主体信用评级方法》一文在界定地方政府以及评级适用范围的基础上，分析了中国地方政府财政、债务的特征，提出了中国特色的地方政府主体评级思路，即中国地方政府主体评级不仅要考虑自身信用风险，还应考虑外部支持因素。就具体评级要素而言，自身评级要素包括地区经济实力、地方政府财政实力、政府治理水平、地区金融生态环境；外部支持要素包括支持方政府信用实力以及政府支持评价要素。

《中央政府对地方政府提供支持或救助可能性的分析方法研究》一文是对上一篇主体评级方法中外部支持要素的一个扩展分析。该文对中央支持或救助地方的可能性进行了成本收益分析，考虑了中国特殊体制对中央施救决策的影响。我们认为，政治上中央集权与经济上渐进分权相结合的央地关系特征，使得中国地方政府违约带来的冲击效应和救助引发的道德风险问题更加突出。这是中央施救的主要负面影响，操作上我们通过考察地方政府是否存在过度举债（即地方政府的债务规模与其财政收入的匹配程度）来判断道德风险的大小。正面影响重点考虑政治影响力、地方政府在当地经济发展中的作用、当地经济对其他地区经济的辐射效应以及地方政府债务的债权人构成四个方面因素。

中国的地方政府掌握着大量的国有资产和资源，那么这些资产是否可作为偿债资金，从目前中国相关的法律、法规来看，并没有明确规定。《国有资产对地方政府主体信用评级的影响》一文重点考察了这一中国特色因素对评级的影响。该文根据国有资产的分类探讨了哪些因素可纳入地方政府评级要素，具体包括地方政府拥有的经营性国有资产、土地出让收入、探矿权和采矿权使用费、海域使用权和海域使用金。随后该文从流量角度分析了这些资产体现在哪些会计科目中，并讨论了如何纳入地方政府评级要素中。

　　以上四篇文章分析了地方政府评级中的中国特色要素，形成了当前中国地方政府评级最为完备的评级体系。后续文章分析了国外地方政府破产案例，并对当前地方政府债务管理的现状进行了点评。

目　录

上篇　地方政府债务与地区金融生态建设

下篇　地方政府主体信用评级及中国特色评级要素研究

地方政府债务与
地区金融生态建设

从金融生态评估到地方政府债务治理

一 金融生态研究的历史缘起和演进

2004 年中国人民银行行长周小川提出"金融生态"概念，尝试用此概念解释地方信用水平的显著差异。因信用等级不同而出现的微观经济主体间的个体风险差异是存在的，因经济周期影响和经济结构变动而造成的产业之间的风险差异也是存在的，但在统一经济体内部的各个地区之间，不应当存在比较明显的风险差异。

为了解释这个问题，周小川行长将这一颇为前沿的金融问题的研究任务交给了中国社会科学院金融研究所。时任金融所所长的李扬教授组织研究力量在中国人民银行相关司局的协助下开展地区金融生态环境评估的研究。这是金融宏观监管部门和国家级专业科研机构一次卓有成效的合作。

这次合作在周小川行长近年来的讲话中被时常提及，"人民银行代表金融界和金融所进行了一项非常有效的合作，就是对中国金融地区金融生态研究进行的深入调查和系统研究，正式列了这么一个课题。社科院列举的金融生态和评估体系，正是对全国 110 个城市进行生态环境评估，并对外公开发表。这项开创性的工作也受到社会各界的高度重视，有力推动我国金融生态的改善和金融业的改革发展"。

我们为此创建了金融生态的完整学科体系。李扬教授对金融生态的概念进行了系统性的界说，为解释地区金融生态的差异搭建了一个制度经济学的分析框架，最后形成了一套评估地区金融生态的指标体系和评价模型。

从理论上说，金融体系绝非独立的创造金融产品和金融服务的系统，它的运行更广泛地涉及其赖以活动之区域的政治、经济、文化、法治等基本环境要素，涉及这种环境的构成及其变化，以及它们导致的主体行为异化对整个金融体系造成的影响。从这个意义上讲，中国金融风险的来源之一，是体制和机制层面的系统性风险，是中国政治、经济和发展模式转型过程中诸多矛盾的集中体现。换言之，中国的金融风险不仅源于金融业自身，而且更广泛地源于金融业赖以生存与发展的外部环境。

许多因素都可能对地区金融生态环境造成影响。在2005年首次发布的《中国城市/地区金融生态评价报告》当中，我们根据广泛的实地调研、数据分析以及课题论证，提出了评价城市/地区金融生态环境的9项因素，分别是经济基础、企业诚信、金融发展、法治环境、社会诚信文化、社会中介发展、社会保障程度、政府公共服务和金融部门独立性。2007年发布的《地区金融生态评价报告》在前期研究基础上又根据这9项因素之间的内在联系进行了进一步整合，围绕转轨经济中政府主导经济资源配置的典型特征提出了评价地区金融生态环境的4个指标，分别是地方政府治理、地区经济基础、地区金融发展和金融信用的制度基础及其基础设施（包括法治环境、诚信文化和中介组织的发展状况等）。鉴于当前国民经济运行具有很强的政府主导色彩，在所有这些可能对地区金融生态环境产生影响的不同因素中，地方政府的行为无疑是最为关键同时又最具有不确定性的一项因素。比方说，地方政府债务高企，意味着地方政府融资量大，对经济干预较多，并由此造成对私人经济部门较严重的挤压。从某种意义上讲，地方政府的行为对于构建良好的地区金融生态环境、防范和化解地区金融风险，具有决定性的影响。因此，探讨和分析地方政府行为的内在机理始终是评价地区金融生态环境状况的一个关键环节。

从现实看，城镇化是中国经济社会中长期发展战略的重要方面，正如李克强总理所说，"城镇化是我们未来最大的内需所在"。中国许多地方都面临城镇化所要求的公共基础设施建设资金短缺的压力。根据国家开发银行预测，未来3年我国城镇化投融资资金需求量将达25万亿元。从公共财政角度看，由于公共基础设施建设项目资金的期限结构特征以及成本收益的代际分布原因，公共基础设施建设投资有必要寻求外部资金支持。地方政府举债具有经济学意义上的合理性。但在现有的公共投融资体制下，地方政府对公共基础设施建设的融资需求难以得到合理满足。正是由于这种矛盾，地方政府融资平台和影子银行等融资方式开始繁荣，并导致地方债务的激增和失控的风险。

由于GDP政绩考核的导向，缺乏审慎的公共投资计划和严格的预算约束，地方政府总是试图随时把握机会，利用所有可能的举债资源，开启尽可能多的投资项目。而通过地方融资平台举债导致的地方政府债务隐性化的趋势，使得监管当局对于地方政府债务风险的监控变得更为困难。如果缺乏有效的债务治理机制，地方政府债务急剧膨胀有可能引发严重的财政风险和金融风险。

解决问题的根本出路在于，促进地方政府职能的根本性转变（地方事权的界定），进行债务约束的预算改革。

党的十八届三中全会《中共中央关于全面深化改革若干重大问题的决定》（以下简称《决定》）提出，要"建立事权和支出责任相适应的制度"，并明确"区域性公共服务作为地方事权"。《决定》提出要"建立透明规范的城市建设投融资机制，允许地方政府通过发债等多种方式拓宽城市建设融资渠道"，这为建立权责明晰、多元化的城市建设投融资体制指明了方向。

央行行长周小川近几年来在多个场合都提及了开启市政债试点的重要性。所谓市政债，一般是以政府税收等一般财政收入或项目收益为偿债来源，主要用于城市基础设施建设的债券，发行主体是地方政府或者授权机构。

通过发行市政债融资，一方面可以运作周期较长的项目，在较大程度上帮助地方政府筹集资金，缓解城镇化建设过程中的资金困难；另一方面，此举以地方政府或者授权机构为发行主体，以政府税收等一般财政收入或项目收益为偿债来源，可促使地方政府以往隐性的、不规范的债务转变成显性的、规范的债务，避免盲目"上马"项目导致的风险。

"市政债"的突破，将从三个方面强化市场对于化解地方政府债务风险的信心：一是体现本届政府对于化解地方政府债务风险的重视；二是通过更加透明的方式赋予政府有约束力的持续融资渠道，有助于解决地方政府债务的"期限错配"，缓解地方政府的短期周转压力，并在很大程度上减轻外界对于中国地方政府负债率过高的担忧；三是明确地方政府的法定负债主体和偿债主体的地位，有利于投资者对债权的追偿和对实际偿债风险的判断。

市政债要想以高评级、低风险的身份获得较低利率的发行，并且真正起到化解地方政府债务风险的作用，必须至少以完成以下两个任务为前提：一是修改预算法，明确地方政府发债的合法地位和偿付义务；二是发债时要披露地方政府真实的资产负债表和财政收支表，在地方政府财力可以负担的范围内合理确定融资规模，并由市场进行合理定价。

2013 年的中央经济工作会议将着力防控债务风险单独列段，作为 2014 年经济工作 6 项主要任务之一；中央组织部也发布通知，要求加强对政府债务状况的考核，强化对任期内举债情况的考核、审计和责任追究；央行和财政部等部委已经启动市政债的研究工作。种种迹象显示，中央决策层已将控制和化解地方债风险列入了议事日程，市政债发行的两个基础前提有望获得推动而加快解决。

构建有效的、健全的技术基础（地方政府信用评级制度）已经是我们迫切需要做在前面的工作。一个可靠和透明的信用评级系统，并逐步由此形成能支撑市政债务定价的利率期限结构和信用结构，有助于最终形成对微观主体约束的市场机制。

正是基于这样一种想法，在周小川行长的倡议下，金融生态的评价工作正在开始向其未来的应用方向——地方政府债信风险的评级转化。为此，中国社会科学院金融所在 2013 年和中债资信评级公司合作，试图将金融生态的评估和地方政府信用评级嫁接起来。该项研究第一阶段的成果在 2013 年 9 月已经发布，我们构建了中国地方政府信用评级的两类评级模型，目前已经进入了模型稳健性调试阶段。这也是周小川行长当初设立"金融生态"这一研究命题的核心目的之一。

二 开展金融生态研究以来的良性效果

1. 有力地配合了中国人民银行的工作，推动了地区金融生态环境体制机制建设

该项研究成果获得了很大的社会反响。从社会反映来看，一些当初金融生态不太好的地区（如辽宁、吉林、河南等地）都认为我们这一套分析方法是比较客观的，评价结果基本上是令人信服的。不少地方的政府开始把改善地区金融生态放到与改善地区投资环境同等重要的位置，纷纷提出了改善地区金融生态和优化金融资源配置的举措。2006 年，时任辽宁省委书记的李克强同志，专门邀请李扬教授给全省领导干部做过一次系统的如何改善地区金融生态的报告。

在这样一些正向激励下，地区金融生态环境体制机制建设取得了积极进展，社会信用体系开始加快构建。江苏、河北、河南、湖北、四川 5 省金融生态创建列入政府工作内容，纳入目标考核，对评估突出的县市安排专项资金奖励。湖南首次发布全省县域金融生态评估报告，推动金融生态建设激励机制发展。甘肃、江西、湖南出台《社会信用体系建设"十二五"规划》，对未来五年社会信用体系建设进行全面部署。新疆制定下发《关于加快推进自治区社会信用体系建设的实施意见》，健全联动机制，全面推进"诚信新疆"建设。广西将社会信用体系建设列为全区经济工作的重要内容，企业信用评级成为政府部门评先选优和加强分类管理的重要手段。天津市建立社会信用体系建设联席会议制度。广东出台《关于加强广东金融业信用建设的指导意见》，泛珠三角区域九省区共同签署了《社会信用体系共建协议》，定期举办建设磋商会，各地区社会信用意识普遍增强。

2. 引导金融资源优化配置，维护区域金融稳定运行

一些商业银行逐步开始关注我们关于金融生态的系列研究。农业银行和金融生态课题组开展了研究合作，利用农行内部自上而下的大数据系统，尝试建立中国地区的信用风险评级模型，作为全面风险管理的重要维度之一（个体、行业和地区）。此外，国家开发银行、建设银行、工商银行与课题组共同研讨地区金融生态的研究结果，开始参考我们地区金融生态评价结果来控制地区信用风险，特别是在做出地区信贷资产配置决定时。

对于全国性的商业银行而言，全年信贷规模有限。每年年初，总行会制定计划，并在全国范围内调配。一般而言，经济发达、金融资源丰富的沿海地区，所获信贷额度较高，存贷比也相应较高。但事实上，除此之外，一个更为形象的概念——地方金融生态，已经影响着银行在全国各地的信贷资源配置。各银行总行均强化了集中管理，并主要依据地区间风险收益的差异进行跨地区资金配置；各类银行之间及银行的各地区分行之间亦积极开展了以贷款交易等市场化的方式调配信贷头寸的活动；新建的商业银行分支机构在区域布局上也相对集中；等等。

以上情势的发展，形成了信贷资金依据地区金融风险差异而从高风险地区向低风险地区流动的趋势。这不仅整体上提高了银行信贷的效率，降低了风险，而且客观上对某些地区形成压力，迫使其像改善当地投资环境一样，从法治环境、行政监管、金融发展、诚信体系建设等各方面入手，

致力于改善当地的金融生态环境，以便吸纳更多的信贷资金，形成资金洼地效应。这可以说是一种真正意义上的市场压力和正向激励，堪称金融体系与地方政府之间的良性互动。这也正是开展地区金融生态环境评价工作希望实现的目标。

在这种良性互动下，中国各地区信贷资产质量近年来有了明显改善，银行体系的信贷资产不良率和估计损失率均显著下降。2003～2012年，中国各省份信贷资产不良率和估计损失率的平均水平已经分别从21.04%和12.41%降低至3.8%和4.51%。这中间，各地区改善金融生态环境的努力功不可没。

3. 探索科学的政绩考核体系

中组部下发了《关于改进地方党政领导班子和领导干部政绩考核工作的通知》（以下简称《通知》），对贯彻落实党的十八大和十八届三中全会关于改革和完善干部考核评价制度，完善发展成果考核评价体系十分必要。《通知》强调地方政绩考核不能简单以GDP论英雄，要加强对政府债务状况的考核。把政府负债作为政绩考核的重要指标，强化对任期内举债情况的考核、审计和责任追究，防止急于求成，以盲目举债搞"政绩工程"。

构建地区金融生态环境的监测评估体系，为破除单纯GDP考核的政绩观开创了一个改革的新思路，为推进社会生态文明建设提供了切入点。

三　地方债务问题是金融生态的异化

金融生态的良好趋势仅仅是个开始，同时我们也不时听到一些杂音。不仅是理论界，也包括一些国际组织，他们认为，"政府依然是银行部门的主要股东"，这导致"大型国有银行的实际运作几乎没有任何变化，许多银行仍将大量资金贷给国有企业，贷款几乎或完全没有根据商业风险进行定价"。尤其是在2008年全球金融危机之后，银行体系与中央和地方政府的互动又重现了改革前的很多模式。

我们一直在监测中国非金融部门债务率的测算。2009～2013年第3季度，中国经济的债务率上升了近75个百分点，截止到2013年第3季度，中国的非金融部门债务达到了GDP的2.03倍（见图1）。从2012年下半年至2013年9月的15个月时间内，中国非金融部门债务率上升了32个百分点，社会融资总量的增速一直显著超过名义 GDP 增速（见图 2），特别是地方政府融资平台债务激增和影子银行的信用膨胀尤为突出。

从 2009 年开始，中国经济明显经历了两轮加杠杆，2009～2010 年是第一轮加杠杆，2012～2013 年是第二轮加杠杆。2010～2011 年中国的杠杆率基本上是平的，得益于当时央行的宏观调控和对地方政府信贷平台采取了一系列及时有效的抑制措施，所以 2011 年地方政府债务没有上升，压了一年。但是 2012 年 6 月以后由于重新把稳增长提到所有工作中最重要的位置，所以信用的扩张开始重新进入新一轮杠杆快速上升的过程。

全国地方政府债务的审计结果清晰地反映出这一过程：2010 年底，地方政府直接承担偿债责任的有 6.71 万亿元，2013 年 6 月底是 10.9 万亿元，两年半时间增长 62.44%；2010 年底，地方政府的"或有债务"（即政府履行了担保责任，或者承诺代为偿还的债务）为 2.34 万亿元，2013 年 6 月底是 7 万亿元，增长了 199%；截至 2013 年 6 月，地方政府债务（直接+或有）是 17.9 万亿元，比 2010 年底（10.7 万亿元）增长 67.3%。

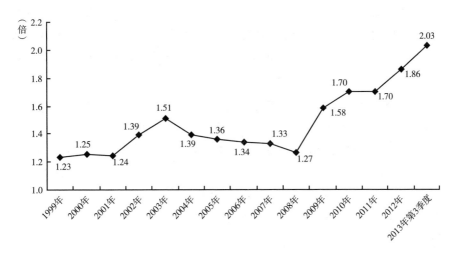

图 1　中国非金融部门债务与 GDP 的倍数关系

注：中国整体债务率 2009 年开始迅速上升，2009～2010 年是第一轮加杠杆，2012～2013 年是第二轮加杠杆。

我们研究中国金融生态环境问题的出发点之一，就是要认识到现实中的金融业是依托一定的宏观环境和制度条件来运行的。中国的金融风险固然有金融机构内部治理结构的天然缺陷的因素，但更有金融业生存与发展

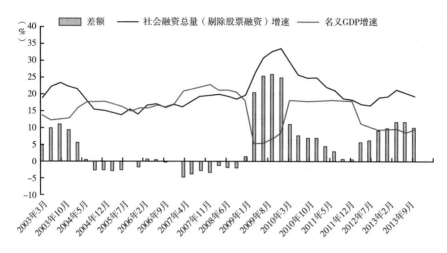

图 2　信用扩张与经济增长的差额

注：2009 年以来中国信用扩张速度（社会融资总量增速）显著超过名义 GDP 增速，2009～2010 年是第一波高峰，2012～2013 年是第二波高峰。

的外部"生态环境"不良的深刻根源。中国金融业的问题事实上是中国政治、经济体制转轨过程中诸多体制性矛盾积累的集中表现。如果这些矛盾得不到有效解决，银行微观治理结构层面的改良并不一定能够保证金融业发挥有效的资源配置作用，金融风险同样也会发生并积累成灾。

2013 年 6～7 月中国的金融市场经历了比较严重的流动性冲击，此后金融体系的流动性压力丝毫没有得到缓解，反而有频繁发生的迹象。

从经济体内部状态看，流动性错配可能已积累到了相当严重的程度。从非金融部门资产负债表看，负债端的久期明显变短，这是因为近年来以"票据＋非银"为特征的银行影子业务规模迅速地膨胀；但资产端的久期明显变长，大量资金流向基建等地方政府项目，形成资金的沉淀，资产周转率大幅下降；从银行的资产负债表看，由于外汇占款的萎缩和产业部门回报率的下降，银行体系低成本负债资源趋于枯竭，近年来只能用更短的、不稳定的、高成本的负债（同业＋理财）去支持其信用资产扩张，进一步积累了信用系统的脆弱性。

当长期资产的现金流不能够覆盖短期负债的成本之时，即投入的项目不能长期产出足够的现金流来自我维持（这种状态被称为庞氏融资），举新债还本息模式便开始繁荣。如此滚动下来，使得任何地方政府债务都陷于无解。因为市场会充斥着借短钱的融资客，这时候要求中央银行必须时刻保证货币市场流动性充沛，一旦央行不及时对冲，短端利率就会快速飙升，这便是 2014 年 6 月份我们观察到的场景。而长短端利息倒挂不可能持续太久，因为短端被"冰冻"后必然传递至长端，高利息会导致经济加速下行和资产价格下跌，局部资金链断裂的风险就可能爆发。

从更深层次讲，这是一种系统性金融风险，顾名思义，风险源自体制和机制层面。中国系统性金融风险产生的症结在于缺乏对投资效果负责的机制和体制（在现代经济中叫债务的约束机制）。

现代经济的债务约束机制，不外乎体现在两个方面。其一是制度保证，即所谓现代国家的预算制度（预算民主、支出透明），政府支出要经过充分反映民意的正当程序，重大项目的实施要经过严格的公众听证程序；其二就是市场机制，投资是把时间引入的消费，所谓投资决定，就是在当下消费还是未来消费之间做抉择。在今天的消费与明天的消费之间，要有恰当的比例。这种发挥作用的"相对价格机制"正是经济中那只"看不见的手"。

这两个方面恰恰都是中国经济体制转型中的短板。

一个短板是中国各级政府没有谁借钱谁负责的机制。"新官"对上新项目、借新债情有独钟，一般都不爱理旧账。中国存在着广泛的非市场机制的利益动机，才可以刺激投资者和生产者追求收入最大化，而不是利润最大化。

两个背离反映了中国在投资领域中存在非常强的非市场力量。

一是融资成本与资本回报率的背离。资金成本高表明资金需求非常旺盛，而在市场机制中，资金需求应是资本回报率的增函数，但中国的资本回报率是明显衰退的（见图 3、图 4）。

二是市场机制中，国民生产总值中资本的收入份额会随着资本回报率下降而下降。伍晓鹰计算的中国数据表明，最近 10 年的情况是完全违反规律的，即在边际资本回报率（MPK）下降的同时，资本收入在国民收入中的份额却在迅速上升（见图 5）。这在很大程度上说明，是资本收入而不是资本效率在吸引投资。

在软预算约束下，未来消费形不成足够的收入，不能为投资埋单，那就只能是杠杆率的上升。债务快速堆积的实质是收入增长的衰退，简单讲，就是生产率衰弱了。大量的资源错配至不具备经济合理性的项目，大量错配至低效率的部门，以至于许多企业和投资项目已无法带来足够覆盖

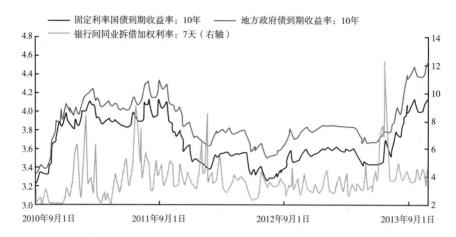

图3　融资成本高企

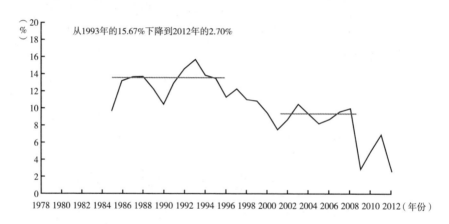

图4　中国的资本回报率

注：白重恩的研究计算了调整价格之后的税后投资回报率，2012年中国已经降低到2.7%的新低水平。该数据从1993年的15.67%的高水平持续下降。在2000～2008年还曾稳定在8%～10%，但金融危机之后投资回报率水平大幅下降。

利息的资产回报率，而在地方政府竞争体制中，许多僵尸型企业难以灭亡，这些企业占据大量信用资源而得以存活。如此，收入增长必然变慢（宏观上叫潜在增长水平下沉），微观上是收入增长速度会越来越显著落后于债务扩张的速度，杠杆会快速上升。

另一个短板是缺要素配置的市场机制。30年的改革开放，产成品价格基本实现了市场化，但在能源、电信、教育、医疗和其他生产性服务业等

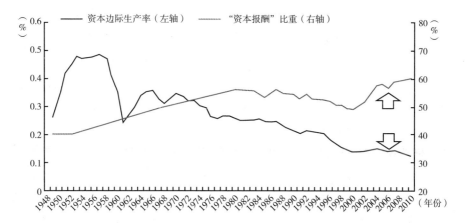

图5 "资本报酬"比重上升与资本边际生产率下降相悖

资料来源：伍晓鹰相关博客。

领域存在着严重的垄断，特别是政府对资源要素价格有非常强的影响力，地方政府和国有部门通过各种方式控制土地、矿产等要素的价格，并控制着税收、收费、准入等对经济和金融活动有着绝对影响力的多种要素。掌握着这样一些被银行视为最值得信赖的抵押物，事实上使得地方政府更多地掌握了对金融资源的配置权。因此它能将要素价格压至均衡价格之下，能将利率压至自然利率之下，从而扭曲了微观投资回报，于是金融信用跟着扭曲的回报走。中国的财政和准财政活动具有极强的货币创生性，这就是货币经济学讲的货币供给的"内生性"，我们称之为"财政决定信用（货币需求）"。财政风险最终都转化为金融风险。

今天中国金融体系的最大脆弱性来自政府配置资源权力过大所导致的严重的道德风险和债务膨胀。从某种程度上讲，整个信用系统都在套体制的"利"。

周小川行长提到，"推进软约束主体的改革，是利率市场化改革必要的配套工作。所谓软约束就是借了钱没想还，或者说借钱是我的事，还钱是后面人的事。这里面有两种表现，一种是利用行政权力借到钱，另一种是借钱不怕贵，其实都是不想还钱。这就产生了挤出效应，导致剩下的资金量变小，价格平衡点会更高。所以说，利率市场化改革的直接前提还是要强调减少软约束的行为和实体。目前软约束实体主要是地方政府融资平台。"

软预算约束始终是造成地方金融生态异化的关键因素。

四 地方债务治理：城市建设投融资机制的改革对策

从目前地方政府债务规模来看，尽管近两年增长较快，但我们认同中央的判断，地方政府债务的风险整体可控。

其一，中央和地方政府（与财政责任相关的）的债务规模占 GDP 的比例仍然控制在 60% 以内。全国各级政府债务的审计结果显示，截至 2012 年底，全国政府负有偿还责任的债务占 GDP 的比例为 36.7%。若政府负有担保责任的债务按照 19.13%、可能承担一定救助责任的债务按照 14.64% 的比率折算，总债务占 GDP 的比例为 39.4%，均处于国际货币基金组织确定的债务率控制标准参考值范围之内。

其二，在单一制国家中，政府有很强的控制力，能将债务在中央政府、地方政府、企业和住户部门之间转移，一个部门的负债对应的往往是另一个部门的资产，只要国家对国外经济部门保持相当规模的净债权状态，发生债务危机的概率就不大。

其三，从短期看，可供选择的减杠杆的政策空间很大，包括：政府资产的转卖；债转股；用长期债务替换短期债务，将负债久期拉长，减少错配的风险；等等。

未来中央政府信用的救助是可以考虑的重要手段。在单一制下，地方政府实际上是没有单独承担风险能力的主体（它的行为可以公司化，但产权关系是模糊的），这好似一艘没有底舱甲板的船（任何一级政府的风险都可能是上级政府和中央政府的风险）。所以中国未来要利用好仍处于健康状态的中央政府的资产负债表（2012 年中央政府债务占 GDP 比例只有 23%）。通过低成本融资将企业和地方政府的部分存量债务逐步有序地转化为中央信用，然后集中进行债务重组（具体执行的技术细节可以进一步探讨，比方说中央可能要跟地方和银行谈一个价格，不能全额埋单，要倒逼硬化约束机制的建立，减少未来道德风险的发生）。

先转移杠杆，再进行去杠杆，如果组织有序的话，能最大限度避免减杠杆过程中的无序和相互践踏的风险，将有效缓解流动性紧张局面，可以降低存量债务系统循环的成本，也可以为实体经济提供充裕的流动性。

总之，我们认为地方政府债务风险是完全可控的。

从长期来看，我们认为地方债务治理机制主要解决两个方面的问题。

第一个问题是切实推进政府职能转变，强化债务约束的预算改革，这是落实市场在资源配置中起决定作用的关键所在。这是个系统工程，习主席说是"啃硬骨头"。这可能要改变中国的分权式竞争体制（GDP 竞争的政绩考核制度），重构中国经济增长的引擎。在分权式竞争体制下，只要是经济下滑，地方进行融资和竞争性发展的这种特征就顽强存在。治一阵子又起来一段，起来一段又治一阵子，永远跳不出这个循环。2014 年 6 月 30 日，中共中央政治局会议审议通过了《深化财税体制改革总体方案》。这次会议明确要求，重点推进 3 个方面的改革，分别是改进预算管理制度、深化税收制度改革、调整中央和地方政府间财政关系，这是决定性的一步。

在此基础上，要规范地方政府举债行为。一是提升地方债务透明度，建立公开透明的地方债务统设制度和融资平台财务报告制度，并将地方债务纳入硬预算约束。二是制定并严格执行地方政府中期财政规划。如连续 2~3 年超出原定目标，我国中央政府可截留相应的税收返还和转移支付，调整地方政府过度融资行为，回到原有中期规划轨道。三是要构建风险预警指标体系。在建立关键指标风险预警体系的基础上，由静态评估扩展为动态评估，由简单的阈值监测扩展到定性和定量结合、自身评价与市场评价结合的方式，科学、全面地评估地方政府债务或辖区融资平台的可持续性。

第二个问题是，地方政府未来要成为一个真正合格的市场融资主体，必须要有配套制度的保障，使其能获得相应的与债务匹配的偿债收入，这样才能为其设计对应的金融解决方案。

在成熟国家，与地方政府举债相对应的偿债结构主要是两个制度安排。

第一个是高效率的城市基础设施的市场化运营机制。基础设施的运营不是完全靠政府财政补贴，相当部分是靠市场化运营和使用者付费，而中国目前主要靠财政补贴，比方说，北京拥有全世界最完善的基础设施，但收费可能是最便宜的。党的十八届三中全会提出，在自然垄断性领域（电网、铁路、油气、水网等），可以根据不同行业特点实行网运分开、放开竞争性业务，推进公共资源配置市场化。进一步消除各种形式的行政垄断。这有利于形成支撑公共基础设施项目的合理偿债收入。

第二个是地方政府要有稳定的主体税源。在成熟国家，地方政府的收入是以不动产税、消费税和资源税为主体的。由于分税制没有形成地方财力与事权相匹配的体制，中国的地方政府越来越求诸"土地财政"，行为短期化导致了越来越严重的届别机会主义和道德风险（通过土地出让，50年或70年的土地租金事实上被政府一次性收取，而一届政府的任期一般只有3～5年。这种不对称性是诱使地方政府无休止地占用辖区土地资源的根本原因）。

党的十八届三中全会《中共中央关于全面深化改革若干重大问题的决定》提出，要"建立事权和支出责任相适应的制度"，并明确"区域性公共服务作为地方事权"。《决定》提出要"建立透明规范的城市建设投融资机制，允许地方政府通过发债等多种方式拓宽城市建设融资渠道"，这为建立权责明晰、多元化的城市建设投融资体制指明了方向。

根据《决定》的精神，我们就未来城市建设投融资体制（金融解决方案）提出以下四种对策。

一是产权对策。通过资产证券化，实现基础设施产权向社会资本的转让。为此应建立基础设施的产权交易市场，完善地方政府投资项目的退出机制，以便于地方退出部分国有股权，盘活地方政府融资平台现有的资产，通过资产证券化等金融运作手段为新项目和在建项目筹集资金。

二是机构对策。设立城市基础设施投融资专营机构，或是在国有商业银行设立特别账户，封闭管理平台资金和偿债资产收益。

三是市场对策。以城镇化未来收益为支撑，积极探索多样化的市政项目发债模式。根据市政项目收益状况的不同，可以考虑分类处理。

如果项目本身收益具有完全偿债能力，如水务类公用事业、车流量较大的高速公路等都可以通过收费获取稳定收益，实现还本付息。这类项目可以由地方政府授权机构或代理机构发行债券筹资，并明确以项目收入作为偿债来源，国际上称之为项目收益债券（Revenue Obligations）。

有些项目自身收益不能完全偿还债务，但加上其附加价值可满足偿债要求。港铁公司就是通过开发地铁上盖土地，用上盖土地增值收益偿还债务。对于这类项目，国际上一般混合使用市政债券和资产证券化（ABS）。

如果项目自身收益加上其附加价值不足以完全满足偿债要求，偿债缺口还需要用地方政府财税收入予以弥补，这类项目偿债就需要项目收益、土地增值收益和财政补贴三者匹配起来建立合理的偿债结构。

国际上通行的是公共部门－私人企业－合作模式（PPP模式）。应允许有条件的地方，根据实际情况进行不同模式的试点和探索。2014 年 8 月国务院发布了《地方政府存量债务纳入预算管理清理甄别办法》，提出"对适宜开展政府与社会资本合作（PPP）模式的项目，要大力推广 PPP 模式，达到既鼓励社会资本参与提供公共产品和公共服务并获取合理回报，又减轻政府公共财政举债压力、腾出更多资金用于重点民生项目建设的目的"。PPP 模式的最大特点在于将政府债务转化为企业债务。

地方投融资平台可作为社会资本方，针对很多准公益的项目，可以采取 PPP 的模式，与其他社会资本，包括信托、保险资金、建设运营企业（代建单位）及其他社会企业，合作成立 PPP 项目公司（特别目的的项目公司）。项目公司与政府或相关部门签署特许权协议，政府按约定规则依法承担特许经营、合理定价、财政补贴等相关责任，不承担投资者或项目公司的偿债责任。项目公司承接有一定收益率的基础设施项目建设，如水电设施、体育场馆等；同时，建立全资子公司对这些基础设施进行运营管理和维护，获得收入和盈利，待运营期满后移交政府。由此，地方投融资平台转型为 PPP 模式的运作平台，继续支持地方的基础设施建设和公共服务提供。

对于纯公益性事业，应转由地方政府发行一般债券融资，要加紧推进市政债发行，通过"开前门、堵后门"，化解当前地方融资平台债务融资风险。从试点地区看，可以逐步由沿海发达省市扩展到中西部财政实力较强的地区，最终形成一个具有省区市系不同层次地方发债主体的全国市政债市场。为此，市政债券应享受税收减免待遇，并在地方政府预算中设立特别账户，封闭管理发债资金和偿债资产收益，同时按市政债的要求强化其信息披露和惩罚约束责任。进一步推动利率市场化改革和分层次的信用体系建设，发挥信用评级在强化市场约束中的作用。进一步推动各类金融机构完善公司治理，形成有效的决策、执行、制衡机制，促使投资者按市场化理念和原则，基于透明的地方政府财务信息和信用评级结果进行投资决策。

四是外资对策。继续推动汇率自由化和资本项目开放的进程，以便于境外投资者参与地方政府债券市场。

（执笔：刘煜辉）

地方政府债务的结构性风险及衍生风险

一 地方政府债务规模及增长原因

地方政府债务自 2008 年以来迅速增长，由 2007 年初的约 1 万亿元上升至 2013 年 6 月的 17.9 万亿元，保持了年均 56% 的增速（见图 1）。这固然与当年为应对金融危机的 4 万亿元刺激计划有关，然而在后续央行的流动性紧缩以及银监会的"名单制"管理等监管措施下，这种增长势头依然没有控制住。2009 年信托融资规模首次超过债券，2010 年平台贷款融资规模仅保持个位数增长，财政部代发的地方债券每年也控制在 2000 亿元的规模，但信托和银行间债券市场为地方政府融资大行其道，其余额为贷款的 25%～50%。

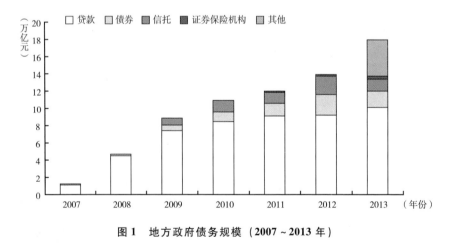

图 1　地方政府债务规模（2007～2013 年）

资料来源：中国人民银行、国家审计署以及中国社会科学院金融研究所。

与快速增长的融资规模以及不断创新的手段相佐证的一个现象是，流动性紧张成为常态。2013 年"6·20"事件当日，一天回购利率飙升至两位数，随后央行紧急注入流动性，这也意味着央行最初希望通过价格机制倒逼银行改变同业扩张模式的愿望落空。2014年货币市场在经历了一季度的回落调整后基本保持在相对低的利率水平上，然而这一局面的形成是以央行不断注入流动性为背景的。一季度常备借贷便利（SLF）在人民银行分支行试点，直接针对中小金融机构注入流动性；二季度4月份和6月份采取了两次定向降准操作；三季度又创设了中期借贷便利（MLF）。这一系列的货币政策反应所面对的是地方政府债务融资的饥渴症。

地方政府债务融资饥渴症的原因包括两个方面：一是城市化过程中公共基础设施的融资需求（实体层面），二是地方GDP竞赛模式（机制层面）。

城市化是经济发展的必然趋势，其背后经济逻辑是产业发展的动态演化规律。人类社会的发展经历农业化、工业化、城市化三个阶段，经济活动由小规模生产产品到专业化的大规模分工，再到以生产性服务业为核心提供价值源泉的过程。这一过程在经济空间上伴随着集聚过程，通过人的集聚产生规模效应和新的创新成果，这正是城市化的核心要义。中国当下的经济不仅面临着城市化的趋势，还需补足城市化与工业化的长期缺口。城市化的集聚过程自然面临大量的公共基础设施建设需求，这个基础平台应该由政府来搭建，即政府应该承担大部分的建设责任。国家开发银行预测，未来3年我国城镇化投融资资金需求量将达25万亿元。

长期以来，政府官员的考核以GDP为导向，而投资是拉动GDP最为迅速和有效的手段，因此地方政府总是有冲动扩大投资；另外由于缺乏严格的预算约束，地方政府总是试图随时把握机会，利用所有可能的举债资源，这就导致政府负有担保责任和救助责任的债务大量出现。以上两个原因导致了政府债务规模的急剧膨胀。

二 地方政府债务的结构性风险

在旧的《预算法》制度框架下，地方政府不能发行债券举债，其固有融资冲动以融资平台的形式转化成地方政府的隐性债务。那么隐性债务的风险有多大呢？各种说法莫衷一是。

国家审计署《全国政府性债务审计结果（2013）》显示，2012年底全国政府性债务（包括地方政府债务）的总负债率为39.43%，低于国际通常使用的 60% 的负债率控制标准参考值；总债务率为 113.41%，处于国际货币基金组织确定的债务率控制标准参考值范围之内（90%～150%）。我们应用二元离散选择模型测度的中国主权债务（包括地方政府债务的总债务）的违约概率显示，中国的主权债务违约率自 2006 年以来逐年下降，至 2013 年违约概率只有 0.35%（见图 2）。这与中国逐年上升的地方政府债务规模似乎并不对应。

刘海影对重庆、天津、吉林等省份的研究表明，债务大规模展期的可能性很大[①]。全国人大代表、全国人大财政经济委员会副主任委员吴晓灵在 2012 年"两会"期间接受媒体采访时说："未来如果中国地方债务出现较大问题，银行很可能将现在的利润全都吐出来。目前，各大银行已经提高了这方面的呆坏账准备。"

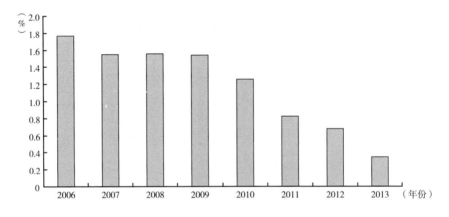

图 2 中国主权债务违约概率测算

资料来源：中国社会科学院金融研究所课题组测算。

对于上述不同说法，我们需要一个统一的口径考察地方政府债务风险。我们以国家审计署和各地审计署公布的 2013 年 6 月债务存量作为计算基础[②]。图 3 展示的是各省份的债务负担率（债务余额/GDP）情况：30 个

---

① 刘海影：《地方政府竞争与债务风险》，英国《金融时报》中文版，2012 年 3 月 9 日。
② 各省债务存量余额统计涉及三个部分：政府负有偿还责任的债务、政府负有担保责任的债务和政府可能承担一定救助责任的债务。上述债务中后两项并不是政府的直接债务，统计的最后余额结果需要对后两者进行折算后再加总，折算率参照国家审计署公布的《全国政府性债务审计结果（2013）》中对全国政府性债务的折算值，分别为 19.13%、14.64%。

省份的债务负担率的平均值为 24.98%，比审计署公布的全国水平 39.43% 要低。产生这一比较结果很容易理解，即两者分母都是全国加总的 GDP，但分子部分地方债务余额水平显然要比全国总的债务水平要低。

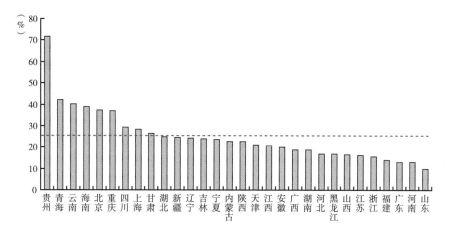

图 3　各省份债务负担率

地方政府的债务负担率低于全国水平，也低于《马斯特里赫特条约》规定的 60% 的上限标准。然而这一指标在考察债务风险水平方面的参考价值并不大，因为分母 GDP 并不是债务直接的还款来源。债务率指标，即地方政府债务余额/地方政府可支配财力更具参考价值，因为分母可支配财力是债务还款的直接支撑。图 4 绘制了两个债务率指标：债务率 1 的分母部分为地方公共财政收入，债务率 2 的分母为地方公共财政收入加上土地出让金收入。债务率 1 的各省份均值为 217.91%，高于全国总债务率水平 113.41%，也高于国际货币基金组织确定的参考值上限 150%；债务率 2 的各省份均值为 148.93%，即在考虑土地出让金收入的条件下也高于全国总债务率水平，也接近参照值上限。

债务负担率衡量的风险水平是地方的低于全国的，债务率衡量的风险水平却是地方的高于全国的，我们将这一矛盾称为结构性风险。如何解释这一风险，我们可以很容易地在两个指标的计算公式中找到答案。债务负担率的分子地方的小于全国的，分母相同，自然计算结果是地方的小于全国的；债务率的计算方式中分子两者保持不变，计算结果却是前者高于后者，这必然是分母部分前者要比后者以更快的速度下降造成的。这就意味着结构性风险的根源在于地方财政可支配财力。

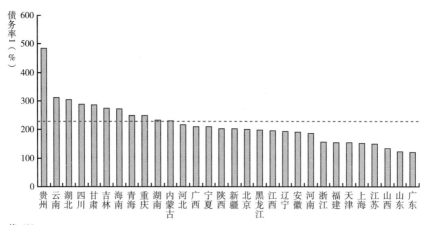

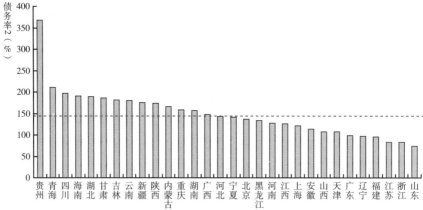

图4　各省份债务率情况

我国自1994年开始实行分税制改革，改革的结果是财权和财源上收：1994年消费税直接划归中央，增值税中央分享75%，屠宰税、筵席税等小税种留在地方（这两个税种在2000年取消）；2002年所得税分享改革中央分享比例进一步提高。分税制改革最终留在地方的主要税种为营业税，2012年"营改增"试点逐步推开。图5绘制了分税制改革以来中央和地方的财政盈余的走势，可以很清晰地看出两者形成一个"喇叭形"开口，即中央盈余逐年增加、地方赤字也逐年增加。

我们认为分税制改革形成的财权上收还不是造成地方政府债务高企的唯一必要条件，另一个必要条件是土地招拍挂制度。因为财权的上收并不意味着地方政府必须借债，它们完全可以缩减财政支出，恰恰是土地招拍挂的出让制度使得地方政府有了举债的担保条件。图6是我国各年土地出

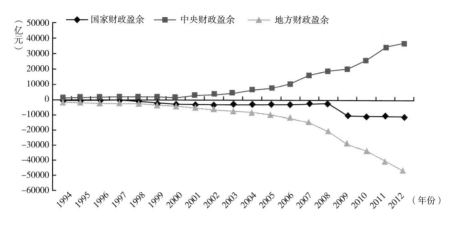

图 5　分税制改革以来中央和地方财政盈余的走势

让金收入的情况。图 5 和图 6 对比分析可以发现如下特点：第一，1994～1998 年，地方政府的财政赤字保持在 2000 亿元左右，相对稳定，这一期间地方政府还没有开始大规模的土地出让。第二，1998～2003 年，地方政

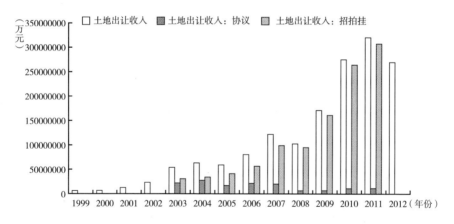

图 6　地方政府的土地出让金收入

府的财政赤字以年均 1000 亿元的速度增长，至 2003 年财政赤字达到 7379 亿元；1998 年我国开始实行住房货币化改革，从 1999 年开始地方政府就有了土地出让收入，财政赤字开始加速上涨。第三，2003～2007 年，地方政府的财政赤字以年均 1800 亿元的速度增长；导致斜率进一步上升的制度性因素是 2003 年开始实行的土地招拍挂制度，地方政府在土地出让中有了更大的定价权。第四，2008～2012 年，随着招拍挂的出让方式在土地出让

中的比例达到 90% 以上，地方政府的财政赤字以年均 6200 亿元的速度递增，2012 年财政赤字达到 4.6 万亿元。

通过以上分析，我们发现当前地方政府债务结构性风险的根源是分税制改革造成的地方财源过少以及土地招拍挂制度导致的举债依赖。

三 地方政府债务的衍生风险

1. 地方债务风险与房地产市场挂钩

地方政府债务风险除了表现为扭曲的结构风险外，还衍生出其他风险。首要表现是债务风险与房地产市场紧密联系。图 7 中的上图显示了各地土地出让收入占地方可支配财力的比重，全国平均水平达到 31.74%。图 7 中的下图表明了土地出让收入增速与住宅销售率之间的关系。住宅销售率等于标用住宅销售面积除以住宅竣工面积，如果该指标大于 100%，说明市场处于供不应求的状态；如果小于 100%，说明市场供过于求。我们以住宅销售率反映住宅市场的供需关系，这一指标与土地出让收入增速表现出高度一致，两者的相关系数高达 80.10%。土地出让收入在地方可支配财力中占据三分之一左右的份额，由于可支配财力是债务还款的主要来源，这就意味着地方债务风险与房地产市场高度相关。

关于未来房价走势，我们认为市场将呈现分化的走势。图 8 绘制了两条曲线：一条是一线城市相对于其他城市的房价比值；另一条是将所有城市按人口加权平均得到的房价与简单平均得到的房价的比值，这条曲线更多反映了人口聚集城市的信息。两条曲线共同的特点是先下降后上升，谷底在 2011 年 12 月。这意味着 2011 年 12 月以后人口聚集的城市（尤其是一线城市）的房价上涨速度更快；而其他城市不仅上涨速度减慢，甚至还出现绝对值的下跌。出现这一分化结果的原因很简单：城市化过程首先意味着人口向大都市迁移，只有当集聚的收益小于城市生活的拥挤成本时才会出现反向的扩散；与之对应，小城市的人口则是迁出的。房价上的对应关系是：大城市因为需求的扩大房价还将继续上升；小城市则因需求萎缩上涨放缓甚至下跌。整个房地产市场中能起到集聚作用的只有一线城市和小部分二线城市，那么另一部分的二线城市和三四线城市的房价将形成下行趋势，这一趋势将传导至土地出让市场，最终形成债务违约的风险。

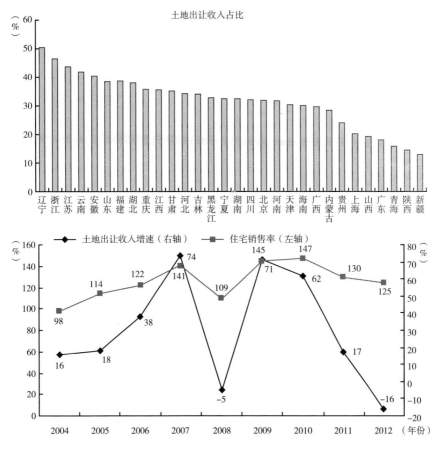

图7　地方政府土地出让收入与房地产市场的关联

2. 系统重要性风险：地方政府债务集中在国有银行

系统重要性风险是在金融危机之后提出的重要概念。它是指单个金融机构的破产产生的负面影响看似不大，但由于其较大的规模以及与整个金融体系的关联渗透性，可能产生系统性的风险。具有这样特征的机构被称为系统重要性机构。中国的国有银行显然是系统重要性机构，其资产份额占整个机构的比重大约在60%，而且它们也与其他金融机构存在广泛的联系。单就银行间市场而言，国有银行一直处于资金融出的地位。因此如果国有银行产生风险，其对整个金融体系的负面影响是巨大的。

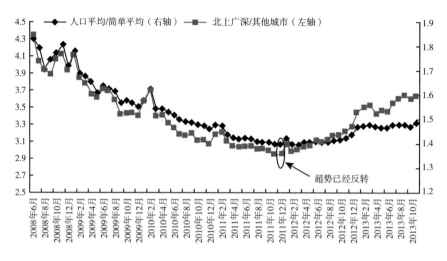

图8 一线城市与其他城市的房价对比

资料来源：中国社会科学院金融研究所监测数据。

地方政府债务的融资手段主要以融资平台为主，而融资平台的债务主要集中在国有银行。因为融资平台的债务规模都较大，只有规模大的国有银行才能提供。根据 Lu 和 Sun（2013）的估算，2011 年四大国有银行加上国开行，总的融资平台贷款额达到 5.25 万亿元（见表 1），占地方政府债务当年存量的 43%。显然，如此之巨的地方政府债务集中在五家重要机构，其风险是巨大的。Lu 和 Sun（2013）还进行了情境分析，假定 35% 的平台贷款转变为不良，整体不良率将由原来的 1.32% 上升至 7.62%，上升 4.8 倍。

表1 银行对融资平台的风险暴露以及不良率的潜在增量（2011 年）

银行	不良率（%）	总贷款（亿元）	平台贷款（亿元）	平台贷款份额（%）	分析假设35%平台贷款变为不良,不良率的增量(个百分点)	潜在的不良率（%）
中国工商银行	1.3	79434.6	5100.0	6.4	2.2	3.5
中国建设银行	1.4	64964.1	2840.0	4.4	1.5	2.9
中国银行	1.3	63428.1	3800.0	6.0	2.1	3.4
中国农业银行	2.2	56287.1	3900.0	6.9	2.4	4.6
国家开发银行	0.4	55258.7	36839.2	66.7	23.3	23.7

资料来源：Yinqiu Lu & Tao Sun, "Local Government Financing Platforms in China: A Fortune or Misfortune?", IMF Working Paper, 2013.

3. 系统重要性风险：中心城市的高负债率

系统重要性风险的另一个表现是中心城市的高负债率。图9展示了30个省份中心城市和非中心城市的负债率情况。从图中可以看出，大部分省份中心城市的负债率都远远高于非中心城市的负债率，其中19个省份中心城市的负债率超过60%的国际警戒线标准。

中心城市的政治、经济、文化等在各自省份中都具有不可替代的作用，上文的分析又表明地方政府的债务风险与房地产市场紧密联系。如果中心城市的房价出现下跌，那么在全省份会产生示范效应。几乎所有西部省份以及中部安徽的中心城市，不仅负债率高，而且也属于上文分析的房价下行趋势的范围。

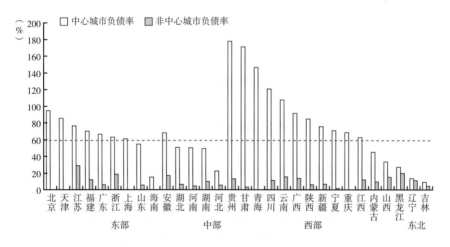

图9　各省份中心城市与非中心城市的负债率

四　结论及对策建议

当前地方政府债务的主要风险是结构性风险，即国家层面整体考虑几乎没有风险，但单独考虑地方层面债务风险较大，尤其是中西部地区。这种结构性风险还产生了衍生风险，即地方债务风险与房地产市场挂钩。事实上，银行经营的信用风险是一种尾部风险，而这一主体持有的资产是具有高度波动性的土地，这两种风险显然是不匹配的。此外，衍生风险还包括两种系统重要性风险：一是债务主要集中在规模较大的系统重要性银行上；二是中心城市的负债率远高于其他城市，一旦房价下跌将对其他城市产生示范效应。

地方政府债务结构性风险的根源在于地方政府的财源上收以及土地招拍挂制度。前者在一定程度上构成了地方政府举债的理由，后者则为举债实现提供了担保条件。目前，《预算法》修正案已经明确了省一级地方政府发债并纳入预算管理。我们认为这种"开前门"的显性方式明显好于"开后门"的隐性方式，至少市场具有"用脚投票"的机制强化债务约束。然而，如果地方政府没有稳定的偿债来源，那么债务违约也就不可避免。从国家整体来看债务风险很小，如果中央的"父爱主义"依然存在，在没有偿债来源的前提下道德风险就不可避免，进而我们也谈不上债务治理。

因此，问题的关键还在于调结构，改变目前财权上收的财政体制结构。遵循既往的增量改革容易推进的改革思路，可在不改变现有税制的条件下，开征新的地方税种，尤其是不动产税。不动产税的开征有两个充分的理由：其一，从理论上讲，房价的上涨有很大一部分是因为周边基础设施投资产生的收益，因此对不动产征税是对外部效应的修正，是一种庇古税，征收后有利于城市基础设施的建设和运营。其二，从实践上来说，2012年"营改增"之后，地方已没有稳定的地方税种，开征不动产税有利于增加偿债来源，而且资金来源与用途完全对应，此外还有利于摆脱财政土地依赖症。

鉴于当前城市化进入快速发展阶段，基础设施建设的任务较重，应考虑多种渠道满足建设需要。在部分可行的项目上，鼓励市场机制介入城市基础设施建设，如对外资、民营资本放开，运用资产证券化手段等。

（执笔：蔡真）

地方政府债务可承受水平测度

——基于期权思想的方法

一 引言及相关文献综述

2014 年 8 月，十二届全国人大常委会第十次会议表决通过了关于修改《中华人民共和国预算法》（以下简称新《预算法》）的决定，新《预算法》于 2015 年 1 月 1 日正式施行。此次新《预算法》修订的亮点除预算全口径、预算全公开、完善转移支付制度、完善国库现金管理等以外，最引人注目的是地方政府发债的有限放开。

地方政府的债务问题由来已久。在旧的《预算法》规定下，地方政府不能发债，而出于 GDP 政绩考核和城镇化融资的需要，地方政府通过融资平台举借债务的融资模式盛行，2005 年就有学者（周天勇，2005）提示地方政府隐性债务的风险。也有学者建议将地方政府的隐性债务显性化[①]。2008 年，随着美国次贷危机的爆发及全球传染，中国为应对需求疲软出台了 4 万亿元的刺激计划，地方政府债务急剧膨胀。与此同时，决策层开始了地方政府债务"阳光化"的尝试：2009 年国务院批准发行 2000 亿元地方政府债券，但发行和偿还都由中央财政代为执行（也即"中央代发代偿"），这一过程实际上有中央政府的信用进行背书。2011 年 10 月财政部出台了《2011 年地方政府自行发债试点办法》，这次试点尽管赋予地方政府发债权，但偿还依然由财政部代办（即"地方自发、中央代偿"）。尽管存在中央信用担保，但为适应将来地方政府"自发自还"债务的趋势，财政部要求地方建立偿债保障机制并进行信息披露。2014 年 5 月财政部印发

---

① 魏加宁、陈穗红、严文彬等：《如何控制和解决地方政府债务风险》，《小康》2006 年第 5 期。

《2014年地方政府债券自发自还试点办法》，地方政府发债正式进入"自发自还"阶段。然而在"自发自还"试点之前，地方政府自行发债还经历了一次较大波折。2012年《预算法修正案草案》二审稿否定了一审稿关于地方自行发债的积极表述，完全退回到与旧《预算法》一字不差的状态。在此后的征询意见中，不少专家学者表达了反对意见。吴晓灵认为，对于地方债务"应当根据疏堵结合的原则，允许地方政府依法适度发债，用透明规范、受公众监督且有利于控制风险的地方债务置换替代地方融资平台所带来的隐性债务"[①]。贾康、段爱群（2013）认为，"地方债制度建设的发展方向，是走向公开、透明、可约束地促进举债还债全程的科学决策和风险防控。……否认第一稿而退回现行规定的文字表述，是属于'立法不作为'的下策。"

地方政府发债从实践走向立法确认的过程可谓一波三折，人大常委会最终审议通过，表明决策层、学术界以及社会各界已经达成共识。下一步的问题是，地方政府发债如何操作，尤其是风险如何防范和处置。新《预算法》第三十五条规定，地方政府发债的风险控制主要从三个方面展开：第一，发债主体限定在省一级，从而保证较高的信用等级；第二，由国务院建立风险评估和预警机制、应急处置机制以及责任追究制度；第三，限额管理，举借债务的规模，由国务院报全国人民代表大会（常委会）批准。

本文的研究着眼于地方政府发债的事前风险控制，即运用期权思想，以地方政府可偿债资金讨论地方政府债务可承受的上限水平。

关于政府债务风险，最为直接的预警方法是以某一指标进行度量，如欧盟的《稳定与增长公约》约定政府的债务负担率（即公共债务占GDP的比重）不能超过60%。国际货币基金组织对债务率（即公共债务占当年政府综合财力的比例）控制参考区间为90%～150%，对偿债率（即当年债务还本付息额占政府综合财力的比例）的安全区间建议为15%～20%。单一指标的最大优势是简单明了、应用性强，但由于各政府主体的财政收支结构以及负债期限上的差异，单一指标也存在适用范围不广的缺点。

对单一指标法最直接的改进是综合评价法，即列出与债务风险相关的一系列指标，然后进行无量纲处理，再进行加权求和得到综合风险指数。

---

① 参见《中国总会计师》杂志对吴晓灵的采访《新〈预算法〉犹抱琵琶半遮面》，载于《中国总会计师》2013年第3期。

裴育、欧阳华生（2007）对地方政府债务风险评估的指标选取原则给出了相关建议，包括应考虑经济周期因素、借鉴已有文献和经验标准等。徐佳（2008）结合中国财政体制情况，对 8 个政府负债相关指标的安全区间进行了论述。赵晔（2009）将地方债务风险分为静态风险、动态风险、结构风险三类，然后运用层次分析法对 25 个省份债务风险水平进行了实证分析。风险评估进一步的改进主要集中在方法上。如章志平（2011）应用灰色理论对中国地方政府债务风险进行预警，核心方法是将不同预警区间的值通过白化权函数进行求解，其实质是对既有数据进行一次复合函数的转换。谢征、陈光焱（2012）采用 BP 神经网络方法对债务风险评价模型进行了改进，该方法主要是在权重设置上通过样本的训练达到赋权的优化。

综合评价法的一大优势是考虑风险指标的各个方面，但也存在诸多缺陷：第一，权重设置带有一定主观性，尽管在建模过程中进行了一致性检验，但也仅仅是保证专家意见的趋同性。第二，这些方法大都只能揭示出个体之间的相对风险差异[①]，并不能直接与违约水平对应。第三，最为关键的是，这些方法的评价结果并未经过时间的检验，指标选取、权重配置都存在调整的空间。

另一类预警方法着眼于从发债规模上进行事前控制。国内较早开展这类研究的以韩立岩等（2003）为代表，他们借鉴 KMV 模型的思想，认为"如果市政债券到期时，用于担保的财政收入超过债券，发行者将偿还债券，'赎回'税收权；如果到期时，用于担保的财政收入小于债务，则意味着地方政府违约"。根据该思想，通过计算财政收入增长率、波动率等变量，在假定一定违约概率的条件下可以求解出发债规模上限。KMV 模型最初应用于公司债券的违约评估，其核心思想是公司资产的市场价值小于债券的账面价值时，公司会选择违约；那么在债券到期前一定时间内，将债券面值看作行权价，通过估算公司价值及波动率，应用实物期权就可计算出公司债券的违约率。我们认为，将这一模型应用到政府评级中，公式的左边应该依然是一个存量概念，即政府税收权价值，而不应该是财政收入这一流量概念。如果以流量来测算地方政府可承受的发债规模，势必会严重低估。在韩立岩等（2003）的《中国市政债券信用风险与发债规模研究》在测算地方政府发债规模的过程中，还有如下细节值得商榷：第一，

[①] 这些方法即使经过改进，也只是改变个体风险之间的相对距离，排序几乎不会变化。

由于财政收入并不能完全用于还债，很大一部分要用于政府运行的开支和公共服务（即刚性支出），因此需要部分地扣减。该文是以 50% 这一比例简单处理，我们认为应该详细讨论和计算刚性支出的绝对额，然后进行扣减。第二，涉及财政收入数据的时间段为 1971~2000 年，这一时间跨度几乎覆盖了财政体制统收统支、包干和分税制三个阶段，从评估的角度来看，过多反映旧体制信息的数据对预测并不利。第三，对地方政府债务既有存量并不讨论，也即假定没有债务，这是脱离现实的。然而作为一篇开创性的论文，它的奠基性作用是明显的，后续论文几乎都沿用了这一思路。郭文英、李江波（2010）在韩立岩等（2003）的模型基础上考虑了不确定性对违约率的影响，并对北京市的发债规模进行了实证研究。郭英、余建波（2012）采用了郭文英、李江波（2010）的方法，探讨了上海市的发债规模，但他们用 GDP 单一因素预测财政收入并直接用 GDP 波动率代替财政收入波动率，这两点做法还有待商榷。杨胜刚、张润泽（2011）对韩立岩等（2003）的模型的改进主要表现在担保比例的设定上，他们通过 GA-PSO 混合规划算法计算出地方政府的评级等级，然后再将不同的评级等级与担保比例建立映射关系，从而影响到最后发债规模的确定。李腊生等（2013）讨论了中央政府隐性担保对地方政府债务违约率的影响，其具体方法是在原有的违约距离公式中加入转移系数 q 以及中央对地方政府债务的最大承受能力 S。他们假定 S 为新增居民储蓄，其背后逻辑是中央政府可以通过征收铸币税的方式消减债务。我们认为考虑中央隐性担保对建模是有益的，但将中央承接地方债务的手段和能力等同于铸币税还有待商榷，至少中央担保地方债务的第一道防线是中央财政的税收权价值。以上文献在讨论地方政府债务违约距离时，都是将财政收入这一流量与政府负债这一存量直接对应，其测算结果必然导致地方政府可承受债务水平被低估。沈沛龙、樊欢（2012）明确了政府资产负债表的资产应包括财政收入的现值，现值是对应存量概念的。他们根据政府可流动性的资产测算了我国政府债务的整体风险，其结论是我国目前基本不存在直接债务的违约风险。

二 基于期权思想测度债务水平的建模思路

测度地方政府债务可承受水平采用基于期权思想的方法建模，其来源依然是公司信用评级中的 KMV 模型。该模型的核心思想是：股东拥有到期是否偿还公司债的选择权，当企业总资产的期望价值高于公司账面价值时，股东会偿还负债；当企业总资产的期望价值低于或等于公司账面价值时，权益价值为负，股东会选择违约。企业总资产的期望价值超出负债价值越多，企业按时偿还债务的可能性就越大，因此企业是否违约就转换为一个概率问题。公司预期违约率可用如下公式表示：

$$p_t = Pr[V_A^t \leqslant X_t \mid V_A^0 = V_A] = Pr[\log V_A^t \leqslant \log X_t \mid V_A^0 = V_A]$$

其中，V_A^t 是 t 时刻公司的资产价值，X_t 是 t 时刻公司债务的账面价值。其中 V_A^t 未知，需利用 t 时刻股票价值 V_E 计算得出。如果利用 Black-Scholes 期权定价公式估计该期权价值，则可得 V_A^t 和 V_E 两者之间的转换公式：

$$\begin{cases} V_E = V_A^t N(d_1) - X_t e^{-rT} N(d_2) \\ \sigma_E = \dfrac{V_A^t}{V_E} N(d_1) \sigma_A \end{cases}$$

其中，$d_1 = \dfrac{\log(V_A^t/X_t) + (r + \sigma_A^2/2) \cdot T}{\sigma_A \sqrt{T}}$，$d_2 = d_1 - \sigma_A \sqrt{T}$，$r$ 为无风险利率，T 为债务剩余期限，σ_A 为企业总资产价值的波动率。通过上式可以计算得到 V_A^t，再根据概率分布就可以求得违约率。反之，如果确定一个违约概率，再结合概率分布就可以求得债务规模上限。

将预测公司债务风险的 KMV 模型对应到政府债务评级中，政府债务违约的风险就等价于政府税收权价值以及其他资产价值小于到期时债务面值的概率。然而政府评级与公司评级的最大差别是政府的税收权价值难以估计，而公司的资产价值完全可以通过市场估价推导出来，因此基于存量的方法难以在政府信用评级中应用。对此我们采用逆向思维的方法，将存量模型转换为流量模型，因为存量模型中作为违约门槛的债务价值（即行权价格）很容易转换成流量模型中的债务现金流，公式左边的资产则转换成可偿债资金，流量模型中的可偿债资金是相对客观准确的。因此，地方政府债务违约的风险转换为地方政府可偿债资金小于债务年金的概率。用公式表示如下：

$$p = P[R_t < A_t]$$

其中，R_t 表示地方政府可偿债资金，即地方政府的可支配财力减去刚性支出（维持政府运行和必要公共开支的支出），A_t 表示理论的年金值。由于最终要测得债务水平的上限（存量），我们要假设一定的债务期限和利率水平，将债务年金转换成债务现值。具体的测算步骤如下：

第一，定义地方政府的可偿债资金，并进行计算。

第二，对可偿债资金进行一阶自回归，消除趋势项，用残差项进行 Bootstrap 抽样，为核密度估计和拟合概率分布做准备。

第三，用经过 Bootstrap 抽样的残差加上可偿债资金的最后一期值，构造可偿债资金的真实分布，设定不同的违约率计算出政府可承受的债务年金上限。

第四，假定债务期限和利率水平，根据债务年金推算出债务上限。根据我们对地方融资平台债务期限的调研，确定地方政府债务的平均期限为 7 年，根据当前地方政府发债自发自还的情况，利率水平确定为 4%。

三　地方政府可偿债资金测算

1. 地方政府可偿债资金定义

本文将地方政府的可偿债资金定义为地方政府可支配财力扣减地方政府刚性支出后的部分。我们首先分析地方政府全口径收入，然后确定各部分是否属于地方政府的可支配财力。

地方政府收入中最主要的是一般预算收入，它是指纳入一般预算管理的财政性资金，具体包括两个部分：税收收入和非税收收入。税收收入我们将其划分为五大类：增值税、营业税、企业所得税、个人所得税以及其他税种。自分税制改革后其他税种中的筵席税、屠宰税、农业税等先后取消，剩余税种几乎都是与房地产有关的税收，如房产税、城市维护建设税、土地增值税、印花税[①]等。我们将剩余税收全归为与房地产有关税收，用以推算地方政府的土地出让收入。非税收收入包括行政性收费、罚没收入等由财政部门征收的收入，还包括国有资产经营收益、专项收

---

① 印花税税收中上海和深圳两地有很大一部分来自股票二级市场的交易，其他地方的印花税都与房地产业存在较大关联。

入等由其他部门征收的收入。各地的国有资产经营收益在各地一般预算收入中的平均占比约为2%，如果再扣除国有企业亏损补贴，该部分几乎可以忽略。

地方政府收入的第二部分是财政转移收入，它是指上级政府通过预算安排的对下级政府无偿的资金拨付，其目的在于推动基本公共服务均等化。我国地方政府的转移支付收入包括三个部分：税收返还和体制补助、一般性转移支付、专项转移支付。这三部分收入在《中国财政年鉴》中的各省一般预算收支决算表中全部归为"中央补助收入"，但其中的专项转移支付并不是地方完全可支配的财力。因此，我们需要对这些项目分别计算以便扣减其中地方不能自由支配的项目。在1994年分税制改革时确立了税收返还规则，我们根据各省份数据计算；这其中有些省份还需向中央上解财政收入，这些数据在收支决算表中已列明，需要在地方可支配财力中扣减。一般性转移支付不规定具体用途，可由地方作为财力统筹安排使用。我国一般性转移支付包括均衡性转移支付、民族地区转移支付、国家重点生态功能区转移支付、资源枯竭城市转移支付、调整工资转移支付等各类。在后续的计算中，我们只计算均衡性转移支付、民族地区转移支付和调整工资转移支付三个大项。各省份加总后与全国的一般转移支付一定存在差距，我们再根据转移支付系数以及各省份财政困难程度进行调整。专项转移支付是为了实现中央的特定政策目标进行的专项拨款。尽管它并不属于地方的可支配财力，但其中一部分用于资本性支出，因此这部分也可算作偿债资金，我们假定其比例为1/3。

地方政府收入的第三部分是政府性基金收入，它是指各级人民政府根据有关规定征收的具有专项用途的财政资金，其目的是支持特定公共事业的发展。根据1996年《国务院关于加强预算外资金管理的决定》，养路费、车辆购置附加费、铁路建设基金、电力建设基金、公路建设基金、教育费附加等纳入基金预算管理。这部分资金因专款专用，不计为地方的可支配财力。

地方政府收入的第四部分是预算外收入，即未纳入预算管理的收入。这其中最大一部分就是地方政府的土地出让金收入。当前土地出让金已经成为地方政府弥补财政赤字、进行公共设施建设的主要资金来源，是地方政府可支配财力的另一重要来源。尽管财政部于2010年6月出台了《关于将按预算外资金管理的收入纳入预算管理的通知》，将土地出让金纳入政府基金预算管理，但其收入用途依然是资本性支出，因此我们依然将其算作可偿债资金。由于土地出让金很大一部分要用于土地"三通一平"工作，我们假定这一部分的成本占比为1/2。

财政支出按经济性质可分为政府购买支出和政府转移支出。由于本文讨论省一级的地方政府债务问题，对应的来自中央的转移支出记为省一级政府的"中央补助收入"，其中哪些部分作为可支配财力上文已经说明，而省一级作为一个整体，不再讨论其对下一级政府的转移支出问题。就地方政府的购买支出而言，大体可以分为两部分：一部分是购买各级政府进行日常行政事务活动所需要的商品和劳务的支出，另一部分是各级政府用于各种公共投资的支出。前者即地方政府的刚性支出，也是政府的消费支出；后者是地方政府的资本性支出，可作为偿债的资金来源。政府的刚性支出大体上可以分为三类：第一，按照政府职能分类后的国防支出和非国防行政支出、经济管理部门的行政经费等，主要用于维持国防、治安、经济管理等政府的基本职能。第二，教育、科学研究、医疗卫生、文化等部门的事业费，它们之中的一部分具有准公共服务功能，因此政府的支持也是必不可少的。第三，社会保障支出，它是政府维护社会公平、促进社会稳定发展的重要手段，当前财政的社会保障的补助也是对现行社保体系的重要补充。因此社会保障是政府的重要义务之一，社会保障支出是刚性支出的重要部分。此外，地方政府财政支出中的专项支出和其他支出因其专款专用的特点，也需要在可偿债资金中扣减。

根据以上分析，地方政府的可偿债资金用以下公式表示：

$$
\begin{aligned}
可偿债资金 = {}& 地方政府可支配财力 - 地方政府刚性支出 \\
= {}& [（各项税收收入 + 非税收入）+（两税返还 + \\
& 一般性转移支付 - 上解支出）+ 1/2 \times 土地出让收入 + \\
& 1/3 \times 专项转移支付] -（社会保障支出 + 科教文卫支出 + \\
& 行政管理和国防支出 + 专项支出和其他支出）
\end{aligned}
$$

2. 地方政府可支配财力部分要素的测算方法

由于《中国财政年鉴》中公布的各省一般预算收支决算表信息不够详细，我们还需要对可偿债资金的某些要素进行测算。可支配财力部分我们需要计算两税返还、一般性转移支付。由于我们假定专项转移支付中大约

1/3是用于资本性支出，因此也必须计算出专项转移支付，可用中央补助收入扣减两税返还以及一般性转移支付求得。此外，土地出让金由于数据不完整也需要通过估算的方法填补空缺数据。

（1）各省份两税返还的测算

两税返还是1994年中央为减少分税制改革的推进压力，对地方政府既得利益的补偿。由于各年财政年鉴和统计年鉴都没有分省份的两税返还的具体数据，我们根据当时确立的制度框架进行推算。两税返还的具体措施是：以1993年为基期年，将分税后地方净上划中央的收入数额，作为中央对地方的税收返还基数。从1994年开始，税收返还与消费税和增值税（75%）环比挂钩，每年递增返还，返还比例为1∶0.3。由于消费税数据不可得，我们直接以增值税作为替代，这么做可能产生偏差，但我们通过加总各省份数据后是否超出当年两税返还①的总数进行校验，即通过加总数与公布的总额相除得到调整系数。由于各省两税返还数据需要经全国数据调整，这里无法单独展示某一省份两税返还的计算过程，下文直接给出案例省份的计算结果。

（2）各省份一般性转移支付的测算

一般性转移支付包括的项目众多，包括均衡性转移支付、民族地区转移支付、县级基本财力保障机制奖补资金、调整工资转移支付、农村税费改革转移支付、成品油税费改革转移支付、国家重点生态功能区转移支付等。考虑到可得性和方便程度，我们选取了均衡性转移支付、民族地区转移支付和调整工资转移支付3项进行计算。这三项转移支付的总额大约占一般性转移支付额度的一半，一般性转移支付也大约占总的转移支付的一半。在具体计算过程中，我们以3项转移支付的2倍是否小于预算决算总表中的"中央补助收入"的55%进行校验。下面分别介绍这3项转移支付的计算方法。

均衡性转移支付最早被称为"过渡期转移支付"，后又被称为"一般性转移支付"，是一般性转移支付中规模最大的部分，也是发挥财政均等化功能最重要的部分。均衡性转移支付的测算是根据如下公式：转移支付额＝（标准支出－标准收入）×转移支付系数。标准支出和标准收入的计

---

① 全国两税返还的总数可参考李萍主编《财政体制简明图解》，中国财政经济出版社，2010，第32页。

算中，一部分根据客观因素计算，一部分根据实际收支计算。在实际计算过程中，我们都是按实际收支进行计算，因为我们的推算过程和标准收支中的计算公式在很大程度上是一致的，比如个人所得税的理论计算公式是基于职工平均工资和职工人数，而我们的推算也是基于各省份的职工工资总额。转移支付系数的确定取决于可用于均衡性转移支付的总额以及各地区的财政困难程度。全国的转移支付系数参见图1，地区的困难程度则设定在0.8～1.2。对于上述计算可能产生的误差，我们加总各省份的均衡性转移支付，通过与全国的均衡性转移支付①的总额对比的方式进行调整。

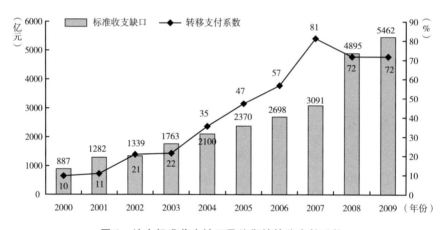

图1　地方标准收支缺口及均衡性转移支付系数

资料来源：李萍主编《财政体制简明图解》，中国财政经济出版社，2010，第59页。

　　民族地区转移支付的支付对象为5个民族地区以及青海、云南、贵州3个财政体制上视同民族地区对待的省份。2006年国务院又将全国53个非民族省区及非民族自治州管辖的民族自治县纳入地区转移支付范围。由于计算只针对省一级，我们仅考虑上述8个省份的民族地区转移支付。民族地区转移支付来源于两个部分：一是2000年中央安排的10亿元，此后每年按中央分享的增值税增长率递增。二是民族地区当年上划中央增值税收入比上年增长部分的80%。对于第二部分来源，其中一半按来源地直接返还，另外的一半连同第一部分资金，按照标准收支差

---

① 全国均衡性转移支付的总数可参考李萍主编《财政体制简明图解》，中国财政经济出版社，2010，第59页。

额以及财政困难程度在民族地区间进行分配。由于我们并不知道第一部分的递增率，我们以增值税上划增长作为计算基础，参照均衡性转移支付中的困难系数计算，最后将 8 省份求和后的数据与财政部公布的民族地区转移支付的总额进行校验调整。图 2 为 2000～2009 年民族地区转移支付规模。

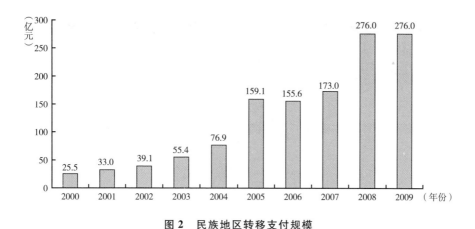

图 2　民族地区转移支付规模

资料来源：李萍主编《财政体制简明图解》，中国财政经济出版社，2010，第 73 页。

调整工资转移支付的计算需要确定以下 3 个因素：第一，人均增资额[1]，我们以在职、离休和退休三者的简单平均作为替代；第二，确定补助系数[2]，在 1999 年以后的 5 次增加机关事业单位职工工资的政策中，除了第一次中央对各省份都进行了转移支付外，后续四次则采取了区别对待的方式，沿海发达地区大部分自行解决，中西部地区由中央进行了补助，根据政策文件我们可以获取各省份明确的补助系数；第三，人数，由于我们并不知道确切的财政供养人数，我们以测算刚性支出中的科教文卫的从业人数替代。对于各省份计算的误差，我们依然通过加总数与财政部公布的调整工资转移支付的总额的差异进行调整。图 3 为 1999～2008 年调整工资转移支付总额。

---

[1]　在职、离休和退休的历次调资标准参见李萍主编《财政体制简明图解》，中国财政经济出版社，2010，第 76～77 页。

[2]　补助系数的资料来源于李萍主编《财政体制简明图解》，中国财政经济出版社，2010，第 76～77 页。

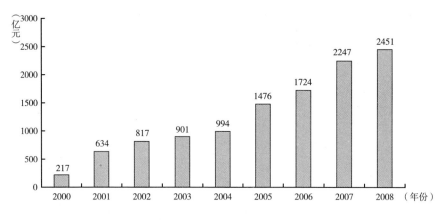

图 3　调整工资转移支付总额

资料来源：李萍主编《财政体制简明图解》，中国财政经济出版社，2010，第 77 页。

由于一般性转移支付的各分项加总测算后还需要经全国数据调整，此外各省份具体的一般性转移支付项目并不相同，因此这里并不展示某一省份的计算过程，后文直接给出案例省份的一般性转移支付的推算结果。

（3）土地出让金收入的推算

土地出让金收入的统计口径存在差异，且数据存在缺失和不透明的现象。但我们分析已有的数据发现，税收收入中的房产税、城市建设维护税、土地增值税、契税等求和后，与土地出让金收入存在较为稳定的线性关系。我们以国土资源部公布的土地成交价款替代土地出让金，对缺失数据用线性回归的方法补足。图 4 是以上海为例绘制的房地产相关税收与土

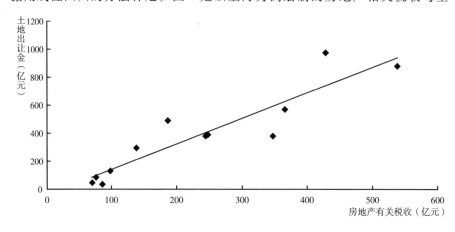

图 4　土地出让金估计的方程

地出让金之间的线性关系图。X 轴表示房地产有关税收，Y 轴表示土地出让金。方程式为 $Y = 1.8262X - 42.556$，拟合优度为 0.8457。

3. 地方政府刚性支出部分要素的测算方法

地方财政支出的统计口径在 2007 年发生变化，之前是按部门进行分类，之后转为按财政功能划分。其中较大的一项"一般公共服务"中既包含了刚性支出，又包含了资本性支出。2007 年之前按部门分类的情况下，不同的支出科目相对容易归入不同口径的刚性支出，因此我们以 2007 年的数据为基础，推测之后各年的刚性支出数据。

就行政管理支出（包含国防支出）而言，它包含的各省份一般预算收支决算中的科目有地方财政国防支出、地方财政行政管理费支出、地方财政外交外事支出、地方财政武装警察部队支出、地方财政公检法司支出。从测算方法上讲，我们认为预算的编制和执行与政府的人数以及每人的工资和办公费用有密切关系，因此我们考察了人均的行政管理费用，发现其时间序列是典型的凸函数。我们以拟合的函数外推政府部门人均费用，再乘以政府部门人数，即可得到行政管理支出的总数。从计算角度而言，使用财政供养人数计算是最为恰当的，但由于公布数据的年份很少，我们使用中国城市年鉴中的机关和社会团体从业人员（2004 年后改为公共管理和社会组织从业人员）进行替代。图 5 中第 1 个图是以上海为例拟合的人均行政管理费用，方程为 $Y = 570.19X^2 + 3575.6X + 19121$（$R^2 = 0.9974$），其中 Y 表示行政管理和国防支出的人均费用，X 表示时间序数，1997 年为起始年，计为 1。

就事业单位的各类支出而言，主要是用于科教文卫等各类准公共产品的支出，它包含的各省份一般预算收支决算中的科目有地方财政教育事业费支出、地方财政科学事业费支出、地方财政卫生事业费支出、地方财政文体广播事业费支出、地方财政行政事业单位离退休经费支出。同样的，我们发现事业单位人均费用随时间呈典型的凸函数关系，关于事业单位人数，我们用国有企事业单位专业技术人员、教师人数和卫生机构人员数的总和进行替代，数据来源于中国应用统计数据库。图 5 中第 2 个图是以上海为例拟合的事业单位人均管理费用，方程为 $Y = 467.39X^2 - 1920.3X + 13558$（$R^2 = 0.9378$），其中 Y 表示科教文卫的人均费用，X 表示时间序数，1995 年为起始年，计为 1。

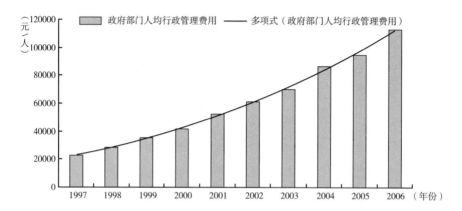

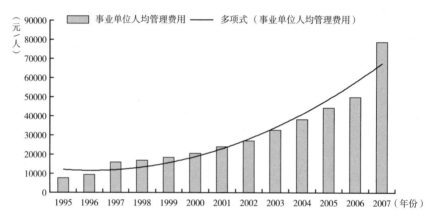

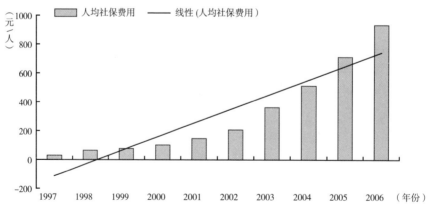

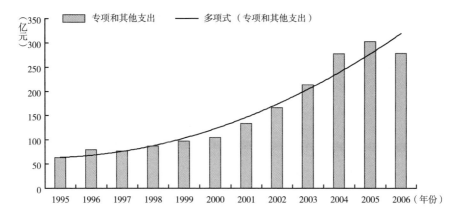

图 5　各类刚性支出及专项和其他支出的估计

就社会保障支出而言，它包含的各省份一般预算收支决算中的科目为地方财政抚恤和社会福利救济费支出、地方财政社会保障补助支出。对于社会保障支出，我们分别用总人口和老龄人口计算了人均社保支出和人均老龄社保支出，我们发现两者随时间表现为简单的线性关系，且拟合效果都很好（拟合优度都达到 0.8 以上），在具体估计各省份的社会保障支出时，我们以拟合优度大的为准。图 5 中第 3 个图是以上海为例拟合的人均社会保障费用，方程为 $Y = 95.007X - 207.24$（$R^2 = 0.859$），其中 Y 表示人均社保支出，X 表示时间序数，1997 年为起始年，计为 1。

此外专项支出和其他支出的统计口径也发生了变动，但计算可偿债资金依然需要扣减，因此还需要对 2007 年之后的数据进行推算。我们发现这两项的加总数随时间呈二次凸函数形式。图 5 中第 4 个图是以上海为例拟合的专项和其他支出的情况，具体方程为 $Y = 1.8972X^2 - 1.3956X + 63.175$（$R^2 = 0.947$），其中 Y 表示专项和其他支出的总量，X 表示时间序数，1995 年为起始年，计为 1。

4. 可偿债资金的计算结果

上文说明了可偿债资金的定义以及具体的测算方法，下面以上海为例展示各个分项的计算结果。表 1 是上海的一般预算收入数据，其中的非税收收入不包括国有资产经营收益和国有企业亏损补贴。此外我们的统计数据始于 1997 年，而非分税制改革的 1994 年，这是因为《中国财政年鉴》在 1997 年之前并没有细分增值税和营业税，只有笼统的工商税收类统计。

表1 上海的一般预算收入数据

单位：亿元

年份	增值税 收入	营业税 收入	企业所得税 收入	个人所得税 收入	房地产 有关税收	非税收 收入
1997	66.80	123.10	83.50	20.65	57.25	9.12
1998	75.58	138.10	50.88	38.70	61.52	19.92
1999	83.52	143.18	89.31	49.13	69.14	23.04
2000	93.55	153.81	103.12	60.24	85.44	21.2
2001	111.95	191.12	149.82	78.44	76.36	33.74
2002	136.83	251.85	139.46	67.08	98.09	45.5
2003	170.20	332.31	146.15	71.81	138.61	58.74
2004	199.38	442.46	204.99	88.69	186.30	74.63
2005	226.12	512.93	249.15	111.92	247.68	82.58
2006	270.21	558.67	271.47	131.07	243.95	101.06
2007	313.42	714.60	425.63	169.44	347.86	101.18
2008	334.89	763.38	547.99	204.89	366.53	124.57
2009	372.47	839.68	481.69	230.44	428.53	174.82
2010	388.62	933.91	606.05	261.20	537.81	177.46

表2是上海的转移支付及土地出让金数据，其中除上解支出为原始数据外，其他都为测算数。土地出让金数据来自国土资源部，时间起始点为1999年。这主要是因为我国自1999年开始住房货币化改革，这之后才开始有大规模的土地出让。然而，从各省份一般预算收支决算表中可以看到1999年之前已经存在与土地出让相关的税收，如城镇土地使用税、土地增值税等，因此我们采取上文所述方法推算了1999年之前的土地出让金收入。

表2 上海的转移支付及土地出让金数据

单位：亿元

年份	两税返还	一般性转移支付	专项转移支付	上解支出（-）	土地出让金收入
1997	138.25	2.91	107.77	-124.52	61.99
1998	145.50	2.91	114.32	-120.95	69.79
1999	149.20	2.91	121.05	-120.20	42.95
2000	149.65	5.78	125.35	-122.03	34.83
2001	159.52	16.78	84.47	-122.31	83.31

续表

年份	两税返还	一般性转移支付	专项转移支付	上解支出（-）	土地出让金收入
2002	172.58	17.24	118.50	-123.06	128.25
2003	189.23	16.78	140.11	-122.89	294.24
2004	196.87	16.49	188.72	-122.89	492.18
2005	199.42	22.05	122.75	-137.19	389.75
2006	210.50	16.31	114.72	-147.63	378.78
2007	214.32	15.48	108.02	-154.10	380.47
2008	209.05	13.22	121.83	-156.89	570.26
2009	233.55	13.22	169.91	-176.45	975.66
2010	237.58	13.22	164.56	-169.97	880.09

表 3 是上海市政府的刚性支出以及按上文公式测算的可偿债资金数据。2007 年以前刚性支出采用原始数据，2007 年之后采用上文的测算方法推算。

表 3　上海市政府的刚性支出以及可偿债资金数据

单位：亿元

年份	行政管理和国防支出	科教文卫支出	社保支出	专项支出和其他支出	可偿债资金
1997	42.42	95.21	4.00	76.64	225.71
1998	51.66	108.35	8.44	87.55	229.16
1999	59.91	121.52	10.24	97.55	261.84
2000	67.11	135.67	13.70	104.89	288.59
2001	82.60	156.04	19.57	133.95	373.07
2002	101.83	170.73	27.64	166.34	442.66
2003	120.46	196.11	48.63	213.45	616.11
2004	147.55	233.82	69.27	277.62	867.66
2005	172.90	277.46	96.92	302.91	900.26
2006	200.08	316.13	127.83	278.84	960.36
2007	229.78	521.34	115.53	313.06	1194.36
2008	254.83	446.33	129.76	415.49	1486.96
2009	295.59	562.26	143.97	469.11	1671.49
2010	359.52	556.41	157.91	526.53	1880.41

四　地方政府债务可承受水平测度

上文我们已经计算出可偿债资金的时间序列数据，下面测算地方政府债务可承受债务水平的上限，其方法的核心是构造出可偿债资金的概率分布，并给定相应的违约概率，推算出债务可承受水平。

1. 一阶自回归及 Bootstrap 抽样

由于可偿债资金存在明显的趋势项，我们采用一阶自回归方法外推一期的预测值加上残差项的方法消除趋势项。表 4 是可偿债资金取对数后进行一阶自回归的结果。由于可偿债资金的时间序列很短，只有 13 个值，难以进行核密度估计和绘制概率密度图，因此我们采用 Bootstrap 抽样的方法将小样本转换成大样本。表 4 是残差项经 Bootstrap 抽样后的结果。

表 4　可偿债资金取对数一阶回归结果

Variable	Coefficient	Std. Error	t-Statistic	Prob.
AR(1)	1.023965	0.007123	143.7631	0.0000
R-squared	0.940189	Mean dependentvar		2.959182
Adjusted R-squared	0.940189	S. D. dependentvar		0.304856
S. E. of regression	0.074557	Akaike info criterion		-2.280710
Sum squared resid	0.066704	Schwarz criterion		-2.237252
Log likelihood	15.82461	Hannan-Quinn criter.		-2.289642
Durbin-Watson stat	2.394831			
Inverted AR Roots	1.02			
	Estimated AR process is nonstationary			

2. 核密度估计

核密度估计的目的是根据既有数据以离散形式表示出密度函数。核密度估计的定义如下：

设 $X_1, X_2, \cdots, X_n$ 是从一维总体 X 中抽出的独立同分布样本，X 具有未知的密度函数 $f(x)$，$x \in R$，则 $f(x)$ 的密度核估计为：

$$f_n(x) = \frac{1}{nh_n} \sum_{i=1}^{n} K\left(\frac{x - X_i}{h_n}\right)$$

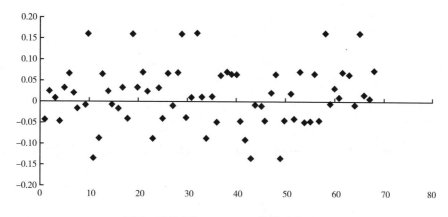

图 6　残差项经 Bootstrap 抽样后的结果

其中 $K(u)$ 为 $R = (-\infty, +\infty)$ 上的 Borel 可测函数，称为核函数，h_n 是与 n 有关的正数，称为窗宽。

显然 h_n 越小，参加平均的 $f(x)$ 就越少；h_n 越大，参加平均的 $f(x)$ 就越多。$f_n(x)$ 既与样本大小 n 有关，又与核函数及窗宽的选择有关。给定样本后，一个核估计的好坏，取决于核函数和窗宽的选取是否适当。窗宽 h_n 随 n 增大而下降，即随着 $n \to \infty$ 而趋于 0。因此，h_n 取值太大时，由于 x 经过压缩变换 $(x - X_i)/h_n$ 之后平均化作用突出了，从而淹没了密度的细节部分；反之，若 h_n 取值太小，随机性的影响会增加，使 $f_n(x)$ 呈现很不规则的形状，有可能掩盖 $f(x)$ 的重要特性。所以应该适当选取 h_n 平衡上述两种效应。在实际计算过程中，取 $h_n = h = \dfrac{R}{m}$，其中 $m = \sqrt{n}$ 的整数部分，n 为样本容量，$R = X_{\max} - X_{\min}$，即样本中最大值与最小值的差值。并取核函数 $K(x)$ 为 $[-1, 1]$ 上的均匀概率密度函数，此时核密度估计可以认为是落在 $[X_i - h_n, X_i + h_n]$ 上的 x 对应的 $f_i(x)$ 的平均值，且满足连续性、可积性等光滑性条件。表 5 给出了核密度估计结果。

表 5　核密度估计结果

x	$f(x)$	x	$f(x)$
-0.1365	1.629191	0.021047	3.146023
-0.12665	1.910086	0.030893	3.483097
-0.11681	2.022444	0.04074	3.483097
-0.10696	2.528054	0.050587	3.258381

续表

x	$f(x)$	x	$f(x)$
-0.09711	2.528054	0.060433	3.258381
-0.08727	2.528054	0.07028	3.258381
-0.07742	2.528054	0.080127	3.258381
-0.06757	3.31456	0.089973	2.808949
-0.05773	3.31456	0.09982	2.528054
-0.04788	3.31456	0.109667	2.528054
-0.03803	3.31456	0.119513	2.415696
-0.02819	3.31456	0.12936	2.022444
-0.01834	3.31456	0.139207	2.022444
-0.00849	3.31456	0.149053	1.741549
0.001353	3.146023	0.1589	1.404475
0.0112	3.146023		

3. B 样条插值

B 样条函数是一种特殊的样条函数，可以作为基底构成样条函数。由于它具有有限跨度，因此局部产生的误差不会传导至全局。采取 B 样条插值的目的是对核密度函数进一步拟合，从而形成相对光滑的多项式曲线。

1 阶 B 样条函数为：$M_1(x) = (x + \frac{1}{2})_+^0 - (x - \frac{1}{2})_+^0$，其中 x_+^n 为截幂单项式。

m 阶 B 样条函数：$M_m(x) = \int_{x-\frac{1}{2}}^{x+\frac{1}{2}} M_{m-1}(t) dt, m \geq 2$。

假设给定等距划分 $\pi: a = x_0 < x_1 < \cdots < x_n = b$，令 $x_i = a + ih$，$i = 0, \pm 1, \pm 2, \cdots, \pm n$，以 x_i 为峰值点，可以定义 $M_4(\frac{x - x_i}{h}) \in S_3(\pi)$，由于 $M_4(x)$ 具有有限跨度，仅当 $i = -1, 0, 1, \cdots, n, n+1$ 时，$M_4(\frac{x - x_i}{h})$ 在 $[a, b]$ 上不恒为零，而它们的总数恰好为 $n + 3 = \dim S_3(\pi)$。此外，函数 $\{M_4(\frac{x - x_i}{h})\}_{i=-1}^{n+1}$ 在 $[a, b]$ 上线性无关，因此 $\{M_4(\frac{x - x_i}{h})\}_{i=-1}^{n+1}$ 构成

了对应于等距划分 π 的三次样条函数空间 $S_3(\pi)$ 的一组基底，从而对任何的 $s(x) \in S_3(\pi)$ 都可以表示为：

$$s(x) = \sum_{j=-1}^{n+1} C_j M_4\left(\frac{x-x_j}{h}\right)$$

对不同的插值问题只需求出相应的 $\{C_j\}_{j=-1}^{n+1}$ 即可。对 I 型插值问题：$s'(x_0) = y'_0,\ s(x) = y_i,\quad i = 0,\ 1,\ \cdots,\ n,\ s'(x_n) = y'_n,$ 得：

$$\begin{cases} \dfrac{1}{h}\sum_{j=-1}^{n+1} C_j M'_4(-j) = y'_0 \\[2mm] \sum_{j=-1}^{n+1} C_j M_4(i-j) = y_i \\[2mm] \dfrac{1}{h}\sum_{j=-1}^{n+1} C_j M'_4(n-j) = y'_n \end{cases}$$

由于 $M_4(x)$ 具有有限跨度性质，上述方程组可以简化为矩阵形式：

$$\begin{bmatrix} -1 & 0 & 1 & & & \\ 1 & 4 & 1 & & & \\ & 1 & 4 & 1 & & \\ & & \ddots & \ddots & \ddots & \\ & & & 1 & 4 & 1 \\ & & & -1 & 0 & 1 \end{bmatrix} \begin{bmatrix} C_{-1} \\ C_0 \\ C_1 \\ \vdots \\ C_n \\ C_{n+1} \end{bmatrix} = \begin{bmatrix} 2hy'_0 \\ 6y_0 \\ 6y_1 \\ \vdots \\ 6y_n \\ 2hy'_n \end{bmatrix}$$

对其系数矩阵稍加处理，成为如下标准的三对角矩阵：

$$\begin{bmatrix} 4 & 2 & & & & \\ 1 & 4 & 1 & & & \\ & 1 & 4 & 1 & & \\ & & \ddots & \ddots & \ddots & \\ & & & 1 & 4 & 1 \\ & & & & 2 & 4 \end{bmatrix} \begin{bmatrix} C_0 \\ C_1 \\ C_2 \\ \vdots \\ C_{n-1} \\ C_n \end{bmatrix} = \begin{bmatrix} 6y_0 + 2hy'_0 \\ 6y_1 \\ 6y_2 \\ \vdots \\ 6y_{n-1} \\ 6y_n - 2hy'_n \end{bmatrix}$$

由此可以通过追赶法解出系数 $\{C_j\}_{j=0}^{n}$，再进一步解出 C_{n-1}, C_{n+1}。

对上海的核密度估计函数，给定边界条件，建立 I 型插值问题，通过三对角矩阵得出 B 样条函数的系数 $\{C_j\}_{j=-1}^{n+1}$，表 6 为计算过程中三次 B 样条函数的系数。

表6　三次 B 样条函数系数表

系数	值	系数	值
C_1	$-4.1E+51$	C_{16}	$1.03E+27$
C_2	$8.16E+51$	C_{17}	$1.34E+25$
C_3	$7.57E+50$	C_{18}	$1.75E+23$
C_4	$1.62E+49$	C_{19}	$2.29E+21$
C_5	$3.26E+47$	C_{20}	$2.71E+19$
C_6	$5.29E+45$	C_{21}	$3.2E+17$
C_7	$8.58E+43$	C_{22}	$4.04E+15$
C_8	$1.39E+42$	C_{23}	$5.1E+13$
C_9	$2.26E+40$	C_{24}	$6.44E+11$
C_{10}	$2.8E+38$	C_{25}	$8.13E+09$
C_{11}	$3.48E+36$	C_{26}	$1.19E+08$
C_{12}	$4.32E+34$	C_{27}	1927720
C_{13}	$5.36E+32$	C_{28}	31256.72
C_{14}	$6.65E+30$	C_{29}	529.7784
C_{15}	$8.26E+28$	C_{30}	10.44929

图 7 给出了基于上述模拟的概率密度曲线。韩立岩等（2003）指出基于数据的真实分布与 KMV 模型中假定的对数正态分布存在较大差异，并提示以真实分布推算发债水平更为稳健。图 7 也将真实分布和对数正态分布进行了对比，从图中可以看出，真实分布曲线要比对数正态分布更宽更扁，它具有相对矮的峰部和更长的尾部。在同样的发债规模下，真实分布相应的违约风险也明显增大，从评级的稳健角度出发，我们更偏好于使用真实分布。这一结论与韩立岩等（2003）的研究结论一致。

4. 根据概率密度确定理论债务年金

在计算出核密度函数和绘制出概率密度曲线后，我们可以对核密度函数进行积分，得出债务年金和违约概率间的函数，从而可以得出某一债务年金下的违约概率。反之，通过对债务年金数据区间逐步进行对分，将节点数据代入计算，依据设定的违约率，最终解出理论债务年金。图 8 以上海为例给出了理论债务年金值与违约概率，作为对比，也给出了对数正态分布下两者之间的对应关系。从图中可以很明显地看出，在假定同样违约概率的情况下，基于真实分布的可承受的债务年金值小于对数正态分布的情况。

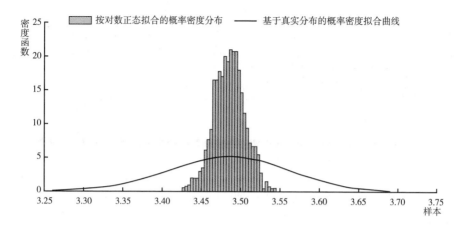

图7　基于真实分布的概率密度曲线及与对数正态分布的对比

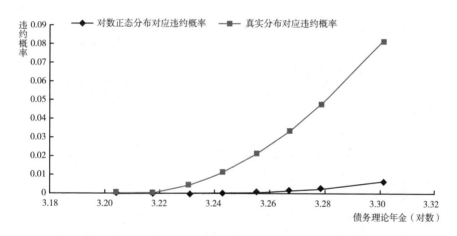

图8　两种分布下理论债务年金值与违约概率的对应关系

5. 实证结果

上文求得了不同违约概率对应的理论债务年金值，按利率4%、期限7年的假定将债务年金转换成债务现值。表7给出了4种预期违约率水平下30个省份（除西藏）可承受债务水平的上限值。与韩立岩等（2003）、杨胜刚等（2011）的实证结果相比，本文测度的地方政府可承受债务水平上限要高出一个数量级。出现差异的重要原因是，将违约点考虑成"收不抵债"明显缩短了违约距离。此外，计算口径不包含土地出让金也会导致测算结果的低估。

表7   不同预期违约率下各省份可承受债务水平上限

单位：亿元

地区	0.02%	0.1%	1%	8%	地区	0.02%	0.1%	1%	8%
北　京	4918.13	4979.66	5312.51	6168.79	河　南	1923.54	1939.10	2068.24	2483.70
天　津	2681.02	2717.06	2863.52	3198.90	湖　北	1825.58	1831.47	1893.21	2141.90
河　北	2753.60	2782.28	2903.36	3190.07	湖　南	2999.16	3035.29	3181.27	3521.28
山　西	922.57	929.61	976.11	1100.78	广　东	9933.44	9997.70	10495.42	11819.52
内蒙古	3491.40	3502.68	3625.76	4186.00	广　西	4204.36	4249.13	4425.88	4839.49
辽　宁	2421.59	2451.32	2604.35	2982.64	海　南	1491.42	1512.17	1600.66	1808.84
吉　林	1100.02	1109.69	1162.52	1295.39	重　庆	4536.28	4577.20	4866.31	5701.64
黑龙江	523.48	529.66	577.03	729.63	四　川	2949.85	2979.89	3156.45	3619.09
上　海	9840.11	9997.70	10612.07	12061.46	贵　州	1806.34	1822.22	1917.35	2168.20
江　苏	10244.72	10372.90	10884.29	12067.02	云　南	1611.39	1626.67	1739.40	2072.53
浙　江	8070.49	8160.19	8515.30	9326.10	陕　西	1877.15	1890.60	1991.59	2295.09
安　徽	3698.28	3738.53	3933.69	4417.74	甘　肃	374.28	380.02	429.04	611.09
福　建	4023.46	4065.37	4310.22	4940.83	青　海	982.24	983.90	1001.38	1091.95
江　西	1653.10	1672.24	1761.17	1974.69	宁　夏	1184.57	1188.31	1223.77	1354.57
山　东	4771.99	4838.38	5188.00	5968.97	新　疆	1513.77	1520.34	1585.25	1853.11

五　研究结论及进一步研究方向

上文测度了不同违约概率下地方政府可承受债务水平的上限值，1%的违约概率大体对应着BBB级的评级，我们将这一理论上可承受的债务水平与地方政府的现实债务水平[①]进行对比，如果前者除以后者小于100%，那么意味着这些地区应该严格控制发债。表8给出了理论债务水平与现实债务的对比结果。从表8中可以看出，那些比值低于100%的省份既有西部欠发达地区，也有相对发达的中部地区（如湖北）和东部的发达地区（如北京）。这些东中部地区比值偏低的原因在于现实债务过高。

---

① 2014年各省份公布了政府性债务审计结果，政府性债务包括政府负有偿还责任的债务、政府负有担保责任的债务和政府可能承担一定救助责任的债务。上述债务中后两项并不是政府的直接债务，表8中的数据对后两者进行折算后再加总，折算率参照国家审计署公布的《全国政府性债务审计结果（2013）》中对全国政府性债务的折算值，分别为19.13%、14.64%。

表 8　地方政府债务可承受水平（理论债务水平）与现实债务的比较

单位：亿元，%

地区	1%违约概率下理论债务水平(1)	地方政府现实债务水平(2)	(1)/(2)	地区	1%违约概率下理论债务水平(1)	地方政府现实债务水平(2)	(1)/(2)
北　京	5312.51	6666.33	92.54	河　南	2068.24	3835.45	64.76
天　津	2863.52	2706.50	118.19	湖　北	1893.21	5556.19	38.55
河　北	2903.36	4525.00	70.50	湖　南	3181.27	4134.40	85.17
山　西	976.11	2014.89	54.63	广　东	10495.42	7450.89	158.63
内蒙古	3625.76	3599.29	116.30	广　西	4425.88	2456.69	196.99
辽　宁	2604.35	6002.00	49.69	海　南	1600.66	1113.09	162.51
吉　林	1162.52	2868.73	45.16	重　庆	4866.31	4232.50	134.71
黑龙江	577.03	2315.59	31.51	四　川	3156.45	7000.19	51.70
上　海	10612.07	5695.69	211.76	贵　州	1917.35	4915.04	44.11
江　苏	10884.29	8723.87	138.32	云　南	1739.40	4155.62	49.87
浙　江	8515.30	5372.32	173.60	陕　西	1991.59	3267.20	70.25
安　徽	3933.69	3429.27	128.82	甘　肃	429.04	1494.89	40.88
福　建	4310.22	2746.92	179.87	青　海	1001.38	797.83	136.87
江　西	1761.17	2684.32	73.56	宁　夏	1223.77	552.59	245.13
山　东	5188.00	4935.76	120.93	新　疆	1585.25	1840.21	100.70

资料来源：2014 年各省份政府性债务审计公告结果及笔者计算。

本文对地方政府债务可承受水平进行了测度。首先，在定义可偿债资金的基础上对地方政府的可支配财力和刚性支出进行了测度，计算了地方政府的可偿债资金的规模。其次，运用期权思想测度了地方政府在不同的预期违约概率下对应的理论债务年金值。最后，在给定利率水平和债务期限的条件下确定了地方政府债务可承受水平的上限，并将这一值与地方政府现实债务水平进行了对比。我们的实证结果比以往文献反映的地方政府债务可承受水平要高很多，其主要原因包括两点：第一，明确了可偿债资金应与债务年金这一流量对应，而不是与债务存量直接对应；第二，可偿债资金的计算口径包括一部分土地出让金收入。

城镇化是中国未来经济增长的重要动力，对于城镇化过程中公共基础设施的建设，政府负有不可推卸的责任，因此地方政府债务问题依然将是学术界讨论的重点。关于地方政府的债务风险，本文提出进一步的研究方向。

第一，关于国有资产对地方政府债务的影响。中国是社会主义国家，国有经济在经济中占重要地位，土地、矿产等大量资源也归国家所有，此外政府还控制着大量的经营性资产。本文的研究并没有讨论国有资产对地方政府债务的影响，事实上当地方政府预期违约时，可动用的资源很多，这也意味着地方政府可承受的债务水平比本文测算的结果还要高。在现实研究中应推动如下两项工作：其一，关于地方政府拥有和控制的国有资产是否可作为偿债资金，要抓紧立法研究工作并推进；其二，完善政府会计制度，加强对国有资产的核算，编制地方政府的资产负债表，尤其要加强经营性国有资产的核算，为后续将其纳入偿债基金做准备。

第二，关于中央政府的隐性担保问题。中国从政体上讲是单一制国家，尽管《宪法》规定地方政府的权力来自同一级人民代表大会，但现实中地方政府更多地表现为中央政府在地方的代理机构。因此作为代理人的地方政府如果出现债务违约，中央政府负有援助和支持的责任。作为事前因素，地方政府的债务存在着中央的隐性担保。关于这种隐性担保应该重点考虑两点：其一，中央政府的可偿债资金是多少，以及其他可变现的国有资产是多少；其二，当地方政府发生违约时，中央政府最可能救助哪一个，或者说中央和地方预期的联合违约概率是多少，以及影响这一联合概率的因素是什么。

（执笔：蔡真　祁逸超　牛新艳）

参考文献

周天勇：《地方政府发债与公共项目建设》，《西部财会》2005 年第 7 期。

贾康、段爱群：《预算法修改中的创新突破与问题评析——关于〈预算法〉修改的意见和建议》，《财政研究》2013 年第 6 期。

裴育、欧阳华生：《我国地方政府债务风险预警理论分析》，《中国软科学》2007 年第 3 期。

徐佳：《建立地方政府债务风险预警指标体系》，《中国财政》2008 年第 11 期。

赵晔：《现阶段中国地方政府债务风险评价与管理研究》，辽宁大学博士学位论文，2009。

章志平：《中国地方政府债务风险灰色评估和预警》，《统计与决策》2011 年第 15 期。

谢征、陈光焱：《我国地方债务风险指数预警建模之构建》，《现代财经》2012 年第 7 期。

韩立岩、郑承利、罗雯、杨哲彬：《中国市政债券信用风险与发债规模研究》，《金融研究》2003 年第 2 期。

郭文英、李江波：《北京市政债券安全发行规模探讨》，《首都经济贸易大学学报》2010 年第 4 期。

郭英、余建波：《中国市政债券安全规模分析》，《广东金融学院学报》2012 年第 1 期。

杨胜刚、张润泽：《政府信用评级与市政债券发债规模探讨》，《现代财经》2011 年第 5 期。

李腊生、耿晓媛、郑杰：《我国地方政府债务风险评价》，《统计研究》2013 年第 10 期。

沈沛龙、樊欢：《基于可流动性资产负债表的我国政府债务风险研究》，《经济研究》2012 年第 2 期。

李萍、许宏才、李承：《财政体制简明图解》，中国财政经济出版社，2010。

审计署，《全国政府性债务审计结果》，2013 年 12 月 30 日。

Fitch， "International Local and Regional Governments Rating Criteria Outside US"，2012.

Moody， "Regional and Local Governments Outside the US"，2008.

Moody， "The Application of Joint Default Analysis to Regional and Local Governments"，2008.

Standard & Poor's， "International Local and Regional Governments Rating Methodology"，2010.

Vasicek O. A.， "Credit Valuation"，*KMV Corporation*，Revision Edition，1999.

2013～2014年中国地区金融
生态环境评价结果报告

中国地区的金融生态环境由地方政府债务对金融稳定的影响、地区经济基础、金融发展、制度与诚信文化四个方面要素所构成。我们通过对这四方面的相关指标进行单因素数据筛选分析，构建中国地区金融生态环境的多因素评价模型。由于地区金融生态评价要逐渐转向对地方政府信用评级的应用，此次评价专门考虑了地方政府债务对金融稳定的影响这方面的指标，评价对象也扩展到247个城市。

一 2013～2014年中国地区金融
生态环境的态势分析

综观2013年度全国各地区（省、自治区和直辖市）的金融生态环境的综合评价结果（见表1），上海综合评分最高。在评分最高的前十个地区中，除了排在第9位的重庆之外，其余全都为东部沿海省市。与之对应，综合得分最低的10个省区中，西部占了6席，中部占了2席，东北、东部各1席。其中，综合得分最低的陕西、新疆、黑龙江、甘肃、宁夏、贵州、青海，低于0.350。

表1 中国地区金融生态环境综合评分（2013～2014年）

单位：分

综合排名	省 份	地方债务对金融稳定的影响	经济基础	金融发展	制度与诚信文化	综合得分
1	上 海	0.529	0.785	0.673	0.892	0.727
2	北 京	0.438	0.778	0.572	0.654	0.617
3	浙 江	0.501	0.572	0.655	0.590	0.587
4	广 东	0.544	0.549	0.591	0.558	0.563
5	江 苏	0.603	0.541	0.499	0.572	0.549

续表

综合排名	省 份	地方债务对金融稳定的影响	经济基础	金融发展	制度与诚信文化	综合得分
6	福 建	0.522	0.486	0.585	0.541	0.537
7	天 津	0.376	0.517	0.576	0.602	0.528
8	山 东	0.627	0.415	0.530	0.515	0.517
9	重 庆	0.403	0.447	0.584	0.568	0.510
10	辽 宁	0.604	0.414	0.488	0.422	0.476
11	安 徽	0.639	0.281	0.472	0.495	0.463
12	河 北	0.573	0.277	0.379	0.386	0.394
13	吉 林	0.623	0.263	0.339	0.396	0.391
14	湖 北	0.510	0.292	0.378	0.409	0.390
15	内蒙古	0.584	0.260	0.365	0.384	0.387
16	江 西	0.519	0.266	0.400	0.387	0.387
17	山 西	0.418	0.266	0.464	0.378	0.384
18	云 南	0.413	0.253	0.486	0.367	0.383
19	四 川	0.301	0.297	0.488	0.407	0.383
20	广 西	0.450	0.243	0.415	0.424	0.381
21	湖 南	0.439	0.300	0.343	0.440	0.376
22	河 南	0.469	0.260	0.378	0.409	0.374
23	海 南	0.577	0.269	0.224	0.417	0.354
24	陕 西	0.383	0.262	0.365	0.384	0.348
25	新 疆	0.481	0.175	0.405	0.321	0.342
26	黑龙江	0.498	0.238	0.332	0.325	0.340
27	甘 肃	0.416	0.198	0.330	0.367	0.323
28	宁 夏	0.625	0.243	0.255	0.232	0.320
29	贵 州	0.418	0.163	0.299	0.350	0.302
30	青 海	0.248	0.085	0.292	0.364	0.249

从区域平均得分情况来看（见图 1），东部沿海地区（北京、天津、河北、上海、江苏、浙江、福建、山东、广东和海南 10 个省市）金融生态环境综合评分最高，显著高于内陆地区。中部（山西、安徽、江西、河南、湖北、湖南 6 省）、东北（辽宁、吉林、黑龙江 3 省）和西部（重庆、四川、贵州、云南、陕西、甘肃、青海、宁夏、新疆、广西、内蒙古 11 个省区市）综合评分相差并不大，但比较起来，西部各省区市综合评分的简单平均分最低。

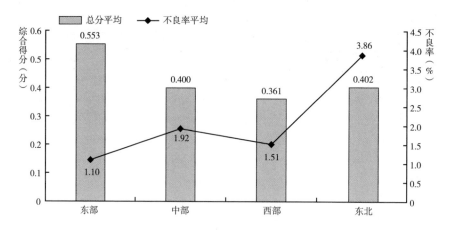

图1 东、中、西部及东北四大经济区域金融生态环境综合评分

在此需要指出的是，金融生态环境综合评分的态势与四大区域金融资产质量并不完全对应（见图1）。原因在于，影响金融资产质量的因素是多方面的，既有金融体系内部因素，也有外部环境的因素，金融生态环境并不能完全决定金融资产的质量。就2013～2014年的评价而言，由于加入了"地方政府债务对金融稳定的影响"这一指标，它与其他三个方面的指标并未表现出较高的一致性，而且其与信贷资产质量相比，存在时间上的领先关系。以东北和中部比较为例，东北的地方政府债务水平相对较低导致最终的评分结果略高于中部。东部地区的综合评比结果相对于2009～2010年的评分结果出现了一定程度的下降（由0.602分下降至0.553分），这与东部地方债务快速增长、可偿债能力未明显提升有关。

同时，本项研究还对全国247个大中城市（地区）进行了金融生态环境的综合评分。图2、图3分别列示了金融生态环境评分排名前50位和后50位的城市。

深圳市的金融生态环境在247个城市中排名第一，分值高达0.746分，高于排名第二和第三的上海（0.727分）和苏州（0.725分）。综合排名前50位中，中部占6席（其中，长沙排名第31位，宣城排名第34位，合肥排名第36位，马鞍山排名第40位，武汉排名第45位，蚌埠排名第48位），西部占1席（柳州排名第41位），东北占2席（大连排名第18位，长春排名第49位）。而综合排名后50位的城市中没有东部城市，西部占21席，中部和东北分别占14席和15席。

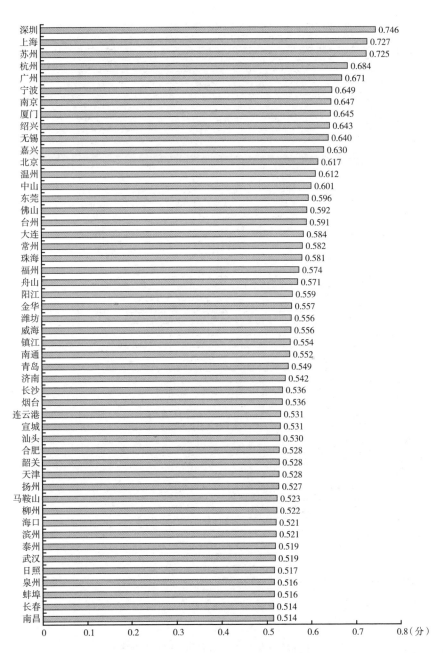

图 2　中国城市金融生态环境评分排名前 50 位（2013 年）

　　按照金融生态环境综合评分的分值情况，我们将地区金融生态环境划分为五个等级，Ⅰ级综合评分高于 0.600 分，Ⅱ级综合评分位于 0.500～

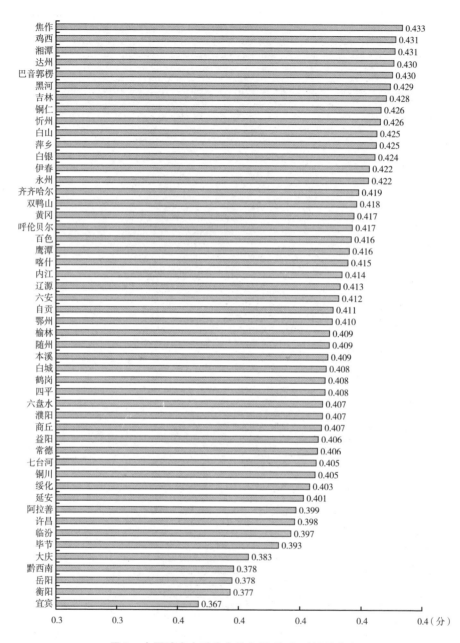

图 3　中国城市金融生态排名后 50 位（2013 年）

0.600 分，Ⅲ级综合评分位于 0.400～0.499 分，Ⅳ级综合评分 0.350～
0.399 分，Ⅴ级综合评分低于 0.350 分。图 4 为中国地区金融生态环境态
势图（标示依据表 2）。

■ I级　■ II级　■ III级　■ IV级　□ V级　　□ 未参与

图4　中国地区金融生态环境态势图

注：西藏、台湾、香港、澳门未参与金融生态环境评定，显示白色。

表2　地区金融生态环境等级评定（2013～2014年）

金融生态环境等级	划分标准	地区
I级	0.600 分以上	上海　北京
II级	0.500～0.600 分	浙江　广东　江苏　福建　天津　山东　重庆
III级	0.400～0.499 分	辽宁　安徽
IV级	0.350～0.399 分	河北　吉林　湖北　内蒙古　江西　山西　云南　四川　广西　湖南　河南　海南
V级	0.350 分以下	陕西　新疆　黑龙江　甘肃　宁夏　贵州　青海

就地级城市而言，其评分结果没有在 0.350 分以下的，其原因是未参加评定的 90 个城市未采集到数据，但它们的经济、金融、债务、诚信等指

标会影响到全省的结果。此外，评分在 0.4～0.5 分之间的城市太多，没有区分度。鉴于上述两点原因，我们对城市金融生态重新划分等级标准：Ⅰ级综合评分高于 0.600 分，Ⅱ级综合评分位于 0.500～0.600 分，Ⅲ级综合评分位于 0.450～0.499 分，Ⅳ级综合评分位于 0.400～0.449 分，Ⅴ级综合评分低于 0.400 分。评定结果如表 3 所示。

表 3 地区金融生态环境等级评定（2013～2014 年）

金融生态环境等级	划分标准	地区
Ⅰ级	0.600 分以上	深圳 上海 苏州 杭州 广州 宁波 南京 厦门 绍兴 无锡 嘉兴 北京 温州 中山
Ⅱ级	0.500～0.600 分	东莞 佛山 台州 大连 常州 珠海 福州 舟山 阳江 金华 潍坊 威海 镇江 南通 青岛 济南 长沙 烟台 连云港 宣城 汕头 合肥 韶关 天津 扬州 马鞍山 柳州 海口 滨州 泰州 武汉 日照 泉州 蚌埠 长春 南昌 湖州 漯河 重庆 南平 黄山 西安 临沂 锦州 阜新 成都 郑州 呼和浩特 株洲 黄石 芜湖
Ⅲ级	0.450～0.499 分	十堰 银川 安康 大同 池州 太原 南充 南宁 梅州 沈阳 咸阳 盐城 淮南 贵阳 三明 昆明 恩施 宁德 丽江 淄博 乌海 来宾 济宁 湛江 盘锦 莱芜 邢台 石家庄 丹东 眉山 大理 哈尔滨 曲靖 吴忠 辽阳 九江 洛阳 平顶山 河源 泰安 保定 晋中 孝感 遵义 宜春 云浮 滁州 安庆 朝阳 赣州 乐山 德州 兰州 梧州 绵阳 昌吉 平凉 淮安 徐州 阜阳 葫芦岛 通化 驻马店 抚顺 荆州 雅安 德阳 沧州 漳州 长治 铜陵 伊犁 克拉玛依 遂宁 包头 乌鲁木齐 聊城 钦州 鞍山 宿迁 佳木斯 上饶 淮北 商洛 荆门 西宁 亳州 张家口 新乡 宜昌 张家界 抚州 襄阳 阿克苏 唐山 三门峡 宝鸡 泸州 玉溪 汉中 普洱
Ⅳ级	0.400～0.449 分	景德镇 南阳 赤峰 渭南 开封 新余 鹤壁 龙岩 咸宁 玉林 信阳 安顺 吉安 通辽 运城 临沧 铁岭 广元 巴彦淖尔 娄底 郴州 宿州 怀化 红河 枣庄 安阳 桂林 牡丹江 邵阳 邯郸 广安 焦作 鸡西 湘潭 达州 巴音郭楞 黑河 吉林 铜仁 忻州 白山 萍乡 白银 伊春 永州 齐齐哈尔 双鸭山 黄冈 呼伦贝尔 百色 鹰潭 喀什 内江 辽源 六安 自贡 鄂州 榆林 随州 本溪 白城 鹤岗 四平 六盘水 濮阳 商丘 益阳 常德 七台河 铜川 绥化 延安
Ⅴ级	0.400 分以下	阿拉善 许昌 临汾 毕节 大庆 黔西南 岳阳 衡阳 宜宾

　　图 5 为金融生态环境五个等级的区域分布图。从图中可以清晰地看到，Ⅰ级金融生态环境城市全部为东部沿海城市。Ⅱ级城市也绝大多数位于东部沿海地区。中部和东北的城市主要分布在Ⅱ级、Ⅲ级和Ⅳ级。西部城市尽管也分布于上述三个等级中，但在Ⅱ级中分布较少。

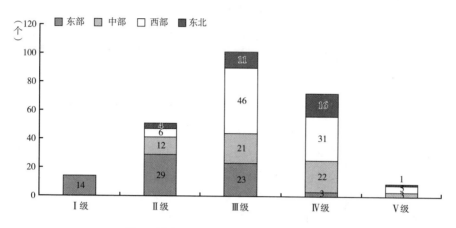

图 5　城市金融生态环境等级的区域分布

二　地方政府债务和政府治理对金融稳定的影响

　　近年来地方金融生态环境出现了一种异化表现，即地方政府由过去直接干预信贷转变为运用手中掌握的土地、矿产等资源获取信贷并进行开发建设。这种应用财政或准财政手段撬动金融杠杆的操作手法具有极强的货币创生性，而且隐含着巨大的风险。一方面，财政收支状况与土地出让市场相连，意味着隐性财政风险与资产价格相关；另一方面地方政府债务与银行信贷市场相连，意味着财政风险与银行信用风险挂钩。一旦房地产市场（土地市场）出现价格波动，很可能形成财政风险，进而传导至银行体系。我们认为，信用风险与波动的资产价格相连是风险管理的大忌。

　　当前地方政府的债务风险还没有完全暴露出来，也还未传导至银行体系。这主要是因为地方政府通过债务展期、借新还旧、抵押物重新包装等手段延迟风险暴露；然而随着土地出让市场的降温，风险初现端倪。我们认为，尽管当前地方政府负债水平与地区信贷不良率并没有表现出较强的相关性，但从事前预警的角度出发，我们特设了这一大类指标评估地区金融生态，并征求数十位专家意见为此类指标设置了较高权重。

地方政府债务和政府治理对金融稳定的影响包括四个子类指标：第一，地方政府债务水平，这类指标着重从债务相对规模的角度考察债务风险；第二，地方政府债务风险，这类指标从流动性角度如偿债率、是否出现展期等角度考察债务风险；第三，财政平衡能力，这类指标主要从财政收支的结构角度考察债务风险；第四，地方政府治理，这类指标是对影响政府债务风险的长期因素的考察。

2014年首次设立地方政府债务和政府治理对金融稳定的影响这一大类指标，从综合评价结果来看，与其他大类指标以及政府治理的上一次评价结果差异较大：东北地区的得分最高，说明地方政府债务对金融稳定的影响最小，即债务最安全；其次是东部和中部地区；西部最差。出现差异的原因是：尽管东北地区经济欠发达，财政收入及平衡能力也较差，但其城镇化进程是与经济发展相适应甚至低于经济发展水平的，因而负债规模和风险水平相对低。相反，西部地区同属欠发达地区，但城镇化采取了赶超式的发展模式，地方政府背负了较重的债务，尤其是贵州、青海、云南等省份举债较多，这造成西部地区整体评分最低。分经济区看，债务风险较小及政府治理水平较高的区域包括珠三角和长三角地区；债务风险较高以及政府治理水平较差的区域包括关中地区和成渝地区（见图6）。

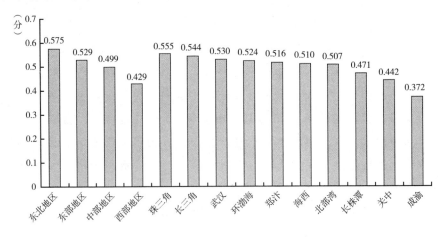

图6 分地区和分经济区的地方政府债务和政府治理对金融稳定的影响评分
（得分越高，风险越低，生态越好）

（一）地方政府债务水平

债务负担率是国际上考察政府债务水平的重要参考指标，计算方法是债务余额/GDP×100%，国际上的风险警戒标准是 60%。从各省份的计算结果来看，只有贵州一省超过 60%，其余省份都低于 60%。从风险的相对大小来看，债务负担率最高的 10 个地区中，西部占了 6 席（贵州、青海、云南、重庆、四川、甘肃），中部占了 1 席（湖北），东部占了 3 席（海南、北京、上海）。以债务负担率衡量，东部的北京、上海的债务风险较高，这主要是直辖市和省相比 GDP 规模相对较小，但城镇化建设中政府承担的公共责任更多。债务负担率最低的 10 个地区中，西部占了 1 席（山西），中部占了 3 席（湖南、黑龙江、河南），东部占了 6 席（河北、江苏、浙江、福建、广东、山东）。总体而言，从债务负担率角度考察债务风险，东部整体风险最低，西部整体风险最高（见图 7）。

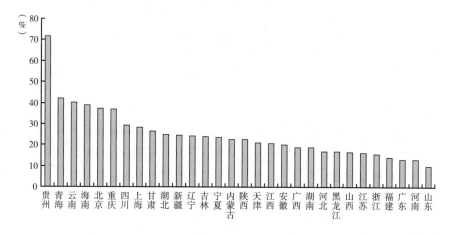

图 7　各省份债务负担率（2013 年）

债务负担率指标的分母是 GDP，它反映的是地方政府偿债的经济基本面，并不是直接来源。更为客观合理的指标是政府债务率，它的分母是地方政府可支配财力，因此在我们的评价体系中，这一子项被赋予了更大的权重。关于政府债务率指标，IMF 确定的风险警戒标准是 150%。鉴于我国地方财政体系在很大程度上依靠土地财政，我们在计算地方政府债务率指标时分别考虑了可支配财力包括土地出让金和不包括土地出让金的两种情形。

　　以债务率指标衡量地方政府的债务水平，相对排序明显发生了变化，如北京、上海不再是高负债地区，湖北、黑龙江的相对债务水平则进一步上升。产生排序变化的原因主要在于经济结构和税收结构：第一，如果一个省份以农业为主要经济形态，那么其税收收入和可支配财力就会很少，以债务率衡量的风险水平相对于负债率衡量的风险水平就高。第二，我国的税收体系是以增值税为主流转税体系，其征收对象主要针对第二产业，但是工业中以大工业为主还是以中小企业为主，则对税收存在较为明显的影响，对于后者来说存在较多的税收减免政策。第三，营业税是最大的地方税种，它的征收对象主要是第三产业，因此那些以服务业为主体的省份其债务率相对低。北京和上海就是很好的案例，它们以负债率衡量风险很高，但税收结构相对优化，从债务率的角度考察，其风险明显降低。此外，那些以服务业为主业的城市经济体，它的土地出让金收益也更高，偿债能力更强。

　　在不考虑土地出让金收入的情况下，地方政府的整体债务率水平为217.91%，高于全国总债务率水平113.41%，这也反映了前文所述债务的结构性问题。分省份来看，仅有江苏、山西、山东、广东四省的债务率水平没有超过IMF确定的150%上限。负债率最高的10个地区中，西部占了6席（贵州、云南、四川、甘肃、青海、重庆），中部占了3席（湖北、吉林、湖南），东部占了1席（海南）。负债率最低的10个地区中，西部占了1席（山西），中部占了2席（安徽、河南），东部占了7席（浙江、天津、福建、上海、江苏、山东、广东）。整体而言，从债务率水平来看，东部整体风险最低，西部整体风险最高。考虑土地出让金的情况与不考虑的类似（见图8）。

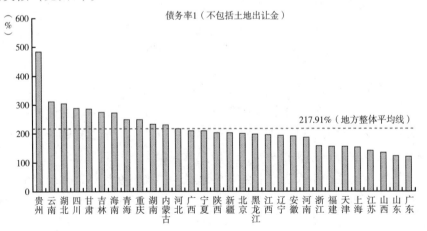

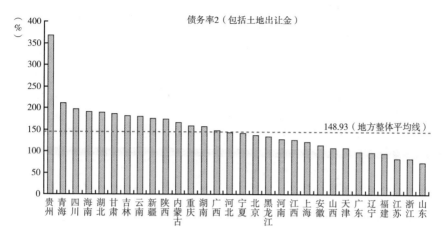

图8　各省份债务率情况（2013 年）

由于融资平台是地方政府筹措资金的主要渠道，我们考察融资平台的资产负债率，从杠杆角度考察各地市政建设是否激进。图9是分地区和分经济区融资平台的资产负债率统计情况。分地区看，东北地区的融资平台资产负债率最低，这与负债率和债务率的分析是一致的，东部、西部、中部融资平台的资产负债率逐渐降低。尽管整体而言东部的平台公司更为激进，但分经济区看，最为激进的三个经济区都位于西部，包括北部湾地区、关中地区和成渝地区。东部地区中相对激进的经济区是长三角经济区和环渤海经济区，中部地区的融资平台资产负债率较低。

（二）地方政府债务风险

上文主要考察了地方政府的债务负担水平，从风险角度看一些更短期的指标更具警示作用。偿债率指标的计算方法是地方政府融资平台当年还本付息额/融资平台当年营业收入。这一指标值如果大于1，表明当年的业务收入不足以偿付债务本息，融资平台就会出现违约风险。从图10统计的融资平台偿债率情况看，东部地区的风险最高，西部和中部次之，东北地区最低。分经济区来看，北部湾经济区的偿债率最高（达到99%），这意味着该地区融资平台当年几乎所有收入都要用来偿债；中部的长株潭、西部的成渝经济区以及东部的长三角偿债率也较高，这些地区的融资平台几乎一半的经营收入要用于偿付债务本息。尽管从债务负担率和负债率角度来看长三角经济区并不存在较大风险，但可能面临债

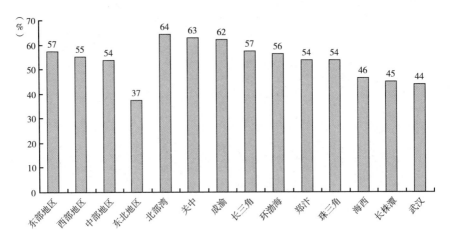

图9 分地区和分经济区的融资平台资产负债率（2013年）

务集中到期或期限搭配的问题，当前这一年度长三角地区的融资平台面临着较大的还款压力。这一短期风险尤其值得关注，在必要时政府部门应该为融资平台提供担保或其他救助措施，毕竟长期来看这一区域的风险并不大。

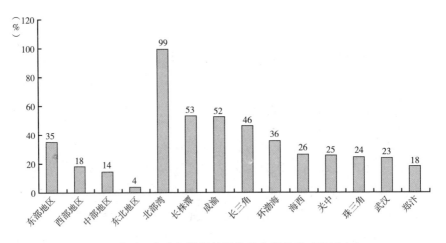

图10 分地区和分经济区的融资平台偿债率（2013年）

利息支出率是指当年财务费用占债务余额的比例。如果一地的利息支出率明显高于一般利率水平，那么很可能是债务不可持续的标志。因为当融资平台的营业收入不能覆盖债务本息时，就会靠借新还旧进行维持，利息成本也会相应高企。分地区看，东部地区的利息支出率最高，为4.00%，西部和中部地区次之，东北地区的利息支出率最低，仅为 1.83%。分经济区看，北部湾经济区、长株潭经济区以及成渝经济区的利息支出率较高，结合偿债率的统计结果，这三个地区融资平台的风险值得关注。

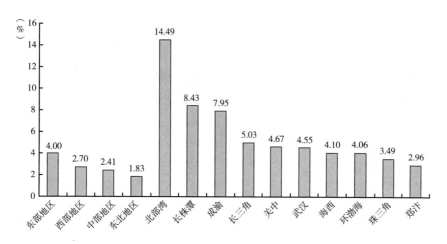

图 11　分地区和分经济区的融资平台利息支出率（2013 年）

　　贷款展期是违约的前兆，在国际评级公司的许多跨境信贷评级中，展期直接被定义为违约。针对当前融资平台普遍存在的借新还旧、抵押物重新包装贷款等拖延债务的手段，我们针对银行设计了融资平台是否存在展期情况的调查问卷，用以辅助对各地区债务风险的判断。分省份来看，展期情况较少的前 10 个地区中，东部占了 6 席（上海、山东、江苏、北京、天津、浙江），中部占了 2 席（安徽、黑龙江），西部占了 2 席（重庆、新疆）。展期情况较为普遍的 10 个地区中，东部占了 3 席（辽宁、海南、河北），中部占了 1 席（湖南），西部占了六席（甘肃、内蒙古、陕西、云南、贵州、四川）。整体而言，债务展期反映出的各地区风险水平与债务率反映出的风险水平大体一致，即东部地区的风险最低，中部地区次之，西部地区风险最高（见图 12）。

　　地方政府融资平台的主要还款来源包括自身经营收入、土地出让收益、财政划拨补贴收入等。我们认为地方政府融资平台最合适的还款来源是自身经营收入，如果能形成自身造血功能，债务则可持续；其次是土地出让收益，但我们认为这并不是长久之计；如果融资平台主要依靠财政划拨补贴收入来偿还债务，那么债务风险更高。分省份来看，还款来源得分最高的前 10 个地区中，东部占了 6 席（北京、天津、上海、江苏、山东、

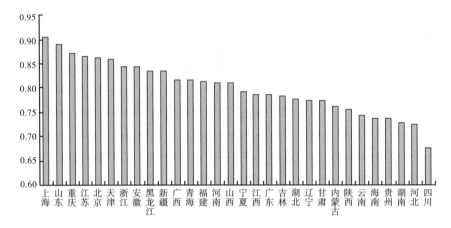

图 12　各省份融资平台贷款展期情况调查（2013 年）

注：得分越高表示展期情况越少，得分越低表示展期情况越多。

福建），中部占了 2 席（安徽、湖南），西部占了 2 席（重庆、陕西）。还款来源得分最低的 10 个地区中，东部占了 1 席（海南），中部占了 1 席（河南），西部占了 8 席（贵州、山西、宁夏、新疆、云南、甘肃、内蒙古、青海）。整体而言，东部城市化较快的地区融资平台还款来源主要依靠自身经营收入，西部地区则反映出较高风险，这也说明城市化逾越经济发展阶段超前发展面临较大风险（见图 13）。

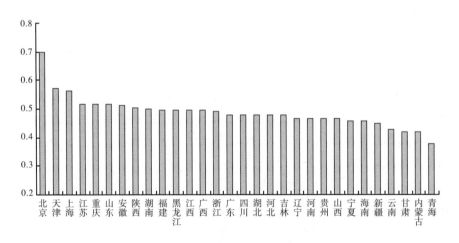

图 13　各省份融资平台贷款还款来源调查（2013 年）

注：得分越高表示风险越低，得分越低表示风险越高。

（三）财政平衡能力

1994 年分税制改革以后，地方政府的财权财源被逐渐上收，然而地方政府承担地区经济发展相关事权的责任并没有相应减少，尤其是在城市化成为经济发展新动力的背景下，地方政府承担的公共基础设施建设的责任更重。缺乏相应的财权，加之"预算软约束"的制度背景，诱发了地方政府的机会主义行为。这种扭曲表现在两个方面：一是"眼睛向上看，腿往部里跑"，争取中央的转移支付。这种行为导致地方政府的"守夜人"角色不到位，地区市场发育缓慢，影响金融生态环境。这种行为主要表现在西部地区。二是在法律与政策的缝隙之间，创造一系列新政策，努力扩大自己在经济事务中的支配权，具体表现为通过各种费用或租金谋求预算外发展。这种行为导致地方政府对市场秩序的直接干预，明显恶化了金融生态。中部地区这种行为模式较为普遍。

从财政平衡能力出发，我们认为税收收入占预算内收入的百分比是评价地方政府财力对债务支撑能力很好的指标。因为对于第一种模式，转移收入很大一部分用于吃饭财政，而非建设财政；而对于第二种模式，罚没收入很大程度上具有机会主义性质，它对债务的支持不是可持续的。只有税收收入是最合法、最为稳定的收入来源，因此，它所占比例的多少直接影响到债务风险。分省份情况来看，税收收入占预算内收入比重最高的前10 个地区中，东部占了 4 席（江苏、北京、上海、广东），中部占了 3 席（安徽、湖北、湖南），西部占了 3 席（内蒙古、甘肃、广西）。从这一比例最后的 10 个地区可以明显看出分布情况，西部占了 5 席（重庆、四川、贵州、江西、宁夏），中部占了 1 席（河南），东部占了 4 席（天津、山东、辽宁、河北）。由此足见中西部在财政自给能力方面的差距（见图 14）。

地方政府债务膨胀的原因除了分税制导致的财源过少以外，重要的是土地财政提供了债务扩张的担保条件。这实际上是地方政府扭曲行为的另一种异化形式：由于制度层面土地产权的模糊性，在实际操作层面政府成为土地资源转移的真正承办人。地方政府在攫取要素资源的同时也将与市场争利之手伸向了金融资源，这直接构成了对金融生态的破坏。这种攫取要素资源的扭曲模式在东部地区比较盛行，但有着"东风西渐"的趋势，尤其是媒体披露较多的中西部重要节点城市（如武汉、重庆），确实存在着开发速度过快、土地财政依赖严重的问题。

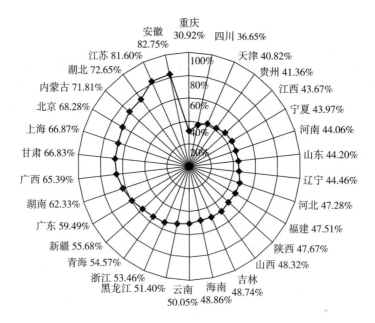

图14 各省份税收收入占预算内收入百分比（2013年）

我们的报告多次提示土地市场（资产价格）波动、财政风险以及银行信用风险三者紧密相连的严重后果。尽管从目前来看土地出让金收入占比较高的地方并不存在较差的金融生态绩效，但从维护区域金融稳定的角度出发，我们必须密切关注这一风险。因此，我们将土地出让金收入占可支配财力的比重作为度量风险的重要指标之一。该指标的值越大，意味着地方政府债务对金融稳定的影响越大，那么评价得分越低（即负向指标）。分省份来看，土地出让金收入占比最高（即风险最高）的10个地区中，东部占了5席（辽宁、浙江、江苏、山东、福建），中部占了2席（安徽、湖北），西部占了3席（云南、重庆、江西）。土地出让金收入占比最低（即风险最低）的10个地区中，东部占了3席（广东、上海、海南），西部占了7席（新疆、陕西、青海、山西、贵州、内蒙古、广西）（见图15）。

（四）政府治理

政府作为社会公共事务的管理者其行为必然会对社会经济生活产生影响。总体上讲，中国由计划经济向市场经济转型的过程，采取的是一种强制性制度变迁模式，即中国经济的市场化改革在相当程度上是由政府推动、主要依靠政策规范和法令来展开的变迁。毋庸置疑，这种模式对中国

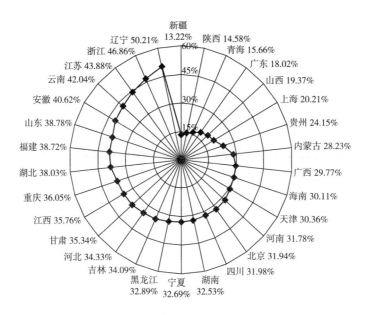

图 15　各省份土地出让收入占可支配财力的比重（2013 年）

经济的崛起起到了巨大作用：过去 30 多年经济保持了年均 9% 的增速，人民的生活水平也大幅提高，目前人均收入已位列中等发达国家水平。然而，当经济发展到一定阶段，如果还是以"强政府"作为发展的主导模式，那么势必会出现政府与市场争夺资源，市场秩序和规则遭到破坏的现象。

　　从金融生态环境评价的角度看，如果地方政府治理水平较差，将通过以下途径影响金融生态：第一，政策不连续、操作不透明，这直接影响投资环境，改变金融机构对风险判断的预期，从而恶化金融生态绩效。第二，地方政府直接干预金融资源投向，甚至直接决定金融机构的市场准入。以曹妃甸新区建设为例，工商银行唐山分行拒绝表态提供支持时，唐山市政府要求终止工行在唐山市开展业务，就是地方政府干预区域金融的典型例子。第三，政府财政信息不透明，以各种手段拖延政府债务，较差的治理水平直接影响政府的偿债意愿。通过对 30 个省份的政府治理水平的散点图进行分析，我们发现政府治理水平与地区信贷不良率之间存在较为明显的负相关关系（见图 16）。

　　整体而言，东部沿海地区政府对经济的干预相对较少，政府部门的服务意识较强。内陆地区，尤其是西部地区，政府懒政、与民争利现象较为严重，这对当地金融生态产生了较为严重的负面影响。分经济区看，排在

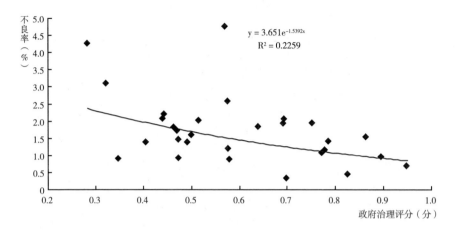

$$y = 3.651e^{-1.5392x}$$
$$R^2 = 0.2259$$

图 16 政府治理水平与地区信贷不良率的关系

前列的分别为珠三角、环渤海和长三角地区，珠三角、长三角地区政府体制改革走在全国前列，政府让渡于市场的空间相对较大；环渤海地区这次的评价结果有了提升，这与当前反腐成为政府治理的手段可能有密切关系。排在后列的包括郑汴经济区和关中经济区（见图17）。分省份来看，政府治理位列前10位的地区中，东部占了8席（天津、上海、山东、北京、江苏、福建、广东、河北），中部占了1席（安徽），西部占了1席（重庆）。政府治理排名后10位的地区中，东部占了1席（海南），中部占了2席（湖南、黑龙江），西部占了7席（贵州、云南、陕西、甘肃、内蒙古、新疆、山西）。从这一排序结果可以看出政府治理存在着明显的地区分化现象（见图18）。

关于地方政府治理水平，本次调查问卷设计了三个问题：第一，政府部门办事效率及服务态度调查；第二，政府对信贷业务干预情况；第三，地方政府暗中庇护欠债企业情况调查。前者反映了地方政府作为服务部门的服务意识和服务能力；后两者反映了地方政府对金融生态干预的扭曲效应。如果政府机关办事效率低、规章制度和手续繁杂、政策和操作不透明，甚至某些政府部门滥用职权向企业和居民寻租乃至敲诈，都会给企业造成额外的负担，导致市场的扭曲。一方面，在一些地方，由于这方面的问题，企业主要管理人员在企业管理和市场活动之外经常要花费大量时间、精力和财力与政府部门及其人员打交道，成为企业的一项沉重的负担。另一方面，也有少数企业通过拉拢贿赂政府工作人员，在正当的市场

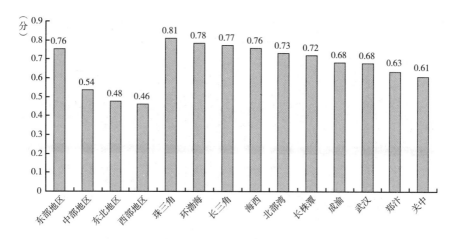

图 17　分地区和分经济区的政府治理评分（2013 年）

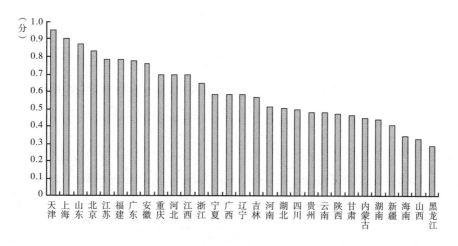

图 18　各省份的政府治理评分（2013 年）

竞争以外谋取额外的利益。

　　通过问卷调查获得的政府办事效率和服务态度评分如图 19 所示，对政府办事效率和服务态度最满意的依次是天津、山东、江苏。东部地区的评分显著高于其他地区，在排名前 10 位的省份中，东部占据 7 席（天津、山东、江苏、浙江、河北、上海、北京），中部占据 2 席（吉林、安徽），西部占据 1 席（江西）。而排名最末尾的 10 位中，东部占据 2 席（海南、辽宁），中部占据 1 席（黑龙江），西部占据 7 席（重庆、四川、内蒙古、山西、贵州、云南、青海）。

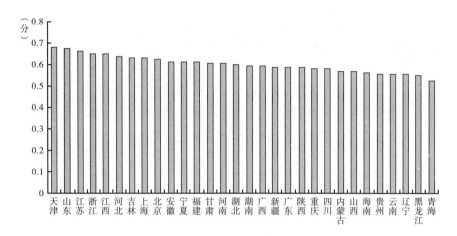

图19　各省份政府办事效率和服务态度评分（2013年）

地方政府干预经济的真实动机并非总是要促进经济社会发展，维护市场秩序。政府作为市场的参与主体也存在自身利益和短视行为，目前地方政府对市场经济的干预主要表现在对金融资源的扭曲使用。我们设计的两个问题考察地方政府对金融资源干预的扭曲效应。政府对信贷业务的干预情况可看作直接的干预手段，而政府暗中庇护欠债企业情况则是一种隐蔽的干预形式。图20显示两者之间存在较为显著的正相关关系，即一旦地方政府有了干预金融生态的倾向，那么这两种手段同时为政府并用。我们加总了这两种干预手段的评分结果，然后考察其与金融生态绩效之间的关系，发现两者之间存在较为明显的负相关关系。因此，地方政府对信贷业

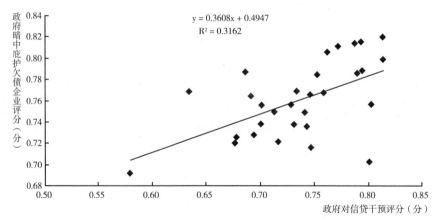

图20　政府暗中庇护欠债企业与政府对信贷干预的正相关性

务的干预和地方政府暗中庇护欠债企业情况调查成为刻画金融生态环境的
两个重要因素（见图 21）。

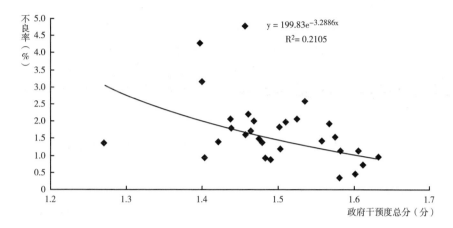

图 21　政府干预经济总评分与地区信贷不良率的关系（2013 年）

分省份来看地方政府干预金融资源总得分情况，排名前 10 位的地区
（即地方政府干预程度最低的地区）中，东部占了 8 席（上海、天津、广
东、北京、福建、山东、江苏、辽宁），中部占了 1 席（安徽），西部占了
1 席（重庆）。排名后 10 位的地区（即地方政府干预程度最高的地区）中，
东部占了 1 席（海南），中部占了 4 席（湖北、吉林、湖南、黑龙江），西部
占了 5 席（内蒙古、甘肃、新疆、山西、青海）（见图 22）。

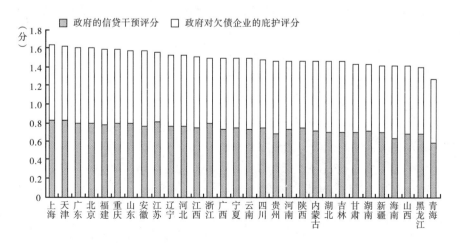

图 22　各省份政府干预金融资源的总得分情况（2013 年）

三 地区经济基础

实体经济是金融主体的存在根据、服务对象和生存空间。实体经济中的经济关系在金融领域体现为货币关系和信用关系。实体经济运行的矛盾最终反映为金融问题的累积，实体经济运行的碰撞反映为金融风险的积淀，最终形成金融风险源，威胁地区经济和金融体系的安全。故此，经济基础是地区金融生态环境的核心要素之一。

对地区经济基础这一生态环境评价，我们从三个逐渐递进的层面展开。第一，地区经济发达程度，它构成了一地金融生态的基础经济要素。第二，经济结构。产业的发展经历了第一产业向第二产业、第二产业再向第三产业发展的螺旋上升过程，三个产业资本回报率呈逐渐递增的规律。如果一个地区的产业结构趋于高级化，那么金融资产的风险则相对较低，金融生态环境相对优越。考察经济结构的另一维度是私人部门和公共部门的力量对比关系，政府及其所属公共部门越是强大，私人部门的发展越有可能存在挤出效应，对整个经济的产出越可能产生扭曲效应（可能意味着增长的不可持续性）；而私人部门在经济中所占份额越大，市场越有活力，经济增长越具有可持续性。第三，基础设施及公共服务。随着经济发展逐渐由工业经济迈向城市经济和服务经济，政府在公共基础设施建设方面面临更多的责任。因为完善的基础设施和公共服务是产生经济集聚效应和形成各类创新的基础。我们通过主成分分析法为上述三个方面指标赋予权重，并得出各省份的经济基础综合得分。图23显示，通过对

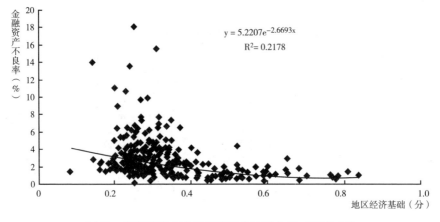

$$y = 5.2207e^{-2.6693x}$$
$$R^2 = 0.2178$$

图23 经济基础与金融资产不良率的关系（2013年）

入选的 247 个省份的数据进行散点图分析，可以看到金融资产不良率与地区经济基础之间存在显著的负相关关系。这很好地说明了地区经济基础是影响金融生态环境的核心要素。

图 24 为各地区经济基础综合评分情况。如图所示，上海经济基础最强，北京其次，浙江优于广东，排名第三，入选前 10 名的省份中只有一个西部地区（重庆）；而青海、贵州、新疆、甘肃等省区经济基础最为薄弱，

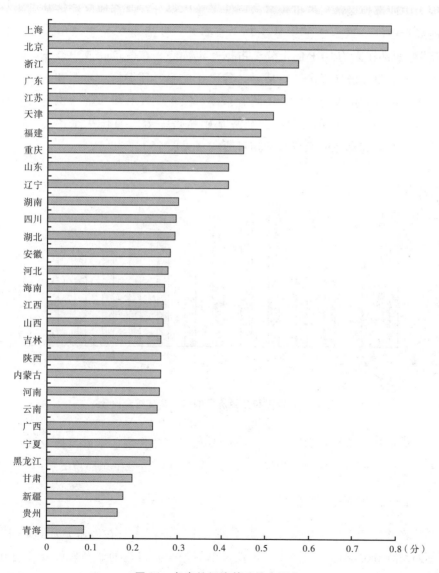

图 24　各省份经济基础综合评分

后 10 名的省份中只有一个中部省份（河南），其余全为西部省份。这一评价结果很好地反映了地区经济差异（"东富西贫"）以及地区经济结构的高级化程度（东部正处于工业化向城市化的过渡阶段，中西部则处于承接东部产业转移的过程中），也相应地反映出地区金融生态环境的好坏。

从分区域和分经济区的平均数据来看，东部地区的经济基础远好于其他三大地区；东北地区排名第二，但与中西部的得分差距不大，这主要是因为中西部地区落后城市较多，拉低了总体得分；西部地区经济基础得分略高于中部地区，这主要得益于"西部大开发战略"先于"中部崛起战略"，西部在人均 GDP 的得分上占据一定优势。在改革开放中领先的珠三角、长三角经济区经济基础最强，其次是成渝、环渤海、海西和关中。环渤海经济区内部差异性较大，既有京津、胶东等发达城市群，也有河北等经济发展相对滞后地区，综合经济基础略逊一筹。而长株潭、武汉城市圈、北部湾和郑汴的经济基础相对薄弱（见图 25）。

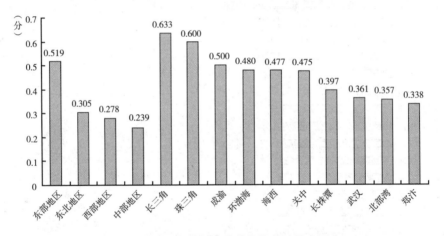

图 25　分地区和分经济区的经济基础综合评分

以下从经济发达水平、经济结构及私人部门发展、基础设施及公共服务三个方面来分析各地区的经济基础及其对地区金融生态环境的影响。

（一）经济发达水平

经济发达水平是影响金融生态的一个重要因素。在经济发展过程中，不断增强和完善的实体经济，不仅可以促进金融机构的业务发展及实力壮大，还可以对金融机构起到约束作用，从而增强其运营的稳健性。而且，经济规模的扩大和实力的增强可以抑制不良资产的产生，提高金融系统对不良资产的消化能力。国内外经验表明，金融生态系统的平衡能力与经济发达程度表现出明显的正向关系，即经济越发达，金融生态系统的平衡能力越强；经济越是落后，金融生态系统越脆弱。这种情况在国内表现得尤为明显，相对于发达市场经济而言，中国地区间金融资源在配置上存在较强的地区壁垒，缺乏足够的区域流动性，从而使得经济实力对于金融生态系统的物质支撑作用更加突出。

我们选用人均 GDP、城镇居民可支配收入、人均社会消费品零售额来评估经济发达程度（见表4）。其中人均 GDP 是衡量地区经济实力和发展水平较为常用的综合性指标。根据城市数据绘制散点图（见图26），说明城市人均 GDP 与信贷不良率表现出显著的负相关关系。

表4　各省份经济发达水平

省份	人均 GDP(元/人)	城镇居民可支配收入(元)	人均社会零售商品总额(万元/人)
天　津	93173	29626	1.814
北　京	87475	36469	3.324
上　海	85373	40188	2.795
江　苏	68347	29677	2.075
内蒙古	63886	23150	1.096
浙　江	63374	34550	2.129
辽　宁	56649	23223	1.529
广　东	54095	30227	1.927
福　建	52763	28055	1.317
山　东	51768	25755	1.344
吉　林	43415	20208	1.563
重　庆	38914	22968	2.241
湖　北	38572	20840	0.887
陕　西	38557	20734	0.886
河　北	36584	20453	0.877
宁　夏	36394	19831	0.721
黑龙江	35711	17760	1.226
新　疆	33796	17921	0.745
山　西	33546	20412	1.081
湖　南	33480	21319	0.983
青　海	33181	17566	0.597
海　南	32377	20918	0.934

省份	人均 GDP(元)	城镇居民可支配收入(元)	人均社会零售商品总额(万元)
河 南	31499	20443	0.855
四 川	29579	20307	0.842
江 西	28800	19860	0.777
安 徽	28792	21024	0.696
广 西	27952	21243	0.450
云 南	22195	21075	0.652
甘 肃	21920	17157	0.609
贵 州	19710	18701	0.417

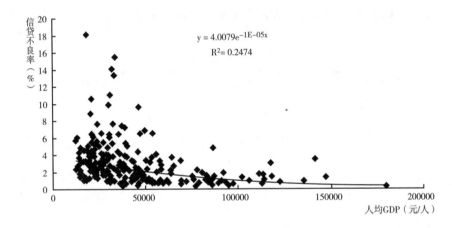

图 26　人均 GDP 与信贷不良率

　　图 27 展示了分地区和分经济区的人均 GDP。总体来说，东部地区人均 GDP 遥遥领先，东北地区次之，中部地区和西部地区相差不大，但只有东部地区人均 GDP 的一半左右。综观十大经济区的人均 GDP，珠三角经济区人均 GDP 为 75690 元，排名居首；长三角经济区以 72365 元位居第二。这两个经济区一方面受惠于改革开放的优先发展战略，另一方面得益于当地强烈的市场意识，目前成为中国经济的领跑者，人均 GDP、城镇居民收入、人均社会零售商品总额等各项指标均显著高于其他经济区。与之对应，成渝、关中、北部湾经济区以及近年来开始规划的几个新兴的中部经济区（武汉城市圈、长株潭城市群、郑汴经济区）的经济发展水平与东部沿海地区仍存在显著的差距（见图 27、图 28、图 29）。

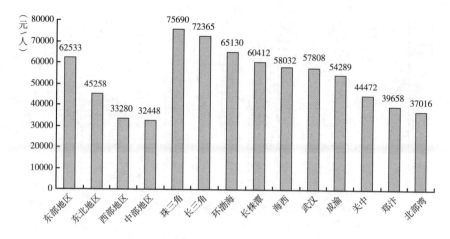

图27　分地区和分经济区的人均GDP

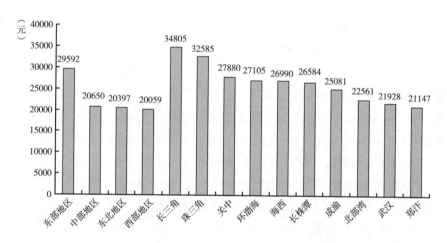

图28　分地区和分经济区的城镇居民可支配收入

（二）经济结构及私人部门发展

经济结构是经济资源在不同类型的经济部门之间进行分配并不断调整演化的结果，它也是决定整体经济效率和发展态势的一个重要因素。因此，地区经济结构的优化程度决定了地区经济实力的强弱与未来发展的前景。经济结构作为经济发展的基础结构之一，主要通过如下四个方面对地区经济发展产生影响：其一，不同的经济结构决定了以该结构为基础的地区整体经济的发展方向、发展速度、发展质量和发展潜力；其二，不同的

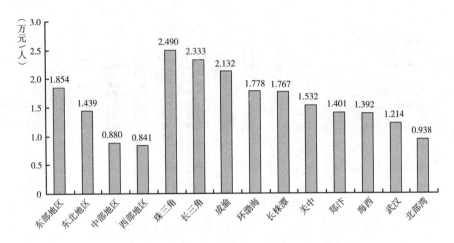

图29 分地区和分经济区的人均社会零售商品总额

经济结构决定了地区经济在国家总体经济结构调整过程中的地位以及相应的吸引资本进行投资的机会和提供就业的能力；其三，不同的经济结构决定了地区在国家乃至全球经济周期变化过程中所受到的影响，以及应对周期变化的调整能力和调整速度；其四，不同的经济结构决定了其吸引外资的条件。总之，地区经济结构决定了地区经济面对的总体风险特征，决定了其防范和化解金融风险的能力——这些，显然对于金融业的健康发展至关重要。

本项研究采用地区生产总值中第三产业占比来评估地区的经济结构。图30展示了各省份2013年生产总值中第三产业增加值占比情况。其中北京第三产业增加值占比最高，高达76.5%。北京作为全国政治、经济、文化中心，具有行政资源、人才、技术等优势，在第三产业发展中具有得天独厚的优势，以现代服务业为支撑，成为企业集团总部和管理控制中心所在地，率先形成三、二、一结构的国际化都市型产业格局。上海第三产业增加值占地区生产总值的60.4%，基本已具备三、二、一结构的国际化都市型产业格局。从东部、中部、东北、西部四大经济地区的第三产业增加值占比（见图31）可以看到，东部地区第三产业增加值占比明显高于其他地区，中部地区第三产业增加值占比最低。说明中国地区间经济发展水平的梯次性，相较于东部沿海地区，中西部地区大多数城市目前仍处于工业化中后期阶段。

从区域角度来看（见图31），东部地区第三产业增加值占比最高，达到47.3%，其余三个地区第三产业占比均不足40%。观察十大经济区第三

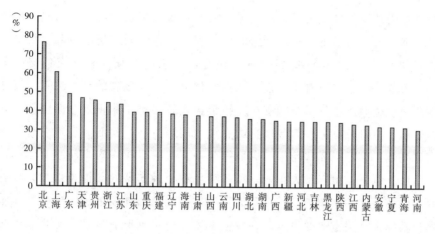

图30 各省份 2013 年第三产业增加值占比

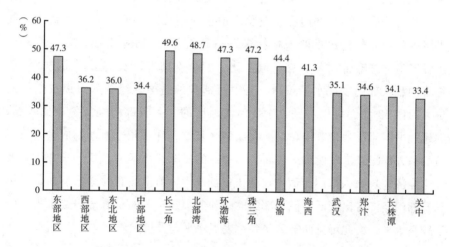

图31 分地区和分经济区的第三产业增加值占比

产业增加值占比，长三角、北部湾、环渤海和珠三角地区的第三产业增加值占比较高；其中的北部湾第三产业依然是以低端的消费性服务业为主，主要是工业也相对不发达，才导致了看似优化的产业结构；其余三个地区的产业结构相对优化，已具备金融信用产业发展提速的基础性条件。成渝和海西的第三产业增加值占比稍低，但在 40% 以上。武汉、郑汴、长株潭和关中的第三产业增加值占比不足 40%，如何从现代制造业产业链中延伸出来现代服务业，可能是这些地区经济结构转型的关键。

中国的私人经济部门是在夹缝中艰难成长壮大的。越来越多的证据表明，私人经济的发展，有直接夯实地区信用文化基石的积极效果。这是因为，在受歧视的环境之下，私人经济要想获得正规金融部门的支持，必须具备良好的技术基础、管理严密的企业组织、广阔的市场前景和良好的信用记录。更重要的是，要想获得正规金融体系的长期支持，它们必须长期、反复地证明自己有遵守信用纪律的优良记录和过硬的预算约束。至于从非正规金融体系获得金融支持，情形也大致相仿。非正规金融资源的成本之高，使得只有那些绩效优良的企业才能厕身其间；而非正规金融的高度易变性，更要求那些希望长期取得金融支持的企业表现出超乎寻常的诚信品质。总之，由于私人企业获得各种类型金融支持的前提条件都是要建立并保持良好的诚信记录，在私人企业高度发达的江浙地带，诚信文化自然就被提到至关重要的高度。在我们看来，这正是形成良好金融生态的关键因素，也是促进地方金融健康发展的关键因素。

我们选取非国有部门在工业总产值中所占比重和非国有经济就业人数占城镇就业人数的比重两项指标来评估私人部门发展。图32展示了2013年各省份非国有部门工业总产值占比，四个直辖市以及广东、福建、江苏等省的私人部门发展水平较高，而中西部省份的国有经济部门仍占主导地位。由图33我们可以看到，东部沿海地区的非国有部门经济份额比较高，远超过中西部及东北地区。在十大经济区域中，珠三角、海西、成渝、长三角的私人部门经济发展水平较高，而中部的三个经济区（武汉、长株潭以及郑汴经济区）私人部门产值占比处于最低水平。值得注意的是虽然西部整体私有部门经济占比较低，但西部的成渝和关中经济区的私有部门经济占比处于较高水平，由此可见西部地区各地发展水平差异较大。

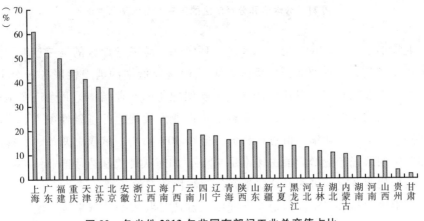

图32　各省份2013年非国有部门工业总产值占比

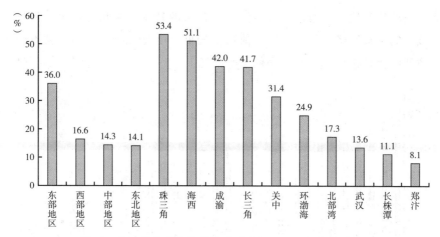

图33 分地区和分经济区的非国有部门工业总产值占比

根据各省份数据绘制的地区信贷不良率与地区工业总产值中非国有经济占比的散点图（见图34），可以清晰地看到地区工业总产值中非国有经济份额与地区信贷不良率之间具有较强的负相关关系。这说明，私人部门高度发达对地区金融健康发展起到了良好的促进作用，有利于提高地区金融资产质量。

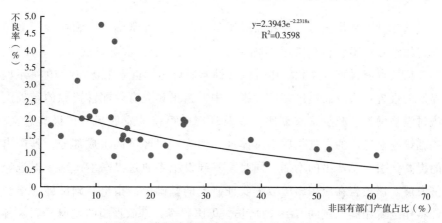

图34 非国有部门产值占比与信贷不良率

图35展示了2013年各省份非国有经济就业人数占比。浙江和福建两省非国有部门的就业人数最多，反映出民营经济的活跃。值得注意的是，北京、天津、上海三个直辖市的非国有经济就业人数占比相对较低（不超过35%），但是它们提供的产值占比较高（见图32），这与三个地区以服务业为主的经济结构有关，高端服务业的附加值较高。作为问题的另一

面，我们看到这三个城市国有经济部门提供的就业岗位相对较多，但这三个城市的国有经济部门工业总产值占比较低，由此反映出这三个城市国有经济部门存在机构臃肿、效率低下等问题。

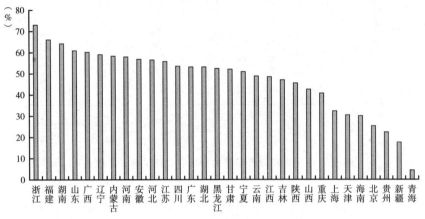

图 35　各省份 2013 年非国有经济就业人数占比

（三）基础设施及公共服务

基础设施是指城市生存和发展所具备的技术性基础设施和社会性基础设施的总和，不仅包括交通运输系统、发电设施、水电煤气等公共设施，还包括教育、科技、文化卫生等社会性基础设施。世界银行在《1994 年世界发展报告：为发展提供基础设施》中，指出建立有效配置资源的基础设施对经济增长、减少贫富差距，以及环境的可持续发展都有积极的意义。基础设施对经济的促进作用不仅体现在作为国民经济的组成部分，其产出的提高将引起总产出的增加，同时，基础设施将通过提高生产率来促进经济发展。该报告在应用多国数据实证研究的基础上，指出基础设施的增长都将伴随着相同比例的 GDP 的增长。毋庸置疑，基础设施的发展是国家各个行业发展的前提条件，基础设施的构成和种类对不同经济发展阶段的国家所发挥的作用也有所不同。一般来说，对低收入国家来说，最"基础"的设施如水力、农业灌溉以及保障居民生活的基础交通设施显得尤为重要，在上述基本设施得以满足之后，多元交通如高速铁路和航空、电力以及通信设施等对国民经济的推动作用则体现得更为突出。

从城市的层面看，基础设施是决定一座城市经济基础的重要因素，进而起到间接改善金融生态的作用。基础设施强的城市，可以吸引和培育高技术高附加值的产业，如金融业。一个地区的金融发展水平有赖于高质量的基础设施。良好的基础设施如交通、通信和办公条件以及有效的资源配置方式可以吸引更多的金融机构入驻并对金融服务的规模和效率有正面影响。金融本身是没有国界、没有地区界限的，资本为了追求资本回报率，往往会流向那些基础设施完善且有高回报率的地区。一方面，基础设施的改善尤其是信息技术的飞速发展对减少金融交易费用有巨大的作用。1997年德国法兰克福证券交易所引入了计算机网络（Xetra）从事证券交易，全世界 18 个国家的 450 家银行都与法兰克福的证券交易所联网，全德国85% 的证券交易都通过这种方式进行。凭借交易方式电子化、交易费用低廉等优势，法兰克福证券交易所已经成为全德国最大的证券交易所。另一方面，信息技术具有网络外部性，用户的价值随着其他使用者数量的增加而增加。如随着网上银行业务的开展，人们可以用较低的成本获得金融产品和金融业务的信息，而随着使用网银业务人数的增加，银行必然会扩展网上业务的种类和信息，这也就意味着网络用户数量的增长，将会带动用户总所得效用呈几何级数增长。

本项研究考察技术性基础设施和社会性基础设施两个方面，我们认为交通、通信、医疗和教育构成了地区基础设施评价最重要的四个方面。对此我们分别选用地区公路密度（每平方公里公路里程数）、人均地区邮电业务总量、每千人拥有的医院床位数和每千人拥有的高等教师数 4 个指标来衡量地区的基础设施完善程度。需要说明的是，由于各省份统计公路里程数的标准不同，数据存在较大的误差，我们这里的公路里程数是依据各省份统计年鉴，经过相应调整后的数据。

图 36 展现出各省份和城市的基础设施及公共服务评分与信贷不良率的散点图，两者呈现一定的负相关关系。观察图 37，北京与上海的基础设施及公共服务评分远高于其他地区，评分最高的 10 个省份中，东部地区占据6 席（北京、上海、山东、江苏、天津、浙江），中部地区占据 2 席（山西、湖北），东北地区占据 1 席（辽宁），西部地区 1 席（重庆）。评分最低的 10 个省份中中西部地区占据 8 席。十大经济区中，长三角、成渝、环渤海的基础设施及公共服务最好，海西和北部湾则最差（见图 38）。

下面就 4 个指标逐一分析：

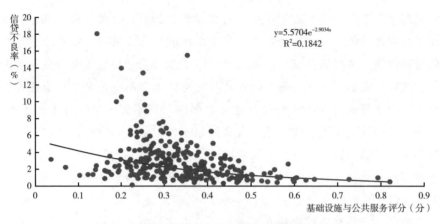

图 36　基础设施及公共服务和信贷不良率的关系

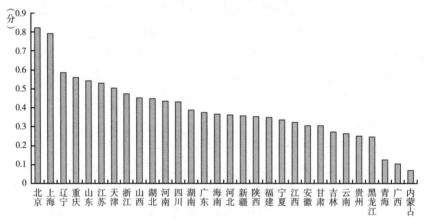

图 37　各省份基础设施及公共服务评分

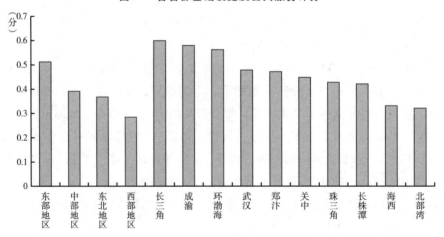

图 38　分地区和分经济区基础设施及公共服务评分

　　观察各省份的高速公路密度（见图 39），位于平原地区的各省份拥有地理优势，交通运输基础设施发达，公路密度最高。排名前五位的分别是上海、山东、江苏、河南和重庆，公路密度分别达到 1.98、1.55、1.51、1.50 和 1.46 公里/每平方公里。密度最低的省份大多位于偏远地区或山区，青海、新疆的公路密度甚至不到上海的 5% 。

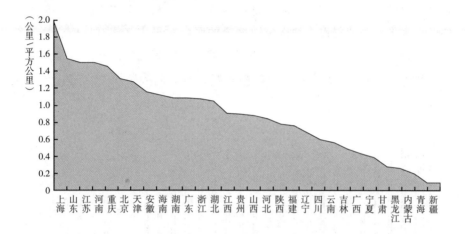

图 39　各省份公路网密度

　　各省份人均邮电业务总量也存在较大差异（见图 40），其中北京、上海以分别 0.236 万元/人和 0.188 万元/人遥遥领先，广东、浙江次之，分别为 0.144 万元/人和 0.137 万元/人，天津以 0.113 万元/人位列第 5 。中西部省份人均邮电业务量偏低，占据最后 10 位中的 9 席。

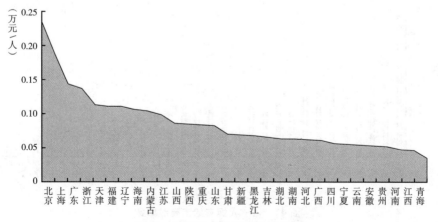

图 40　各省份人均邮电业务总量

　　图41与图42分别展示了各省份每千人拥有的医院床位数和每千人拥有高等教师数，前者代表了医疗水平的差异，后者反映高等教育水平。医疗水平方面，辽宁、新疆、四川三省区拥有最多的人均医院床位数，分别为每千人5.1张、4.7张、4.6张，这与这些地区是人口输出大省有密切关系；东部的浙江、江苏、广东等经济发达地区排名并不靠前，主要原因是人口基数较大；但北京和上海分别作为政治中心和经济中心，拥有最先进的医疗水平，这使得以人均床位数度量的医疗水平排名相对靠前。高等教育水平方面，北京、天津、上海拥有最多的人均高等教师数，分别为每千人2.9名、2.0名和1.7名；陕西和湖北拥有的高等学府不仅数量多，而

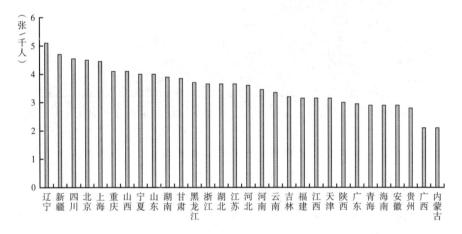

图41　每千人拥有的医院床位数

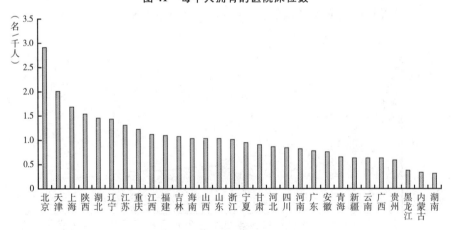

图42　每千人拥有的高等教师数

且质量高，每千人拥有高等教师数分别为 1.5 名和 1.4 名，较好地反映了
高等教育水平的现实情况；贵州、内蒙古和广西三个省份的这两个指标排
名都很靠后，且与全国最高水平相去甚远。

四　地区金融发展

　　一地的金融发展水平，既是地区金融生态的绩效结果，也是地区金融
生态环境的重要组成部分。由于金融发展存在集聚效应和虹吸效应，地区
金融发展水平越高的地方，往往意味着金融效率也越高，这就吸引资金向
区域中心集聚；资金的集聚使得金融市场的广度和深度进一步扩展，分散
风险的金融工具进一步丰富，金融机构的服务体系也进一步完善，进而形
成了资金滚动发展的良性循环。因此，地区金融发展水平本身就直接反映
出一个地区金融生态环境的优劣。图 43 是 247 个评价城市信贷资产不良率
与金融发展水平的散点图，估计方程显示两者呈明显的负相关关系，这是
对金融发展水平与金融绩效良性循环最为直接的反映。

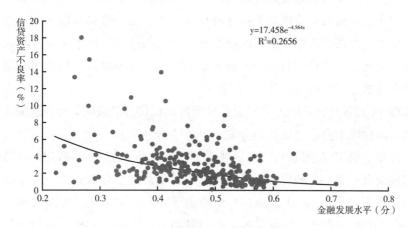

图 43　金融发展与信贷资产不良率

　　地区金融发展水平的评价包括总量和结构两个维度的指标，具体分为
四个方面：第一，金融深化。早在 1968 年，戈德史密斯在《金融结构与
金融发展》一书中就对"金融深化"进行了实证研究，他考察了 1861～
1963 年间世界各国金融机构的金融工具发行量与 GNP 之比后指出，无论
是发达国家还是欠发达国家的这一比例随时间都呈明显的上升趋势，这一
发现有力地证实了金融机构在储蓄－投资转化中的作用在不断增强，为经

济的发展起到了推动作用。第二，金融效率。金融机构除了服务于实体经济发展外，只有自身获得相应的效益才能得到良性发展，这一切最终表现为金融机构的效率。在具体评价过程中我们考虑三个指标：一是贷存比，这主要反映银行将储蓄转换成投资的效率；二是国有、股份制以及城市商业银行的资产收益率；三是农村金融机构的资产收益率。后两者反映了银行的赢利能力，由于该指标包含风险拨备等因素，所以也包含了银行的风险甄别能力的信息。第三，私人部门获得的金融支持。小微企业在经济发展中主要起到促进就业的作用，并承担一部分创新的功能，但其发展面临的最大障碍是融资难，因此我们的评价体系中设立小微企业新增贷款占比这一指标反映这一情况。中国的经济脱胎于计划体制，尽管市场在资源配置中发挥着越来越重要的作用，但计划经济体制的残余成分依然影响到资源配置。在金融领域，民营经济的信贷歧视是一个典型，因此我们设立非国有部门新增贷款占比这一指标反映上述情况。第四，金融市场发育。随着金融向纵深发展，金融产品的工具也会逐渐增多，这其中直接融资工具债券和股票的比例也会逐渐提高，因为降低融资成本和脱媒是一个长期趋势；对于银行而言，伴随着大资管时代的到来，银行也将深度参与到这个市场中，并为投资者提供更好的理财服务。我们的评价体系重在考察市场发育的结构，分别设立新增企业债券占比、新增股票融资占比和银行贷款替代产品占比三个指标。

图44为各地区金融发展综合评分情况。比较省级数据，金融发展得分排名前两位的上海、浙江分值分别是0.673分和0.655分，明显高于其他地区。排名前10位的省份，除了排名第5的重庆、第10的四川，其余全为东部沿海省份。金融发展水平较高的东部沿海地区金融资产不良率也相对较低。排名靠后的10个地区，中部占了1席（湖南），西部占了6席（宁夏、青海、贵州、甘肃、内蒙古、陕西），东北占2席（吉林、黑龙江），东部海南位于排名第10位。而这些地区的不良率也相对较高。

在经济发展过程中，伴随着金融深化和不同市场的发育，金融发展的集聚效应逐渐凸显，加之上海、北京国际金融中心建设的政策推动，东部金融发展水平明显高于内陆地区，西部、中部和东北地区金融发展水平相差不大。分区域看，长三角、珠三角名列前两位，环渤海地区由于河北等地金融发展滞后拖累了整体的评价水平；长株潭、关中和武汉经济圈三者位列最后（见图45）。

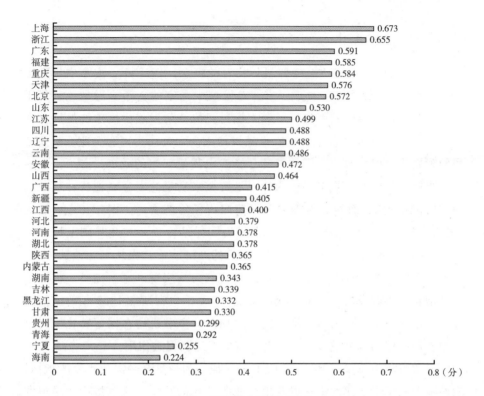

图 44　各省份金融发展评分

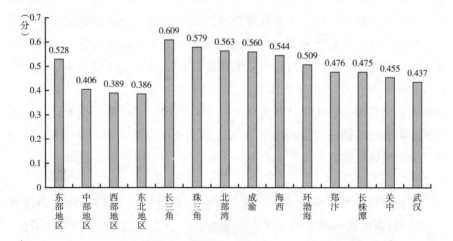

图 45　分地区和分经济区的金融发展水平评分结果

（一）金融深化

"金融深化"是与"金融抑制"相对的概念。1973年，麦金农出版了《经济发展中的货币与资本》一书，对发展中国家的货币金融理论、货币金融政策与货币金融制度进行了深入探讨。他认为发展中国家的发展存在严重的"经济分割"现象，正规金融机构成为大公司、国有企业、跨国公司的附属物，成为政府融资的工具，经济中其他部门的融资，必须由放债人、当铺老板等非正规金融机构的不足资金来满足。麦金农把这种现象称为"金融抑制"，而"金融抑制"严重阻碍了经济发展。同年，肖出版的《经济发展中的金融深化》一书，也得出同样结论，并在此基础上提出了"金融深化"的概念。他指出发展中国家的经济改革首先从金融领域入手，减少人为的对金融市场的干预，借助市场的力量实现利率、储蓄、投资与经济增长的协调发展，消除"金融抑制"。戈德史密斯在1968年的实证研究中已经证明了，伴随着金融深化程度加深，金融机构在储蓄转化投资过程中发挥的作用越来越大，进而对经济发展起到促进作用。

通常将货币总量（M2）与GDP的比值作为衡量金融深化程度的指标，然而随着利率市场化的推进以及银行业务模式的转型，这一指标的局限性越来越明显。传统上，银行的经营受制于负债面的约束，负债的多少直接决定了银行转化贷款（投资）的能力；然而随着大资产管理时代的到来，银行的经营逐渐转向资产主动管理型模式，即银行首先找到收益风险性价比最高的项目，然后借助利率市场化的便利条件再去匹配负债。在这样的背景下，负债不再是决定银行服务实体经济能力大小的关键因素，我们认为将金融资产与GDP的比值作为金融深化程度的指标更为恰当，而且分子部分不仅包括银行，还包括其他非银行金融机构，这样更为全面。伴随着金融深化程度的加深，金融生态的绩效也会相应变好。图46绘制的是30个省份金融深化程度与信贷不良率之间的散点图，图中明显展示出两者呈显著的负相关关系。

比较省级数据（见图47），所有省份的金融资产占GDP比重均超过100%，最高的前两位分别是北京和上海，比重分别达到701%和447%，远远大于其他省份。这一方面反映了金融深化过程中，北京和上海作为中心城市凸显了金融发展中的集聚效应；另一方面也与银行主导的金融体系有关，银行占据大部分的金融资产且银行总部聚集在中心城市。排

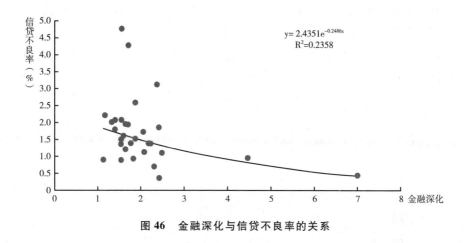

图 46　金融深化与信贷不良率的关系

名后 10 位中，中西部占据了 7 席，东北占据 1 席，东部的海南、河北位于后 10 名中。

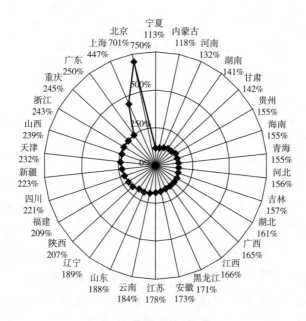

图 47　各省份金融深化程度

观察图 48，东部地区的金融深化程度远超中西部和东北地区。十大经济区中，金融资产占 GDP 比重最高的为北部湾经济区，比重高达 450%。这可能与北部湾地区政府平台负债率较高有关（见图 8、图 9 以及图 10），因此以金融资产为分子的金融深化指标也存在偏颇，它没有包含结构性因素，下文特增加了金融效率指标予以修正。成渝、环渤海、长三角依次位列其后，比重在300%左右。金融深化程度最低的3个经济区为长株潭、武汉和郑汴。

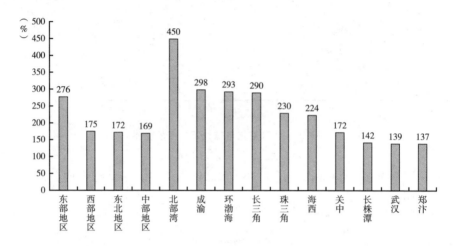

图48 分地区和分经济区的金融资产占 GDP 比重

（二）金融效率

金融部门效率是指金融部门对金融资源配置的有效程度。金融部门效率直接关系实体经济的发展，是地区金融发展水平的重要表现。金融部门效率主要是通过金融部门对实体经济的支持能力和金融部门自身的赢利能力反映出来。金融部门对实体经济的支持能力主要表现在金融部门将储蓄转化为投资的能力，这方面一个很好的量化指标即存贷比（贷款余额与存款余额之比）。对于金融部门自身的赢利能力，我们通过国有、股份制、城市商业银行资产收益率和农村金融机构资产收益率来衡量。

为了更好地分析存贷比这个指标，根据中国金融体系的特点，我们计算各地区存贷比时，剔除了各地区政策性金融机构的存贷业务，因为政策性金融机构的主要资金来源并非存款，而是在金融市场发行的金融债券，因此，不存在纯粹意义上的本地区储存资源转化为本地投资的问题。也就是说，我们只计算本地区商业性金融机构的存贷比。

中国有令世界羡慕的高储蓄率，但是储蓄不能够有效地转化投资，钱不能有效率地配置到有市场知识和信息的经济主体手中；或者存在着大量的将资金配置于低效率部门的现象，如一些政府部门和国有企业，由于隐性担保的存在，这些资金最终形成不良资产，或不断展期，或最后进行了债转股，尽管当下看来贷存比指标很高，但最终也可能是无效的配置。无论资金配置无效还是效率错配，都意味着金融没有很好地为实体经济服务，经济该有的更高增长没有出现，也意味着资金和市场知识等要素的巨大浪费。这显然是金融体系缺乏效率的表现。

通过对地区信贷不良率与存贷比做相关性分析，我们发现这两者之间存在显著的负相关关系（见图49）。这意味着，银行机构资金运用效率直接影响银行体系的风险。按照国际经验，75%的存贷比是一个公认的正常的存贷比。但对一个资本市场或直接融资不发达的新兴市场国家来说，我们认为中国应该有更高的存贷比。

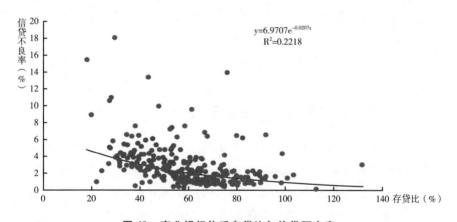

$$y=6.9707e^{-0.0207x}$$
$$R^2=0.2218$$

图49 商业银行体系存贷比与信贷不良率

另一个衡量金融效率的指标是金融资产收益率，我们以国有、股份制、城市商业银行的资产收益率和农村金融机构的资产收益率的平均值作为代理变量，考察两者关系。如图50所示，两者表现出一定的正相关关系，但商业银行资产收益率是相对滞后的指标，因为贷款的表现要在到期后才能反映出来。分地区看，资源配置最多且资产收益率最高的是西部地区，东部地区紧随其后，东北地区最差。分经济区看，北部湾、成渝经济区等西部地区排名靠前，而长三角、环渤海、珠三角等传统发达地区的贷存比或者是银行资产收益率相对下降。这一结果与往年情况差异较大。出现这一现象的原因包括两点：一是中国经济进入"新常态"，中西部面临着承接东部劳动密集型产业转移的格局，因此资本追逐的目标也相应向中西部转移；二是东部经济向服务经济和创业经济转型，相应的，金融诉求也转向私募股权投资、众筹等新兴形式，银行资产收益率在这方面反映的信息相对较少。

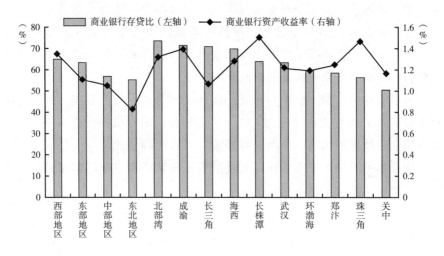

图 50 分地区和经济区存贷比

（三）私人部门获得的金融支持

中国金融效率低下的另一个重要表现是私人部门获得金融支持很少。尽管金融机构对非国有企业贷款的业务早已放开，尽管非国有企业对工业总产值的贡献已经超过70%，但金融机构对非国有企业的贷款至今还只占相当小的比重。大部分的银行贷款都流向了国有企业。国有企业使用了大部分银行贷款，却只对总产值做出了较小的贡献，故金融资源的低效率配置始终是未来呆坏账反弹的重要隐患。这一状况与通过市场调节合理分配金融资源的目标极不相称。信贷资金分配结构与产出结构之间偏离越大，大体上说明信贷资金分配的市场化程度越低。

在这方面用非国有部门新增贷款占比来说明金融部门对私人部门经济的支持程度。私人部门贷款包括私营企业贷款、个体户贷款、个体合作贷款和个人消费贷款四部分。浙江、广东、福建的比重在全国范围内最高（见图51），分别为74.9%，66.8%和65.1%，私人部门的发展获得了较好的金融支撑。贵州、天津、北京三省市占比最低，金融对私人部门发展的支持力度较小。

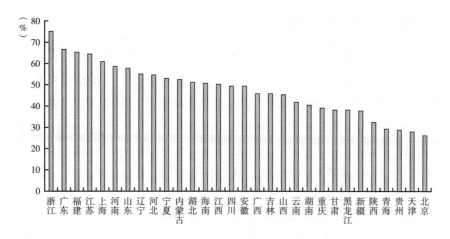

图 51　各省份非国有部门新增贷款占比

整体来看（见图 52），东部地区非国有企业贷款占全部金融机构贷款比重显著高于内陆地区。东部地区为 54.9%，西部地区最低，为 40.8%。观察十大经济区非国有企业贷款占全部金融机构贷款的比重，珠三角、海西经济区私人部门获得的贷款所占份额明显高于其他经济区，这也是两大经济区民营经济活跃的金融原因。而北部湾经济区、关中经济区、成渝经济区私人部门获得的贷款占全部金融机构贷款的比重较小，市场发育程度相对较低。

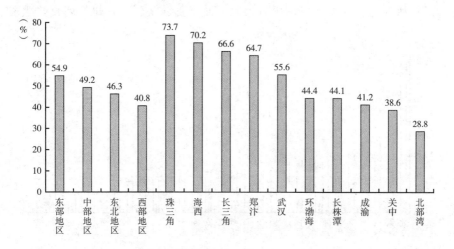

图 52　分地区和分经济区的非国有部门新增贷款占比

（四）金融市场发育

金融市场发育程度是市场化的金融体系是否成熟的重要衡量标准。中国的金融体系是银行主导的间接金融体系，银行资产中国有控股的成分占据 70% 以上。中国金融的高度垄断和政府管制使得金融体系结构单一且金融市场的发展比较滞后。从理论上讲，股票市场是一种高度市场化的制度安排。但中国的股票市场从一开始就存在着根本性的体制扭曲。中国最初发展股票市场的目的不是发展高层次的资本市场以保证资本的流动更为流畅，而是扶持国有企业。但是股票市场毕竟是一种高度市场化的制度安排，特别是随着股权分置等改革，根本性的制度扭曲得以纠正，中国的股票市场开始表现出越来越多的市场化成分，同时近年来债券市场发展迅猛，特别是企业短期融资券等创新类品种作为一种发行便利、融资成本较低的债务融资工具为中国企业广泛接受，成为改善地区金融结构、提高金融效率的一个重要渠道，我们将总股票融资占总融资额比重和债权融资额占总融资额比重加总作为地区直接融资额占比，来衡量地区直接融资市场的发展。

总体而言，我国直接融资市场以债权融资为主，债券市场的融资占比基本决定了直接融资额占比的排序。图 53 显示，北京的直接融资额占比最高，为 39.4%，且远远大于其余各省份，其主要原因是，北京是大企业总部经济所在地，其发债规模相对较大。而宁夏、陕西、贵州位列直接融资

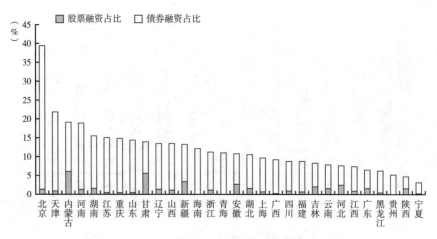

图 53　各省份直接融资额占比

额占比的最后三位，直接融资占比分别为 3.1%、4.6% 和 5.1%，不足北京的 15%。从区域数据比较来看（见图 54），东部地区直接融资市场最为发达，东北地区直接融资额占比最低。十大经济区中，环渤海、北部湾、长株潭经济区直接融资占比最高，武汉和关中经济区则以间接融资方式为主。

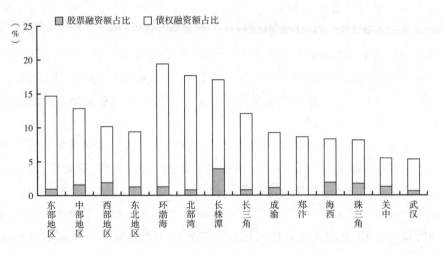

图 54　分地区和分经济区的直接融资额占比

五　制度与诚信文化

制度变迁包括强制性制度变迁和诱致性制度变迁。从金融生态的角度讲，对生态起改善作用的因素也包括强制性和诱致性两个方面，前者指经济和金融体系运行赖以生存的法治环境，后者主要包括社会诚信文化。市场经济是法治经济，市场主体的缔造、交易规则的确立、交易秩序的维护，无不需要法治规则的规范。随着我国经济体制改革进一步深化，我国的法治水平日益提高、法治环境日益改善，但在现实中依然存在"走人情、托关系"从而有损司法公正性、法院执行力低下、对债权人保护不力等现象，进而导致整个社会对司法信任度降低，有损司法权威性。

另一个对市场经济起调节作用并促进金融生态改善的因素是诚信文化。市场经济是契约经济，诚信表现为缔约双方对契约的信守和承诺。随着大家对诚信的重视，一些学者甚至将诚信看作一种社会资本：一个人越是诚信，就越能稳定对方对自己的预期，降低交易的不确定性；对于一个地区而言，地区内的企业和个人越是重视诚信文化，就越能促进地区交易，搞活经济，改善金融生态，促进金融供给。在中国的改革开放进程中政府扮演着重要角色：在改革开放初期，政府以国企控股人的身份参与市场竞争；在当前城镇化背景下，政府则利用手中掌握的土地撬动金融资源。不可否认，这些行为在当时背景下都具有的积极作用，但随着中国经济市场化程度的提高，政府如何从"运动员"变身为"裁判员"，成为深化改革的关键因素。政府的定位是要扮演好"守夜人"角色，努力提高公共服务水准和效率，在改善金融生态环境方面可从加强征信体系建设、促进社会信用水平提升方面入手。

根据以上分析，我们从法治环境、政府诚信、诚信文化三个方面考察地区的制度与诚信文化。由于这方面的分析没有现成的定量数据，因此，这一部分我们主要是借助问卷调查获得信息，进而将统计结果编制为相关指标，据此评判地区制度文化因素方面的差异。问卷调查分别针对企业和银行设计了 12 个问题，借助人民银行调查统计系统对 247 个城市进行采样，每个城市选取 30～35 家企业（直辖市 40～45 家企业），34～36 家银行（直辖市 40～45 家银行）样本。借助问卷调查的目的：一是印证或者解释我们客观指标反映的一些结果；二是在一些缺乏统计数据的情况下，直接作为评价结果。比之客观数据，基于问卷调查的主观评价在完备性和精确性方面存在先天不足。然而此次问卷调查结果依然反馈出丰富的信息，同时具有很强的说服力，在难以量化测量的方面为我们提供了有力的佐证。

我们对法治环境、政府诚信、诚信文化三个方面依层次分析法和模糊评级技术求得的综合评分与地区金融资产不良率进行了比较分析，我们看到两者之间较弱的负相关关系，这反映了制度与诚信文化在促进金融生态建设方面的长期作用（见图55）。

从 2013 年的省级数据来看（见图56），制度与信用文化评分最高的 10 个省份中，东部地区占了 8 席（上海、北京、天津、浙江、江苏、广东、福建、山东），中部占了 1 席（安徽），西部占 1 席（重庆）。得分最低的多为中西部地区，宁夏、新疆、黑龙江、贵州、青海位列最后 5 名，反映出中西部地区制度与信用文化建设水平较低。

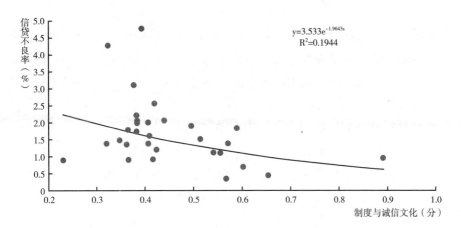

$$y=3.533e^{-1.9643x}$$
$$R^2=0.1944$$

图 55　制度与诚信文化和信贷不良率

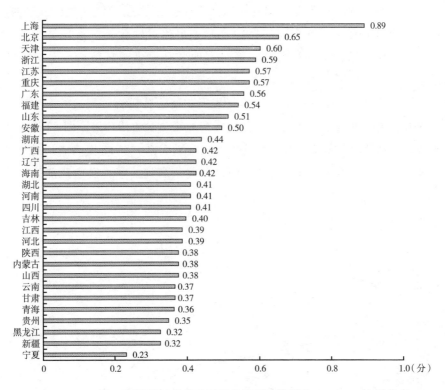

图 56　各省份制度与信用文化评分

（一）法治环境

　　良好的金融法治环境是金融生态得以稳定发展的基本条件，完善的金融法治能够有效地保护金融主体的产权，有效遏制恶意信用欺诈和逃废金融债务。毫不夸张地说，金融法治环境是金融生态环境的核心之一。在"地方公司主义"或"经济联邦制"格局下，尽管中国地区单位（省级或城市）共享同样的书面法，但是它们的法治水平参差不齐（这是因为司法机关也是按行政区划分的，其人事、经济等诸多方面均受制于地方行政当局，所以从某种程度上说，执法权实际隶属于地方政府）。法规能否很好地保护投资者、存款者、债权人的权益，执法是否严格，司法是否公正等等，都会明显改变微观经济主体的行为和预期。此外，法律和制度环境方面的缺陷还会使地方政府把更多的注意力转向对中央控制的公共金融资源的竞争上，并且在辖区内企业面临逃废债的法律诉讼时，它们还倾向于充当地方企业的保护伞。一个相对软化的法治环境必然会催生种种地方机会主义行为，从而对本地区金融生态环境产生显著的不良影响。

　　我们从企业对辖区内司法的信任程度、司法公正性、司法效率、法院执行力、银行诉讼债权回收率等方面考察地区金融法治环境。图57展示了法治环境总评分与信贷不良率之间的反向变动关系。图58是各省份的法治环境总评分，上海、天津、重庆、浙江和北京名列前茅，而中西部地区的省份评分较低。

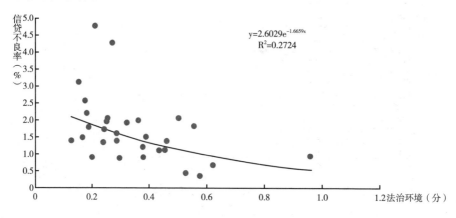

图57　地区金融法治环境和信贷不良率

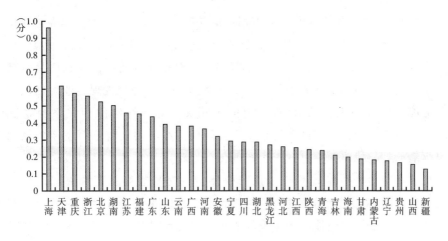

图 58　各省份金融法治环境总评分

　　无论是从企业角度评估的司法公正性、执行力，还是从银行角度观察的债权诉讼情况来看，法治环境的一个综合直观考察是企业乃至社会对辖区内司法的信任程度。只有该地区司法系统能公正公平、及时有效地处理企业间的经济纠纷，才可能使地方企业信任当地司法系统。从金融生态评估与金融生态绩效的关系来看，一地缺乏对法治环境的认同，必然意味着经济活动中各种机会主义行为以及潜在的道德风险，进而导致较差的金融生态绩效。图 59 展现出企业对辖区内司法信任程度与贷款不良率之间的负相关关系，较好地反映了上述关系。我们认为，通过课题组调查统计反映出的司法信任程度，对地区加强金融生态建设有积极的促进作用。

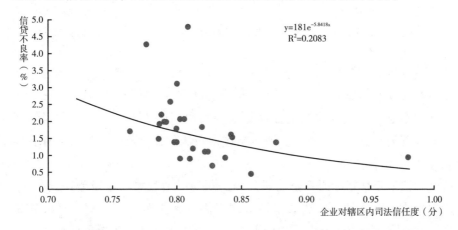

图 59　各省份企业对辖区内司法的信任度与信贷不良率

　　图 60 是各省份企业对辖区内司法信任度的评价结果：得分排在前 5 位的分别是上海、江苏、北京、山东和湖北，重庆、青海、陕西、黑龙江、贵州的得分排在最后 5 位。整体而言，企业对辖区内司法信任程度呈东高西低的局面。通过与各省份的人均 GDP 数据对比，可以发现企业对辖区内司法信任程度与人均 GDP 有一定的正相关关系，样本的相关系数达到 0.58。我们认为，当经济发展到一定阶段后，经济增长将不再主要依靠政府驱动的赶超战略，重点在于生产的创新、活跃的市场交易以及全方位的金融支持，而这些都离不开知识产权保护、交易规则制定和完善。换言之，较高的增长质量需要健全的法制作为支撑。由于企业对司法的信任程度从总体上反映出当地法治建设的成果，而人均 GDP 是经济增长质量的一个代表，所以与人均 GDP 表现出正的相关关系。

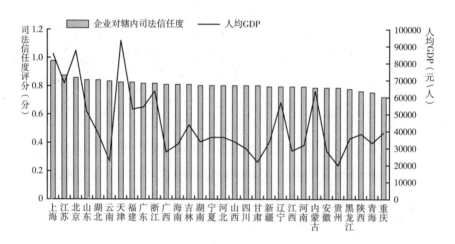

图 60　各省份企业对辖区内司法信任度的评分及其与人均 GDP 的关系

　　分地区看，东部地区企业对辖区内司法信任程度最高，中部地区次之，东北和西部地区最差，两者之间的差距较小。分经济区看，长三角经济区的企业对辖区内司法信任度最高，关中、珠三角以及长株潭紧随其后；北部湾和成渝经济区的企业对辖区内司法信任度与其他经济区存在较大差距（见图 61）。

　　司法公正性指标测算企业遇到经济纠纷时通过司法途径能得到公正、及时解决的可能性。司法效率性指标测算当企业诉诸法院解决经济纠纷时，从提交申请书到开庭平均所需时间。司法的公正性和效率性如同一张

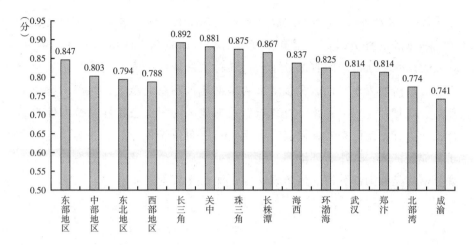

图 61   分地区和分经济区的企业对辖内司法信任度评分

纸的两面不可分割，两者都对企业和金融系统的正常运转至关重要，但两者之间存在一定的竞争关系。为了保证司法的公正性，司法的各个程序需要更长的时间，所以必须牺牲掉部分司法效率。我们的各省份样本也印证了这一点，两者的相关系数为 - 0.51。上海的司法公正性评分极高，但其效率性评分较低；新疆的司法效率性评分最高，但其司法公正性评分很低（见图 62）。考虑将司法效率性评分与司法公正性评分加总作为司法公正性和效率综合评分。

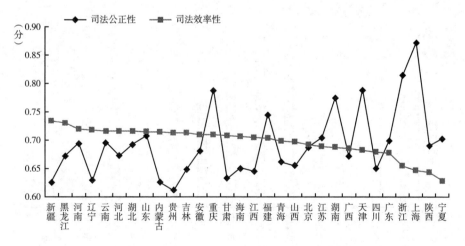

图 62   各省份司法公正性和司法效率性评分

图 63 和图 64 展示了司法公正性和效率性综合评分结果。分省份来看，上海和重庆的评分最高，远高于其他省份，而贵州、四川、宁夏、陕西、内蒙古这 5 个西部地区省区处于最后 5 位。从地区来看，司法公正效率综合评分最高的为东部地区，接下来为中部地区和东北地区；西部地区位于最后，并且存在较大差距，这意味着西部地区的司法公正性和效率性都亟待提升。分经济区来看，武汉、海西和长三角位于评分的前 3 名，远远高于其他经济区；郑汴、环渤海、北部湾处于后 3 位，其中环渤海经济区的评分落后是因为部分河北城市司法公正性和效率性较差。

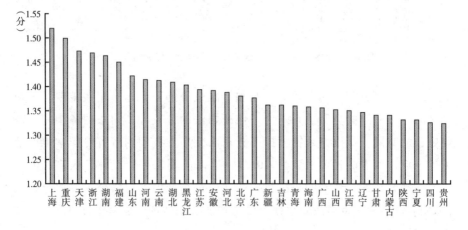

图 63　各省份司法公正效率综合评分

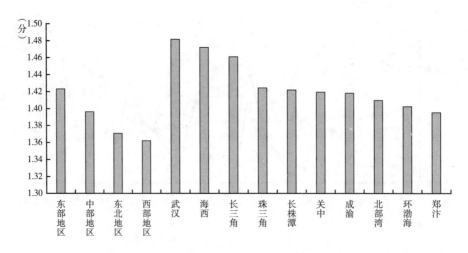

图 64　分地区和分经济区的司法公正效率综合评分

　　银行诉讼债权回收率是从事后结果刻画地区金融执法效率的指标。近年来银行界曾经流传着一种说法：在涉及银行贷款的诉讼案件中，银行能够胜诉的占 90%，但是只有 50% 的案件可执行，而只有 10% 的执行结果可以真正拿回钱来。这种说法当然不足以作为严肃的论证根据，但也形象地刻画了涉贷案件的复杂程度并表达了对金融案件严格执法的忧虑。执法是法治的落实环节，对金融机构来说，没有得到有效执行的判决是没有意义的。针对债权执法效率较低的问题，我们每次都设计了债权回收率的调查问卷，通过设定回收率区间以及区间出现频次估计总体回收率。2013～2014 年调查统计结果显示，诉讼债权诉讼回收率平均水平为 60%，相对于上一次 2009～2010 年调查中 49% 的结果有了大幅度提高，并且地区间的差距正在缩小。这反映了金融生态的评估工作在促进金融生态改善方面发挥了积极作用。

　　分省份来看，债权诉讼回收率最高的是北京，债权诉讼回收率达到 68.3%，其次是天津和广西；最低的山西，债权诉讼回收率并未超过 50%。在排名前 10 位的省份中，东部占了 6 席（北京、天津、广东、上海、江苏、福建），中部占了 1 席（湖南），西部占了 3 席（广西、重庆、云南），东北地区没有进入前 10 位的省份；在排名后 10 位的省份中，东部占了 2 席（河北、山东），中部占了 2 席（江西、湖北），西部占了 5 席（内蒙古、新疆、陕西、宁夏、山西），东北占了 1 席（吉林）（见图 65）。

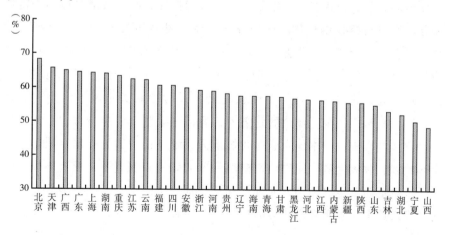

图 65　各省份债权诉讼回收率指标

表5　地区金融法治环境评分结果（2013年）

单位：分，%

地区	对辖内司法的信任度	司法公正性	司法效率	法院执行力	银行债权诉讼回收率
东部地区	0.847	0.735	0.688	0.716	61.5
中部地区	0.803	0.691	0.706	0.696	56.8
西部地区	0.788	0.669	0.693	0.691	58.4
东北地区	0.794	0.650	0.720	0.687	56.0
长 三 角	0.892	0.797	0.664	0.741	62.0
珠 三 角	0.875	0.779	0.645	0.743	63.1
环 渤 海	0.825	0.698	0.704	0.707	60.7
海　　西	0.837	0.768	0.704	0.719	64.3
长 株 潭	0.867	0.732	0.689	0.717	60.9
武　　汉	0.814	0.751	0.731	0.734	61.3
郑　　汴	0.814	0.693	0.702	0.690	59.6
北 部 湾	0.774	0.790	0.619	0.740	69.0
成　　渝	0.741	0.755	0.663	0.721	63.1
关　　中	0.881	0.788	0.632	0.747	51.0

（二）　政府诚信

政府诚信是指基于公意产生的政府对其人民赋予权力的正确运用和职责的积极恰当履行，即政府对其人民诚实无欺，讲求信用，在其自身能力限度内的实际践约状态。诚信是市场经济的灵魂，政府诚信对市场经济信用起到表率与楷模的作用。政府作为法律和法规的制定者，如果不讲信用，对整个社会体系的危害最大。我国是转型经济国家，在转型过程中政府的不诚信主要表现在两个方面：一是利用自身特殊地位干预信贷投放，或明或暗庇护逃废债企业，这主要是转型过程中相关领域退出不彻底造成；二是在法律法规不健全的背景下，凭借政策制定者的身份，形成市场进入壁垒，暗中保护本地企业。我们认为，越是透明的政府越有利于改变上述状态，政策上具有连贯性、前后一致的政府有利于优化投资环境，有益于金融部门及金融活动形成理性预期，促进金融交易活跃。因此，我们将政府政策透明度和政府政策的连贯性、一致性作为衡量影响金融生态的政府诚信的两个要素。

透明度高低是推断政府诚信程度的一个重要标准。这也是现代市场经济中政府部门行使公共服务职能的一个基本准则。图 66 展示了各省份的政府政策透明度评分，山东、上海、河南、北京、河北等省份排名靠前，分值分别为 0.717 分、0.703 分、0.700 分、0.696 分、0.696 分，其中只有河南为中部省份，其余均是东部省份。西部的内蒙古和宁夏也跻身前 10 名，分别名列第 7、第 10 名，但总体来说，中西部省份排名靠后，占据后 10 名中的 9 席。

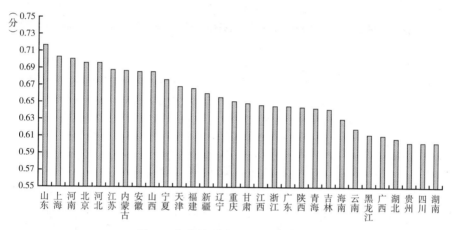

图 66　各省份政府政策透明度评分

政策的一致性是推断政府诚信的另一个重要标准。稳定、前后一致的政策有助于金融机构根据现实状况形成理性预期，从而对金融市场做出正确判断。在政府政策连贯性、一致性排名中（见图 67），上海、山东、北京依然位列前 5 名，西部的内蒙古和四川排名也很靠前，分别位列第 3 和

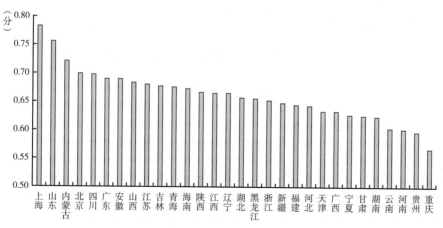

图 67　各省份政府政策连贯性、一致性评分

第 5。排名在尾部的省份大多数仍然为中西部省份，占据后 10 位中的 8 席。西部地区由于包含省份较多，所以内部分化情况较严重，地区内各地方之间差异较大，所以会出现在西部地区整体排名靠后的情况下，个别省份排名靠前。

考察不同地区的政府政策评分结果（见图 68），东部地区的政策透明性以及连贯性、一致性评分都很高，而西部则较低。十大经济区中珠三角、海西经济区的两项指标评分排名靠前，成渝经济区的两项指标评分都为最低。

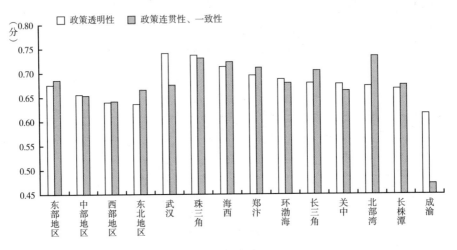

图 68　分地区和分经济区的政府政策透明性和政策连贯性、一致性评分

（三）诚信文化

市场经济是信用经济，金融生态系统是经营信用商品、提供信用服务的系统。地区的信用基础、信用关系直接决定金融交易的成本、金融产品的种类以及融资方式。如果地区社会诚信状况不良，就会直接影响到金融产品的交易，进而影响到金融产品的创新，最终影响到金融生态结构和发展水平。

诚信可看作签约方对契约和承诺的遵守。由于在社会交往和经济交易过程中，失信行为具有"外在性"和"传递性"，需要通过建立一个全社会范围的诚信体系才能使其内在化。特别是，一旦这种诚信体系得以建立，即具有规模经济的特征，仅仅依靠少数几个人或少数机构的诚信是没有意义的，关键是要在社会网络中形成一种诚信规范或者诚信规则作为网络中的个体和机构的行为准则。一旦诚信规范出现，那么它就会作为一种类似文化和习俗的东西传承下去，一直被社会经济活动的当事人所遵守。这就是所谓的社会诚信。

作为一种文化氛围，社会诚信文化只是金融信用关系中的一个软约束条件。然而这一方面的因素对地区金融信用环境的影响力是不可小觑的。在浙江、上海等私人经济发达的地区，商人文化发达，社会信用基础良好，这对当地金融资产质量有非常积极的影响。很难想象在一个信用文化匮乏的地区能营造出让资本有效运作的环境。

我们针对地方金融机构的问卷调查编制了诚信文化指标，表征诚信文化对债务人的约束力。诚信文化包括四个方面的指标：企业诚信度、个人诚信度、地方政府对于诚信建设的支持、地方征信体系建设。图 69 展示了诚信文化总评分与信贷不良率之间的显著负相关关系。

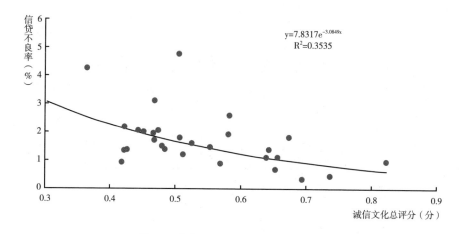

图 69　诚信文化总评分和信贷不良率

图 70 展示了诚信文化评分，我们发现商业发达的地区如上海、北京、重庆、浙江、广东，其诚信文化总评分也高；西部的内蒙古、青海、云南、宁夏以及东北的黑龙江，诚信文化评分最低，这些地区的商业活动相对不发达，相应的诚信文化也未发展起来。从区域上看，东部地区的诚信文化评分远高于中部和东北地区，西部地区诚信文化评分最低。十大经济区中长三角得分最高，北部湾、武汉、关中三个中西部经济区评分较低（见图 71）。

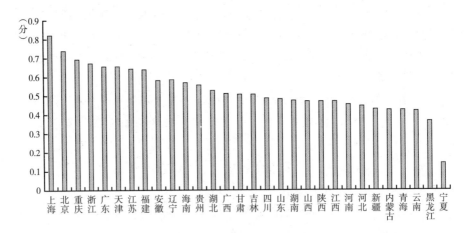

图70　各省份诚信文化评分

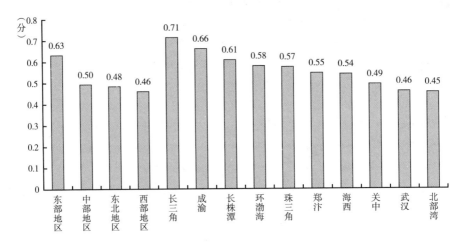

图71　分地区和分经济区的诚信文化评分

个人诚信是诚信文化的重要组成部分。近年来，一些地区出现了各类短信、邮件等电信诈骗事件，还有一些个体商户公然打出广告声称可以进行信用卡套现活动。这些行为严重影响了地区金融生态，妨碍了经济发展秩序，有的甚至演化为各类金融庞氏骗局。对此，我们设计了银行调查问卷，将地方出现个人制造假证件、伪造信息、办理额度较高的信用卡并套现的可能性作为衡量地方个人诚信文化的指标。图72是各省份个人诚信文化评分的结果，评分结果越高，表明发生上述问题的可能性越小。上海的得分最高，且拉开其他省份一定的距离。北京、浙江、福建、天津分列第2至第5位，西部地区只有一个省份处于前10名（贵州）。排名后10位的省份中，西部占了7席（陕西、四川、内蒙古、云南、广西、宁夏、新疆），中部占了1席（湖南），东北占了1席（黑龙江），东部占了1席（河北）。

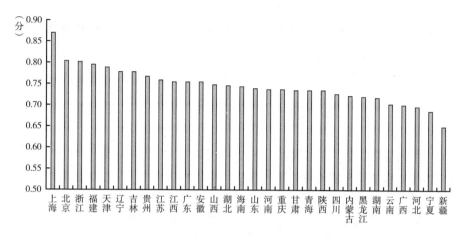

图72　各省份个人诚信文化评分

地方政府对于诚信建设的支持对当地诚信文化的形成起着重要的作用。课题组自2005年开始金融生态评估工作以来，目前已是第9个年头、第5次评估，这项工作产生了强烈的社会反响，对促进生态环境改善发挥了积极作用。诚信文化的建设则是地方政府改善金融生态的重要抓手，此次调研过程中一些地方政府的工作经验非常值得借鉴。以湖北省为例，信用环境建设需要多部门协调配合，湖北形成了"政府主导、央行推动、部门配合、经济金融为主体、社会各界参与"五位一体的工作合力；信用环境建设涉及经济活动的多个方面，湖北省构建了"企业信用工程、农村信用工程、社区信用工程、区域信用工程"四个工程；信用环境建设是一个长效机制，湖北省对恶意逃废债企业建立"黑名单"，对诚实守信企业建立"红名单"，通过动态调整形成了激励约束的长效机制[1]。

---

① 湖北省信用环境建设的部分经验，可参见殷兴山、刘美频主编《十年树信——湖北省十年信用环境建设之路》，中国金融出版社，2012。

图 73 是这次调研反映出的对各地政府诚信文化建设的评估结果：黑龙江、安徽、湖北、青海、山东各地政府对诚信文化的支持力度较大，位于前 5 名。这些省份的诚信文化综合评分都不高，由此可看出地方政府为改变现状而做出了努力。一些金融生态环境较差的中西部省份，政府在推动诚信文化建设方面表现并不积极，内蒙古、广西、湖南、云南、贵州排名后 5 位。金融生态评估较高的省份（如上海、重庆、天津、广东、北京），在地方政府对于诚信建设的支持评分中位于中间水平（上海第 10 位，重庆第 13 位，天津第 7 位，广东第 11 位，北京第 21 位）。整体而言，我们认为调查问卷较为客观地反映了各地政府在推动诚信文化建设方面的努力。

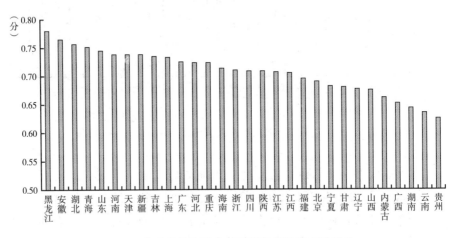

图 73　各省份地方政府对于诚信建设的支持评分

健全的征信体系和规范的会计审计制度有效保存了各经济主体的信用记录，增强了交易双方之间信用信息的透明度，降低了交易成本，有助于建立全社会的信用记录以及监督和约束机制，推动了社会诚信文化的建立和完善，也推动了社会信用水平的提升。我们通过对地区金融机构的问卷调查来评判地区征信体系建设的情况。征信体系指标分为两个部分，一个是衡量企业主动向征信机构提供自己的信息的评分，另一个是衡量企业在商业往来中通过征信机构查询相关信息的评分。如图 74，上海、北京、浙江、江苏、福建位于征信体系评分的前 5 位，这 5 个省份也是我国商业活动最活跃的地区。宁夏、黑龙江、青海征信体系建设则较为落后。

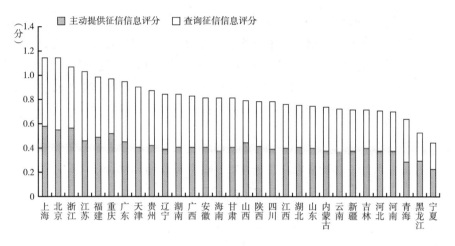

图 74   各省份征信体系建设评分

六　城市金融生态环境的综合比较

（一）四个直辖市

北京和上海是中国最大的两个直辖市，前者是中国的首都、政治文化中心，后者是全国的经济中心。从经济总量上讲，2013 年上海 GDP 为2.16 万亿元，超过北京的 1.96 万亿元。从经济结构上看，北京基本建立起以现代服务业为主体、高技术产业和文化创意产业为重要支撑的经济形态，第三产业产值占比在 2013 年达到 76.9%；上海拥有完备的工业制造体系，以现代装备制造业和航海运输业为重要支撑，服务业相对于北京发展缓慢，2013 年第三产业产值占比为 62.2%。

从金融生态评估的结果来看，两座城市既存在共同点，在某些方面又显现较大差异（见图 75）。在经济基础以及地方政府债务和治理水平的评估方面，两者差距很小。在制度和诚信文化方面，上海的评分具有明显的优势，这与上海很早就是远东商业经济中心有很大关系，在市场发展过程中培育了浓厚的守信文化。就地区金融发展来看，上海在金融深化和市场发育方面落后北京较多，这与中国银行主导的间接金融体系有关，北京是企业和银行机构的总部聚集地。然而，在金融效率和私人部门获得的金融支持方面上海超过北京，反映出上海在金融资源配置方面的效率。总体而言，在 247 个评价城市中，上海的金融生态环境评分位于第 2 位，北京位于第 12 位。随着人民币国际化战略以及上海国际金融中心建设的推进，标准化金融产品还将进一步丰富，金融市场的深度和广度也将进一步提升，银行主导的间接金融结构会往更加均衡的方向发展，这些因素对促进上海金融生态环境的改善将发挥更加积极的作用。

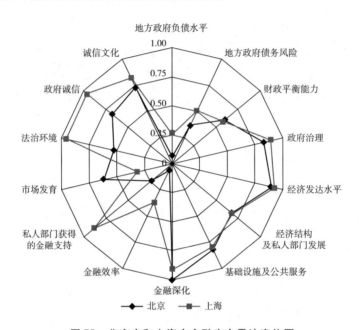

图 75　北京市和上海市金融生态雷达定位图

天津这几年来经济发展迅速，GDP 增长率一直保持在 10% 以上。从产业结构上看，天津拥有完备的工业体系，并且发达的工业使得人均 GDP 在所有省份中居第一位；金融服务业方面，天津结合自身特点在融资租赁、商业保理方面开辟出新天地。重庆是最年轻的直辖市，经济保持高速增长，2001 年以来 GDP 增长率一直保持在 10% 以上；然而由于人口较多且位于西部，重庆市的人均 GDP 水平、城镇居民人均可支配收入、人均社会零售商品总额等指标都比较低，整体的发展水平较落后。从产业结构来看，由于农村人口占比较大，第一产业产值还占有接近 10% 的比重，产业结构还有待进一步优化。

从金融生态评估的结果来看（见图 76），天津在制度和诚信文化方面超过重庆，在地区经济基础和地区金融发展的多个子指标方面也超过重庆。在地方政府债务和政府治理对金融稳定的影响方面，两座城市都因激进的城市建设面临金融稳定的风险。所不同的是，重庆的财政平衡能力和政府治理水平相对天津较差，但其政府负债水平和债务风险相对较低。总体而言，在 247 个评价城市中，天津的金融生态环境评分位于第 38 位，重庆位于第 53 位。

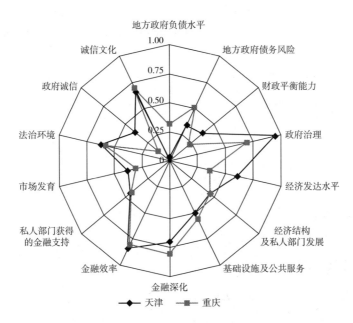

图 76　天津市与重庆市金融生态雷达定位图

（二）省会（首府）城市

改革开放以来，我国东部、中部和西部地区的城市化发展速度存在明显的差异。东部地区作为改革开放的先行者，市场化程度相对最高，经济较为发达，金融资源相对丰富，政府体制和法制建设较为完善，且金融生态环境明显优于内陆地区，城市化得到了持续快速的发展，中小城市百花齐放。中西部地区一般是省会（首府）城市发展较快，而其他中小城市发展缓慢。

由图 77 看到，省会（首府）城市之间的差距也是比较明显的，浙江省杭州市、广东省广州市、江苏省南京市的金融生态环境评分遥遥领先于其他省会（首府）城市。东部地区的福州市和济南市占据了前 5 位的另外两席，前 10 位中并没有西部省会（首府）城市，评分最高的西安市排位第 12 位。从排名靠后的城市来看，有西部地区的西宁、乌鲁木齐、兰州，东北的哈尔滨，东部的石家庄。与 2009～2010 年的评价结果相比，东部地区的省会城市依然保持了领先地位，排名发生较大变化的主要是中西部城市。下降位次较多的包括西部的成都、昆明，中部的郑州和东北的沈阳；上升位次较多的包括西部的呼和浩特、乌鲁木齐、西安以及中部的武汉。

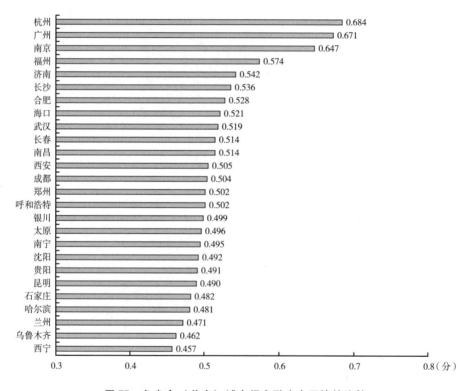

图 77　各省会（首府）城市间金融生态环境的比较

从东北三省的情况来看（见图 78），长春的金融生态环境最优，沈阳次之，哈尔滨最差。长春在金融发展和地方政府债务对金融稳定影响方面具有优势。沈阳具有最好的经济基础，但却有最重的地方债务负担。哈尔滨则在制度与诚信文化方面得分最高。

从东部七省会城市的情况看（见图 79），杭州的综合评分最高，石家庄最低。杭州在制度与诚信文化以及地方政府债务对金融稳定影响评估方面得分最高，同时经济基础和金融发展也处于较高水平。广州市拥有最好

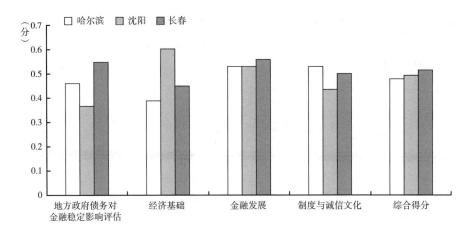

图 78 东北三省省会城市比较

的经济基础、较高的制度与诚信文化，但其政府债务压力较大。南京的各
项评分都很靠前，总排名位于第 3 位。福州拥有最好的金融发展前景，但
其经济基础较弱，债务压力较大。石家庄的金融发展评分和制度与诚信文
化评分略高于海口，但经济基础最差，拖累其总评分位于末尾。

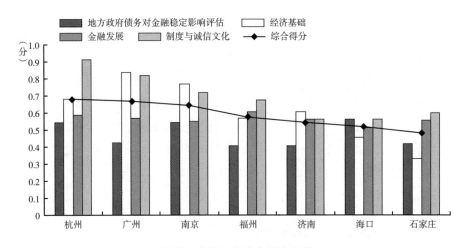

图 79 东部七省省会城市比较

从中部六省的情况来看（见图 80），整体处于中游水平，各省会城市
间的差距不大。长沙具有最强的经济基础、金融发展、制度与诚信文化评
分，位列全国城市金融生态环境排名的第 31 位。但政府债务负担较重。总
分位于第 2 位的合肥具有最高的地方债务对金融稳定影响评分，但其金融

发展较弱。武汉的经济基础与金融发展较好，制度与诚信文化是其短板，今后需要加强。南昌和郑州的地方债务压力明显，虽然具有较高的金融发展和制度与诚信文化得分，但其总得分排名靠后。太原各项得分都处于中游水平，位列全国城市排名第 71 位。

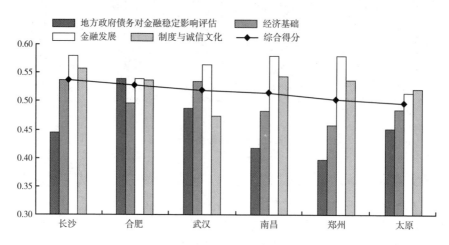

图 80　中部六省省会城市比较

我国大部分国土面积在西部，西部也聚集了最多的省区。但是西部地区的金融生态环境不容乐观。西安、成都作为西部的两颗明珠，拥有最高的经济基础得分，但同时具有较大的地方债务压力。它们分别位列全国城市金融生态环境排名的第 56 位和第 60 位。呼和浩特、银川、南宁在地方政府债务对金融稳定影响上表现突出。南宁和兰州的金融发展得分最高，但其经济基础薄弱特征十分明显。西宁位列西部省会（首府）城市末位，较差的经济基础以及较低的政府债务对金融稳定影响得分拉低了其总得分。西宁位列全国城市排名的第 151 位（见图 81）。

（三）十大经济区城市比较

30 多年来，对外开放前沿的沿海地区（包括珠三角、海西、长三角、环渤海四个经济区）依靠其优越的地理位置、良好的经济基础、广泛的国际经济合作和国家给予的特殊优惠政策，在经济发展方面取得了举世瞩目的成就，金融生态环境也处于全国领先地位。

具体到东部的三大经济区，长三角经济基础雄厚，经济发达，服务业

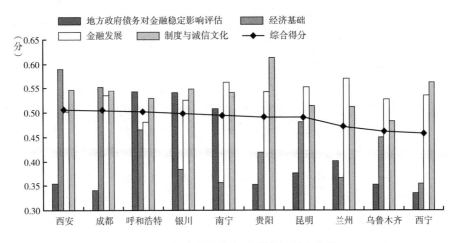

图 81　西部十省区省会（首府）城市比较

发展水平高，拥有较为完善的基础设施和较高的城市化率。长三角经济区
的金融生态环境各项指标均处于较高水平，只是在地区金融发展方面略逊
色于珠三角。环渤海经济区的发展自改革开放以来一直落后于长三角和珠
三角，其综合经济实力及市场化程度亦不及这两大经济区，综合评分和其
各项分指标得分都低于这两大经济区（见图 82）。

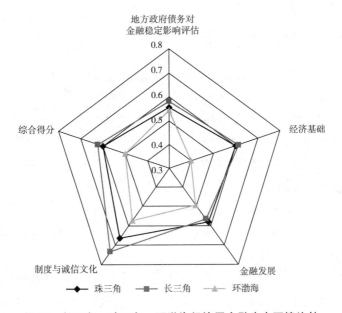

图 82　长三角、珠三角、环渤海经济区金融生态环境比较

长三角经济区金融生态环境整体上处于较高水平，全国城市综合得分排名前10位中，长三角经济区城市占了8席，其中上海、苏州、杭州分列第2、第3、第4位（见图83）。这些城市在地方政府债务对金融稳定的影响、经济基础、金融发展、制度与诚信文化等方面金融生态指标上都是优秀的。宁波、南京、绍兴、无锡、嘉兴的综合得分均在0.6分以上。排在末位的扬州在全国城市排名中也位列第39位。对比上海、苏州、杭州三座城市（见图84），上海在金融深化和经济基础方面胜过苏州、杭州，杭州在政府治理与金融法治环境方面处于高位，苏州则在财政平衡能力和金融效率方面表现出优势。

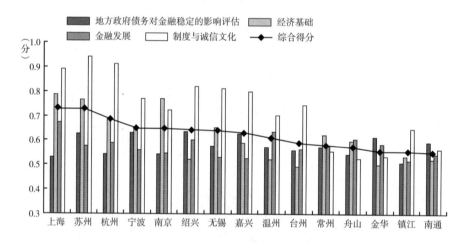

图83　长三角经济区主要城市金融生态环境评价

进入金融生态环境评分的珠三角经济区城市中，深圳遥遥领先，不仅是珠三角的排头兵，也是全国的排头兵。虽然在经济基础上不如广州，但在金融发展、制度与诚信文化方面得分非常高（见图85）。佛山市的经济基础是其短板，需要进一步提升。珠海作为最早开放的一批城市，经济基础强大，但是在金融发展和制度与诚信文化方面有待提高，东莞与珠海的情况大体类似。远离广州-深圳中心的汕头、湛江，其综合得分位于珠三角经济区末位。

环渤海经济区作为东部地区发展的第三梯队，在珠三角经济区和长三角经济区先后经历快速发展后，在区位、土地资源、接纳新兴产业投资的空间等方面的比较优势逐渐体现。从金融生态环境上来看（见图86），环

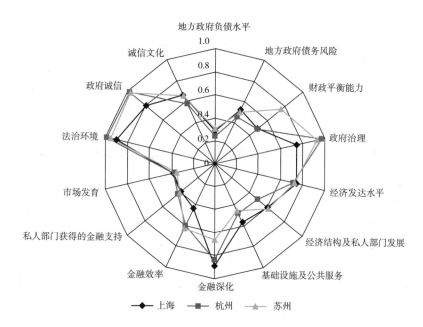

图 84　上海、苏州、杭州金融生态雷达定位图

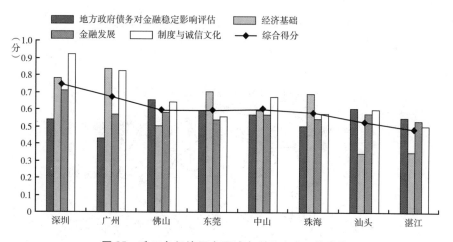

图 85　珠三角经济区主要城市金融生态环境比较

渤海经济区内差异较大，一方面北京、天津两大直辖市以及胶东地区相对发达，金融生态环境综合评分位于前列。而辽宁和河北的发展情况更接近于内陆地区。在环渤海经济区前 15 强城市中，山东省占据 9 席，辽宁省占据 4 席，河北省没有城市入围。北京是该经济区金融生态环境得分最高的城市，在全国城市排名中位列第 12 名。大连紧随其后，位列第 18 名。大

连、日照、威海、滨州等市在地方债务对金融稳定的影响方面得分很高。而潍坊与阜新在制度与诚信文化方面有突出表现，但这两座城市的经济基础亟待提升。对比大连和青岛两座城市（见图87），大连在地方政府债务、政府治理、诚信文化等方面胜于青岛，而青岛的优势在于经济基础与金融发展。

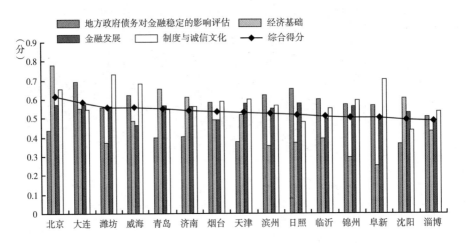

图86 环渤海经济区主要城市金融生态环境比较

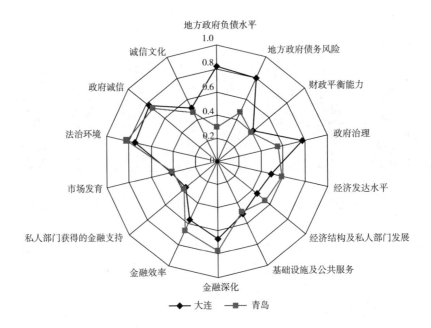

图87 大连与青岛金融生态雷达定位图

　　海西经济区入选的六个城市中，厦门综合评分最高，位列全国城市排名第 8 位。厦门拥有经济区内最好的经济基础，地方政府债务对金融稳定的影响、制度与诚信文化、金融发展三项指标得分也名列前茅。第二位的福州市面临较大的地方政府债务压力，此指标评分也是经济区内最低的，其余三项指标得分位于上游。汕头与赣州的经济基础较差，成为其短板。泉州各项指标都很均衡。漳州的制度与诚信文化得分较高，但金融发展水平较差（见图 88）。

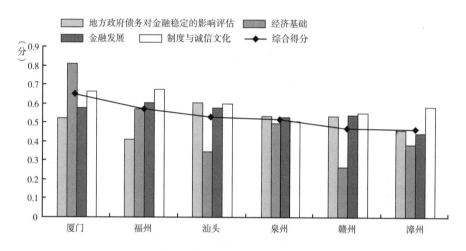

图 88　海西经济区各城市金融生态环境比较

　　中部的经济区包括郑汴、武汉、长株潭三大经济区。三大经济区的综合得分十分相近，长株潭经济区得分略胜一筹（见图 89）。这三个经济区的共同特点是经济基础与金融发展较弱，制度与诚信文化得分较高。武汉经济区在地方政府债务对金融稳定的影响方面表现出色，但金融发展最弱。长株潭经济区拥有最高的经济基础、金融发展和制度与诚信文化评分，但其面临较大的政府债务压力。郑汴经济区表现中规中矩。

　　长株潭经济区入选的 3 个城市中，长沙的金融生态评分最高，且各项指标相对均衡，在金融发展方面具有绝对优势，全国城市排名中长沙位列第 31 位。株洲的制度与诚信文化评分很高，表现突出。湘潭金融生态的评价结果大体与株洲类似，不过各项指标得分均有所降低（见图 90）。

　　郑汴经济区中的郑州市金融生态评估的各项指标相对均衡，其金融发

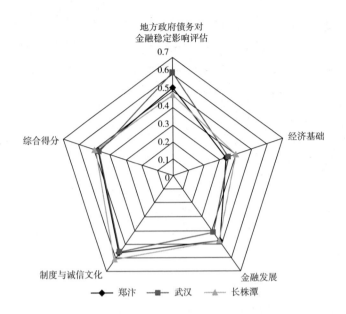

图 89 郑汴、武汉、长株潭经济区比较

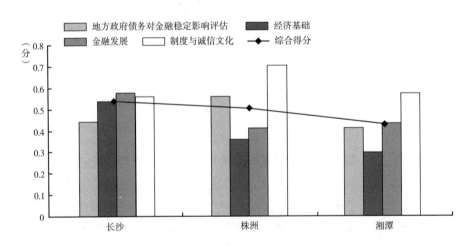

图 90 长株潭经济区各城市金融生态环境评价

展和经济基础在经济区内处于领先水平，郑州在全国城市排名中位列第 61 名。洛阳、新乡、开封的金融环境生态特征相似，这 3 个城市的地方政府对金融稳定的影响得分都高于郑州，制度与诚信文化和郑州基本持平（见图 91）。

武汉是武汉经济区中金融生态环境评分最高的城市，位列全国第 45

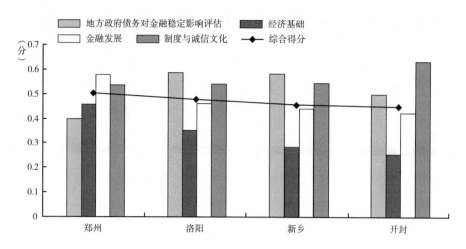

图 91　郑汴经济区各城市金融生态环境评价

位，该市在地区经济基础和地区金融发展评分位于区内第一，且远远高于其他城市；但武汉的地方政府债务对金融稳定的影响评分远低于其他三市，反映出城市化背景下较重的政府债务负担；武汉的制度与诚信文化相对于其他城市也较低（见图92）。

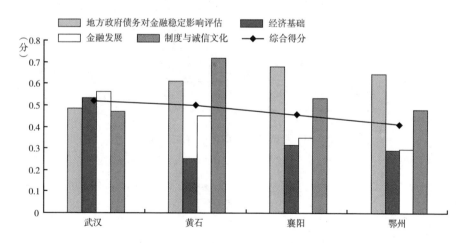

图 92　武汉经济区各城市金融生态环境评价

西部的经济区包括关中、成渝和北部湾三大经济区，我们选取西安、成都、重庆、南宁这四座城市作为三大经济区的代表，观察其金融生态环境评分结果（见图93）。四座城市的总评分十分接近，重庆略胜一筹，综合得分为 0.510 分，西安以 0.505 分次之，成都以 0.504 分紧随其后，南宁得分为 0.495 分。在全国城市排名中，它们分别位于第 53 位、第 56 位、第 60 位、第 73 位。四座城市在制度与诚信文化方面得分差异较小，经济基础和地方政府债务对金融稳定影响的不同得分刻画出四个城市的不同金融生态环境特征。西安拥有最好的经济基础，但其政府债务压力较大，南宁很好地处理了地方政府债务与金融稳定的关系，但其经济基础最弱，重庆介于两者之间，成都类似于西安。同时，在金融发展方面，重庆表现较好，南宁次之，最差的是西安，但在此项指标上城市间的差异较小。

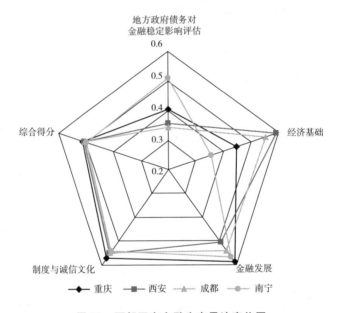

图 93　西部四市金融生态雷达定位图

七　总结

从以上多个角度的分析表明，我国地区金融生态环境存在着巨大的差异。东部沿海地区金融生态环境要优于中部地区、东北地区和西部地区。东部长三角、珠三角经济区在政府债务与政府治理对金融稳定的影响、经济基础、金融发展和制度与诚信文化四个方面都是发展很好的地区。

在入选的 247 个城市中，Ⅰ级城市全部位于东部，56.9% 的Ⅱ级城市位于东部。东部地区的金融生态环境已经比较完善。中部入选的 58 座城市中，21% 分布在 Ⅱ 级，36% 分布在 Ⅲ 级，38% 分布在 Ⅳ 级，5% 分布在 Ⅴ级，表现出较大的差异性。中部地区若想成为中国未来经济的增长极，其金融生态环境的改善是不可或缺的一环。其中提高经济市场化程度、减少激进城市化行为、降低城市化进程中的政府债务负担、加强社会诚信体系建设是改善中部金融生态环境的首要任务。

西部和东北地区入选城市分布在 Ⅱ 级的比率分别只有 7% 和 13%，而分布在 Ⅳ 级及以下的比率分别为 41% 和 53%。西部地区疆域辽阔、人口稀少，多数地区远离出海口，交通不便。长期以来西部对外开放程度低、基础设施落后、经济欠发达、政府治理不良、市场化程度低、金融法治环境欠佳。找到适合西部发展的金融发展模式是西部金融发展的重要切入点。

附表　中国 247 个城市金融生态环境评价排名（2013～2014 年）

城市 (地区)	地方债务对金融稳定的影响评估(分)	经济基础(分)	金融发展(分)	制度与诚信文化(分)	综合得分(分)	综合排名	不考虑债务情况的排名	债务对金融生态的影响
深 圳	0.537	0.781	0.709	0.921	0.746	1	1	0
上 海	0.529	0.785	0.673	0.892	0.727	2	2	0
苏 州	0.627	0.767	0.578	0.940	0.725	3	3	0
杭 州	0.543	0.684	0.589	0.910	0.684	4	5	↑
广 州	0.428	0.837	0.570	0.822	0.671	5	4	↓
宁 波	0.632	0.651	0.559	0.770	0.649	6	10	↑
南 京	0.545	0.770	0.549	0.721	0.647	7	7	0
厦 门	0.522	0.808	0.579	0.662	0.645	8	6	↓
绍 兴	0.636	0.523	0.600	0.821	0.643	9	11	↑
无 锡	0.577	0.653	0.529	0.812	0.640	10	9	↓
嘉 兴	0.629	0.589	0.525	0.799	0.630	11	12	↑
北 京	0.438	0.778	0.572	0.654	0.617	12	8	↓
温 州	0.574	0.523	0.635	0.702	0.612	13	13	0
中 山	0.570	0.593	0.570	0.673	0.601	14	15	↑
东 莞	0.591	0.705	0.538	0.559	0.596	15	18	↑
佛 山	0.653	0.502	0.584	0.643	0.592	16	23	↑
台 州	0.558	0.493	0.565	0.746	0.591	17	17	0
大 连	0.694	0.550	0.572	0.544	0.584	18	28	↑
常 州	0.572	0.622	0.577	0.555	0.582	19	20	↑
珠 海	0.503	0.688	0.548	0.575	0.581	20	16	↓

续表

城市 （地区）	地方债务对金融稳 定的影响评估（分）	经济基 础（分）	金融发 展（分）	制度与诚 信文化（分）	综合得 分（分）	综合 排名	不考虑债务 情况的排名	债务对金 融生态的 影响
福 州	0.408	0.571	0.603	0.674	0.574	21	14	↓
舟 山	0.543	0.597	0.605	0.525	0.571	22	21	↓
阳 江	0.620	0.309	0.447	0.895	0.559	23	30	↑
金 华	0.616	0.500	0.584	0.535	0.557	24	32	↑
潍 坊	0.555	0.373	0.562	0.733	0.556	25	27	↑
威 海	0.624	0.487	0.463	0.681	0.556	26	34	↑
镇 江	0.510	0.536	0.518	0.648	0.554	27	25	↓
南 通	0.593	0.524	0.541	0.562	0.552	28	33	↑
青 岛	0.396	0.656	0.567	0.544	0.549	29	19	↓
济 南	0.404	0.609	0.561	0.564	0.542	30	22	↓
长 沙	0.443	0.537	0.579	0.558	0.536	31	26	↓
烟 台	0.586	0.492	0.493	0.590	0.536	32	44	↑↑
连 云 港	0.639	0.338	0.462	0.722	0.531	33	54	↑↑↑
宣 城	0.715	0.253	0.518	0.676	0.531	34	75	↑↑↑
汕 头	0.605	0.343	0.578	0.600	0.530	35	48	↑↑
合 肥	0.540	0.496	0.540	0.537	0.528	36	42	↑
韶 关	0.551	0.339	0.499	0.735	0.528	37	45	↑
天 津	0.376	0.517	0.576	0.602	0.528	38	24	↓↓
扬 州	0.571	0.462	0.531	0.552	0.527	39	47	↑
马 鞍 山	0.597	0.400	0.498	0.616	0.523	40	55	↑↑
柳 州	0.469	0.349	0.483	0.786	0.522	41	37	↓
海 口	0.563	0.454	0.514	0.563	0.521	42	50	↑
滨 州	0.622	0.355	0.553	0.568	0.521	43	61	↑↑
泰 州	0.573	0.421	0.535	0.555	0.519	44	53	↑
武 汉	0.487	0.535	0.564	0.473	0.519	45	40	↓
日 照	0.656	0.370	0.577	0.480	0.517	46	77	↑↑↑
泉 州	0.535	0.493	0.529	0.509	0.516	47	49	↑
蚌 埠	0.563	0.348	0.495	0.672	0.516	48	56	↑
长 春	0.547	0.449	0.558	0.502	0.514	49	52	↑
南 昌	0.417	0.483	0.579	0.544	0.514	50	35	↓↓
湖 州	0.434	0.519	0.528	0.539	0.510	51	38	↓↓
漯 河	0.607	0.245	0.499	0.709	0.510	52	73	↑↑↑
重 庆	0.403	0.447	0.584	0.568	0.510	53	36	↓↓
南 平	0.595	0.373	0.543	0.534	0.509	54	70	↑↑
黄 山	0.593	0.279	0.553	0.608	0.506	55	76	↑↑↑

续表

城市 （地区）	地方债务对金融稳定的影响评估（分）	经济基础（分）	金融发展（分）	制度与诚信文化（分）	综合得分（分）	综合排名	不考虑债务情况的排名	债务对金融生态的影响
西　安	0.354	0.590	0.502	0.547	0.505	56	31	↓↓↓
临　沂	0.603	0.394	0.495	0.550	0.505	57	78	↑↑↑
锦　州	0.573	0.294	0.561	0.593	0.505	58	69	↑↑
阜　新	0.568	0.249	0.507	0.705	0.504	59	67	↑
成　都	0.341	0.554	0.536	0.545	0.504	60	29	↓↓↓
郑　州	0.398	0.458	0.579	0.537	0.502	61	39	↓↓↓
呼和浩特	0.544	0.465	0.480	0.529	0.502	62	63	↑
株　洲	0.558	0.357	0.412	0.705	0.501	63	72	↑
黄　石	0.610	0.254	0.451	0.717	0.500	64	85	↑↑↑
芜　湖	0.510	0.389	0.554	0.538	0.500	65	59	↓
十　堰	0.630	0.332	0.496	0.568	0.500	66	91	↑↑↑
银　川	0.540	0.384	0.526	0.549	0.499	67	65	↓
安　康	0.584	0.370	0.452	0.614	0.498	68	81	↑↑
大　同	0.484	0.341	0.578	0.571	0.498	69	57	↓↓
池　州	0.570	0.317	0.557	0.547	0.497	70	80	↑
太　原	0.450	0.485	0.515	0.522	0.496	71	51	↓↓
南　充	0.598	0.235	0.528	0.633	0.495	72	88	↑↑
南　宁	0.507	0.357	0.563	0.540	0.495	73	62	↓↓
梅　州	0.658	0.242	0.532	0.564	0.493	74	114	↑↑↑
沈　阳	0.366	0.603	0.529	0.437	0.492	75	43	↓↓↓
咸　阳	0.567	0.345	0.400	0.688	0.492	76	83	↑
盐　城	0.633	0.365	0.441	0.566	0.492	77	107	↑↑↑
淮　南	0.599	0.304	0.536	0.540	0.492	78	97	↑↑
贵　阳	0.352	0.419	0.544	0.613	0.491	79	41	↓↓↓
三　明	0.585	0.321	0.506	0.568	0.491	80	89	↑
昆　明	0.376	0.481	0.553	0.514	0.490	81	46	↓↓↓
恩　施	0.633	0.204	0.501	0.647	0.490	82	110	↑↑↑
宁　德	0.561	0.373	0.515	0.516	0.489	83	87	↑
丽　江	0.445	0.259	0.574	0.648	0.488	84	58	↓↓↓
淄　博	0.510	0.431	0.473	0.537	0.486	85	79	↓
乌　海	0.569	0.296	0.538	0.547	0.486	86	96	↑
来　宾	0.539	0.230	0.369	0.840	0.486	87	84	↓
济　宁	0.537	0.355	0.477	0.584	0.485	88	86	↓
湛　江	0.550	0.352	0.536	0.500	0.484	89	90	↑
盘　锦	0.571	0.306	0.399	0.695	0.484	90	99	↑

城市 （地区）	地方债务对金融稳定的影响评估（分）	经济基础（分）	金融发展（分）	制度与诚信文化（分）	综合得分（分）	综合排名	不考虑债务情况的排名	债务对金融生态的影响
莱 芜	0.550	0.373	0.495	0.526	0.483	91	93	↑
邢 台	0.609	0.304	0.496	0.543	0.482	92	116	↑↑↑
石 家 庄	0.420	0.329	0.554	0.598	0.482	93	60	↓↓↓
丹 东	0.600	0.307	0.538	0.495	0.482	94	111	↑↑
眉 山	0.670	0.255	0.482	0.556	0.481	95	144	↑↑↑
大 理	0.565	0.301	0.517	0.552	0.481	96	103	↑
哈 尔 滨	0.462	0.390	0.528	0.529	0.481	97	74	↓↓↓
曲 靖	0.538	0.291	0.572	0.514	0.480	98	95	↓
吴 忠	0.643	0.193	0.579	0.519	0.480	99	127	↑↑↑
辽 阳	0.572	0.418	0.430	0.528	0.480	100	106	↑
九 江	0.591	0.318	0.505	0.523	0.480	101	112	↑↑
洛 阳	0.588	0.352	0.463	0.539	0.479	102	113	↑↑
平 顶 山	0.619	0.256	0.525	0.533	0.479	103	123	↑↑
河 源	0.635	0.251	0.512	0.541	0.478	104	128	↑↑↑
泰 安	0.559	0.344	0.357	0.690	0.477	105	105	0
保 定	0.655	0.232	0.504	0.545	0.476	106	146	↑↑↑
晋 中	0.538	0.310	0.526	0.533	0.476	107	101	↓
孝 感	0.688	0.302	0.432	0.533	0.476	108	164	↑↑↑
遵 义	0.588	0.235	0.489	0.612	0.476	109	118	↑
宜 春	0.657	0.268	0.455	0.564	0.476	110	150	↑↑↑
云 浮	0.533	0.263	0.536	0.565	0.474	111	104	↓
滁 州	0.630	0.274	0.470	0.553	0.474	112	141	↑↑↑
安 庆	0.605	0.243	0.541	0.518	0.473	113	125	↑↑
朝 阳	0.609	0.234	0.460	0.617	0.473	114	130	↑↑
赣 州	0.533	0.264	0.537	0.551	0.472	115	108	↓
乐 山	0.514	0.254	0.549	0.562	0.472	116	102	↓↓
德 州	0.653	0.316	0.407	0.559	0.471	117	160	↑↑↑
兰 州	0.401	0.366	0.571	0.512	0.471	118	66	↓↓↓
梧 州	0.615	0.232	0.420	0.655	0.471	119	142	↑↑↑
绵 阳	0.402	0.324	0.567	0.556	0.471	120	68	↓↓↓
昌 吉	0.675	0.246	0.514	0.479	0.471	121	170	↑↑↑
平 凉	0.653	0.217	0.489	0.556	0.470	122	161	↑↑↑
淮 安	0.565	0.390	0.403	0.554	0.470	123	119	↓
徐 州	0.600	0.342	0.395	0.583	0.470	124	132	↑
阜 阳	0.542	0.281	0.466	0.603	0.469	125	115	↓

城市 (地区)	地方债务对金融稳定的影响评估(分)	经济基础(分)	金融发展(分)	制度与诚信文化(分)	综合得分(分)	综合排名	不考虑债务情况的排名	债务对金融生态的影响
葫芦岛	0.476	0.319	0.515	0.556	0.468	126	94	↓↓↓
通 化	0.617	0.349	0.391	0.558	0.468	127	151	↑↑↑
驻马店	0.592	0.248	0.500	0.545	0.467	128	137	↑
抚 顺	0.588	0.255	0.443	0.611	0.467	129	135	↑
荆 州	0.597	0.256	0.455	0.587	0.467	130	143	↑↑
雅 安	0.534	0.227	0.541	0.561	0.466	131	117	↓↓
德 阳	0.481	0.283	0.533	0.553	0.465	132	100	↓↓↓
沧 州	0.567	0.307	0.423	0.592	0.465	133	126	↓
漳 州	0.458	0.382	0.441	0.582	0.465	134	92	↓↓↓
长 治	0.539	0.262	0.530	0.530	0.465	135	121	↓↓
铜 陵	0.428	0.374	0.542	0.491	0.464	136	82	↓↓↓
伊 犁	0.599	0.256	0.481	0.541	0.464	137	154	↑↑
克拉玛依	0.567	0.250	0.493	0.558	0.463	138	133	↓
遂 宁	0.581	0.264	0.484	0.539	0.462	139	145	↑
包 头	0.567	0.421	0.370	0.530	0.462	140	136	↓
乌鲁木齐	0.352	0.450	0.528	0.483	0.462	141	64	↓↓↓
聊 城	0.628	0.300	0.443	0.512	0.462	142	168	↑↑↑
钦 州	0.618	0.258	0.449	0.554	0.462	143	166	↑↑↑
鞍 山	0.483	0.363	0.437	0.569	0.461	144	109	↓↓↓
宿 迁	0.580	0.254	0.466	0.561	0.460	145	155	↑
佳木斯	0.555	0.316	0.413	0.582	0.459	146	138	↓
上 饶	0.535	0.321	0.480	0.505	0.457	147	131	↓↓
淮 北	0.587	0.279	0.447	0.543	0.457	148	163	↑↑
商 洛	0.597	0.303	0.438	0.522	0.457	149	167	↑↑
荆 门	0.663	0.284	0.399	0.535	0.457	150	197	↑↑↑
西 宁	0.335	0.354	0.535	0.562	0.457	151	71	↓↓↓
亳 州	0.629	0.285	0.417	0.538	0.457	152	178	↑↑↑
张 家 口	0.433	0.299	0.553	0.516	0.456	153	98	↓↓↓
新 乡	0.581	0.286	0.440	0.544	0.456	154	162	↑
宜 昌	0.568	0.358	0.404	0.522	0.455	155	159	↑
张 家 界	0.506	0.347	0.423	0.558	0.454	156	124	↓↓↓
抚 州	0.622	0.237	0.450	0.541	0.454	157	179	↑↑↑
襄 阳	0.679	0.315	0.351	0.534	0.454	158	210	↑↑↑
阿 克 苏	0.620	0.190	0.482	0.548	0.453	159	181	↑↑↑
唐 山	0.510	0.347	0.428	0.539	0.452	160	134	↓↓↓

城市 （地区）	地方债务对金融稳定的影响评估（分）	经济基础（分）	金融发展（分）	制度与诚信文化（分）	综合得分（分）	综合排名	不考虑债务情况的排名	债务对金融生态的影响
三门峡	0.629	0.244	0.423	0.550	0.451	161	193	↑↑↑
宝鸡	0.530	0.360	0.408	0.530	0.451	162	148	↓↓
泸州	0.534	0.282	0.487	0.509	0.451	163	153	↓
玉溪	0.538	0.280	0.458	0.540	0.450	164	158	↓
汉中	0.574	0.338	0.405	0.516	0.450	165	171	↑
普洱	0.524	0.214	0.514	0.548	0.450	166	149	↓↓
景德镇	0.463	0.317	0.444	0.578	0.449	167	120	↓↓↓
南阳	0.600	0.251	0.421	0.561	0.449	168	180	↑↑
赤峰	0.641	0.253	0.333	0.629	0.448	169	202	↑↑↑
渭南	0.603	0.270	0.419	0.537	0.448	170	186	↑↑
开封	0.498	0.254	0.422	0.632	0.448	171	140	↓↓↓
新余	0.518	0.332	0.435	0.519	0.447	172	156	↓↓
鹤壁	0.586	0.270	0.406	0.553	0.445	173	185	↑↑
龙岩	0.443	0.305	0.515	0.501	0.445	174	122	↓↓↓
咸宁	0.589	0.320	0.384	0.523	0.444	175	189	↑↑
玉林	0.547	0.267	0.453	0.526	0.444	176	172	↓
信阳	0.650	0.249	0.422	0.499	0.444	177	213	↑↑↑
安顺	0.536	0.247	0.476	0.526	0.443	178	169	↓
吉安	0.553	0.284	0.422	0.537	0.442	179	175	↓
通辽	0.672	0.252	0.254	0.672	0.441	180	219	↑↑↑
运城	0.566	0.209	0.486	0.521	0.441	181	183	↑
临沧	0.445	0.247	0.514	0.541	0.440	182	129	↓↓↓
铁岭	0.555	0.146	0.407	0.680	0.439	183	182	↓
广元	0.539	0.297	0.426	0.517	0.439	184	176	↓
巴彦淖尔	0.563	0.205	0.496	0.506	0.439	185	188	↑
娄底	0.582	0.302	0.415	0.490	0.439	186	198	↑↑
郴州	0.559	0.222	0.455	0.540	0.439	187	187	0
宿州	0.552	0.250	0.407	0.574	0.439	188	184	↓
怀化	0.594	0.274	0.406	0.516	0.438	189	204	↑↑
红河	0.470	0.249	0.466	0.568	0.438	190	152	↓↓↓
枣庄	0.577	0.358	0.329	0.537	0.438	191	199	↑
安阳	0.564	0.282	0.413	0.521	0.438	192	196	↑
桂林	0.456	0.265	0.500	0.515	0.436	193	147	↓↓↓
牡丹江	0.489	0.322	0.391	0.561	0.436	194	165	↓↓↓
邵阳	0.504	0.281	0.442	0.521	0.434	195	173	↓↓↓

城市（地区）	地方债务对金融稳定的影响评估（分）	经济基础（分）	金融发展（分）	制度与诚信文化（分）	综合得分（分）	综合排名	不考虑债务情况的排名	债务对金融生态的影响
邯郸	0.541	0.281	0.452	0.477	0.433	196	192	↓
广安	0.537	0.239	0.431	0.546	0.433	197	190	↓
焦作	0.537	0.339	0.385	0.501	0.433	198	191	↓
鸡西	0.563	0.202	0.355	0.644	0.431	199	208	↑
湘潭	0.411	0.298	0.434	0.574	0.431	200	139	↓↓↓
达州	0.556	0.230	0.423	0.538	0.430	201	205	↑
巴音郭楞	0.621	0.169	0.412	0.559	0.430	202	223	↑↑↑
黑河	0.535	0.232	0.414	0.560	0.429	203	200	↓
吉林	0.540	0.402	0.294	0.525	0.428	204	203	↓
铜仁	0.558	0.165	0.446	0.558	0.426	205	212	↑
忻州	0.506	0.255	0.474	0.475	0.426	206	195	↓↓
白山	0.579	0.272	0.343	0.552	0.425	207	218	↑↑
萍乡	0.556	0.329	0.375	0.474	0.425	208	215	↑
白银	0.588	0.201	0.451	0.485	0.424	209	220	↑↑
伊春	0.397	0.209	0.517	0.543	0.422	210	157	↓↓↓
永州	0.486	0.284	0.392	0.545	0.422	211	194	↓↓
齐齐哈尔	0.534	0.294	0.373	0.507	0.419	212	217	↑
双鸭山	0.500	0.273	0.393	0.529	0.418	213	207	↓
黄冈	0.555	0.201	0.430	0.508	0.417	214	221	↑
呼伦贝尔	0.747	0.271	0.240	0.511	0.417	215	247	↑↑↑
百色	0.492	0.209	0.440	0.535	0.416	216	209	↓
鹰潭	0.549	0.230	0.391	0.525	0.416	217	222	↑
喀什	0.592	0.187	0.468	0.439	0.415	218	230	↑↑
内江	0.543	0.227	0.395	0.519	0.414	219	226	↑
辽源	0.499	0.316	0.323	0.549	0.413	220	216	↓
六安	0.408	0.259	0.486	0.482	0.412	221	177	↓↓↓
自贡	0.459	0.237	0.415	0.540	0.411	222	206	↓↓
鄂州	0.643	0.293	0.295	0.481	0.410	223	242	↑↑
榆林	0.550	0.267	0.365	0.492	0.409	224	227	↑
随州	0.642	0.200	0.409	0.433	0.409	225	243	↑↑
本溪	0.477	0.345	0.380	0.452	0.409	226	214	↓↓
白城	0.573	0.288	0.280	0.552	0.408	227	235	↑
鹤岗	0.377	0.272	0.453	0.515	0.408	228	174	↓↓↓
四平	0.605	0.242	0.256	0.600	0.408	229	237	↑
六盘水	0.559	0.235	0.396	0.471	0.407	230	232	↑

城市 （地区）	地方债务对金融稳 定的影响评估(分)	经济基 础(分)	金融发 展(分)	制度与诚 信文化(分)	综合得 分(分)	综合 排名	不考虑债务 情况的排名	债务对金 融生态的 影响
濮　　阳	0.611	0.212	0.347	0.511	0.407	231	238	↑
商　　丘	0.612	0.236	0.373	0.454	0.407	232	240	↑
益　　阳	0.549	0.264	0.372	0.474	0.406	233	231	↓
常　　德	0.502	0.340	0.291	0.532	0.406	234	225	↓
七 台 河	0.499	0.225	0.360	0.564	0.405	235	224	↓↓
铜　　川	0.553	0.315	0.281	0.525	0.405	236	234	↓
绥　　化	0.592	0.254	0.268	0.564	0.403	237	239	↑
延　　安	0.544	0.295	0.296	0.520	0.401	238	236	↓
阿 拉 善	0.405	0.253	0.495	0.424	0.399	239	211	↓↓↓
许　　昌	0.514	0.233	0.358	0.518	0.398	240	233	↓
临　　汾	0.381	0.218	0.474	0.497	0.397	241	201	↓↓↓
毕　　节	0.606	0.146	0.333	0.541	0.393	242	246	↑
大　　庆	0.553	0.285	0.264	0.489	0.383	243	245	↑
黔 西 南	0.397	0.205	0.448	0.454	0.378	244	228	↓↓
岳　　阳	0.495	0.293	0.238	0.537	0.378	245	244	↓
衡　　阳	0.476	0.294	0.375	0.385	0.377	246	241	↓
宜　　宾	0.348	0.231	0.442	0.428	0.367	247	229	↓↓

（执笔：蔡真　祁逸超　牛新艳）

2013～2014 年中国地区金融生态 环境问卷调查结果分析报告

鉴于构建的指标体系中某些方面的评价缺乏客观统计数据，我们借助央行调查统计系统的问卷调查渠道，来了解 247 个参与金融生态环境评价的城市司法、诚信和社会信用等方面的情况。本次问卷调查涉及全国除西藏和台湾、香港、澳门以外的 30 个省份，范围非常广泛。问卷中针对企业我们设计了三类问题，涉及地区法治环境、信用文化和政府治理三个方面；针对地区金融机构设计了三类问题，涉及司法、社会诚信水平和地方政府债务三个方面。借助问卷调查的目的：一是印证或者解释我们客观指标反映的一些结果；二是在一些缺乏统计数据的情况下，直接作为评价结果。以下就法治环境、政府治理与地方政府债务以及诚信文化三个部分对调查结果进行分析。

一 法治环境

法治环境是一个完整健康的金融生态的必然构成，在维持金融生态平衡中承担着首要职责。正如中国人民银行行长周小川所言，法治环境是金融生态的主要构成元素。金融法制建设的状况必将直接影响和制约金融生态环境的有序性、稳定性、平衡性和创新能力，决定金融生态的未来走向。具体来说，法治环境直接影响金融生态系统的运行体现在以下几个方面。第一，法律制度是金融生态的基础性环境。在金融生态系统中，一切金融业务都表现为合约的订立与履行，同时金融监管也表现为一个合约（法规）的执行过程。因此，法律制度成为金融生态运行最重要的基础。第二，法律制度决定金融活动的交易费用。减少交易费用是人们对有关金融法律制度进行选择与改革的主要动因。金融生态系统具有明显的制度结构特征。一个好的法律制度有利于降低金融活动的交易费用，提高金融交易效率。第三，法律制度对金融生态发展有重要的保障和推动作用。在金融生态中，金融行业的各种业务、各个业务环节都需要法律制度调整，所有的金融活动都离不开法律制度的保障和推动。金融监管的法律制度，可以规范金融机构经营行为，提高金融机构内控水平，防范和化解金融风险；金融业务的法律制度，可以优化金融结构，强化金融功能，推动金融机构创新，催生新的金融物种；金融环境法律制度，有助于优化金融发展环境，提高金融生态生产力。第四，法律制度的好坏会明显改变微观经济主体的预期。在金融生态中，一个好的法律制度可以有效发挥制度的激励作用，增强金融生态的自我调节功能。但如果法律制度功能紊乱、低效率或不公平，微观经济主体的预期就会扭曲。因此，如果法律制度存在漏洞，生态中的一些特殊主体就会利用漏洞谋取不正当利益，破坏金融生态系统的平衡；如果好的法律制度得不到执行，或者得不到严格执行，那么这种制度信息就会对微观主体预期产生强烈刺激，导致集体违规、违法。

本次问卷在法治环境方面设计了5个二级指标，分别衡量企业对辖内司法的信任度、司法的公正性、司法的效率性、法院执行力和银行法律诉讼债权回收率。通过这5个方面的综合考量，可以对地区法治环境做出评价。

（一）企业对辖内司法的信任度

企业对司法的认可程度直接反映出外界对司法系统的总体评价，是从企业角度做出的对当地法治状况的判断。可以说，这一指标是当地司法状况在外部的综合反映。只有该地区司法系统能公正公平、及时有效地处理企业间的经济纠纷，才可能确立地方企业对当地司法系统的信任。

问卷中我们采用遇到经济纠纷时企业是否选择法律途径来解决问题表征企业对司法的信任度，这一问题设计为：

企业遇到经济纠纷时，最有效果的解决方式是：

A. 诉诸司法部门

B. 求助政府部门，通过行政手段解决

C. 通过行业协会等商人自治组织解决

D. 通过其他社会关系解决

E. 很难找到有效途径得到解决

在我们统计的 10845 份有效问卷中，大约 68％ 选择 A，即诉诸法律部门，求助政府部门的比率占 15％，通过行业协会等商人自治组织解决占比 7％。一般来说，企业解决经济纠纷的渠道主要就是以上三种。在一个法治良好的国家，通过司法解决无疑是企业采取的最佳方式。只有当政府干预过多、法律权威受到损害，司法的公正性无法体现时，企业才会求助于行政手段。通过行业协会等商人自治组织解决经济纠纷也是法治环境良好的表现，所以在赋予权重时，A、C 两项的权重高于 B 项。

省级数据显示，上海、江苏和北京地区的企业对辖内司法具有最高的信任度，而这一指标评分最低的省份大多位于中西部地区，位于末三位的分别是陕西、青海和重庆。从地区数据来看，东部地区企业对司法信任度高，中部次之，西部地区排在末位。十大经济区中，长三角、关中和珠三角排名前三甲，成渝、北部湾和郑汴垫底。值得注意的是关中与成渝同属西部地区，但一个排名靠前，一个最后，可见西部地区内的发展水平和法治、文化氛围差异显著（见图 1）。图 2 展示了企业对辖内司法的信任程度与信贷不良率的关系，由于信任度是对地方整体法治环境的评价，所以高的信任程度也就意味着司法体制在解决经济纠纷中有效发挥作用，也就意味着当地伴随着较低的信贷不良率。

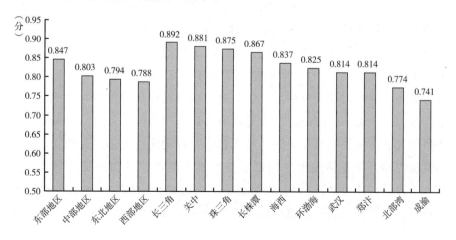

图 1　分地区和分经济区企业对辖内司法信任程度评分

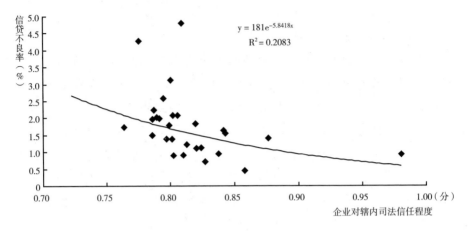

$$y = 181e^{-5.8418x}$$
$$R^2 = 0.2083$$

图2　企业对辖区内司法信任程度和信贷不良率

（二）司法的公正性与效率性

司法公正性指标测度司法体制解决企业经济纠纷的公正性、公平性，它是从事后角度对司法信任度的一个测度。司法效率性以当企业诉诸法院解决经济纠纷时，从提交申请书到开庭平均所需时间表示，它是对司法信任度的另一个事后测度。

司法的公正客观源于司法的独立，司法的独立是司法公正的重要保障。我国的司法独立存在着制度上的缺陷。首先，目前我国的法律定位和人事管理制度将司法机关置于同级党、政府及人大的控制之下，从而为某些地方行政领导以外部监督为名干预正常的公正执法提供了可能；其次，在现行的分税制财政体制下，地方司法机关的物质保障完全取决于地方的财政状况，因而地方司法机构的生存掌握在某些外部权力机构或个人手中，其经济制约因素十分明显。以上两方面因素都使得地方司法机构的利益直接与司法机关外部的一些当地政府部门和个人的决策和行为相关，司法执行人员在执法中容易受到外部干扰，使得司法机关不再是中央在地方的执法机构，而是体现地方局部利益的地方机构，从而出现执行难的问题。可以说行政力量不从司法领域退出，司法就无法独立地行使审判权、执行权、司法权，法律的权威就会受到侵害，执法的客观和公正也就无从谈起。

问卷中我们采取企业对法院裁决的公正性评判来衡量司法公正性。问卷中这一问题设计为：

当企业诉诸法院解决经济纠纷时，您认为司法判决的公正性（　　　）

A. 很不公正，法官判决受到外力因素影响

B. 不公正，法官判决没有做到尽职调查

C. 不公正，法官的知识水平有限

D. 公正

E. 公正，对判决结果很满意

在收到的 9783 份问卷回执中，76% 的回答选择了对判决结果很满意，19% 的回答选择了 A、B、C 项，其中 5% 的回答选择了很不公正，认为法官判决受到外力因素影响。我们使用模糊评估法将上述结果进行量化评估。评价结果显示，省级层面，上海、浙江和重庆的司法公正性最高，而新疆、内蒙古和贵州该指标的得分较低。东部地区依然是评分最高的地区，东北地区公正性评分最差。得分最高的经济区是长三角经济区，西部的经济区北部湾和关中跻身第二、第三位（见图 3）。

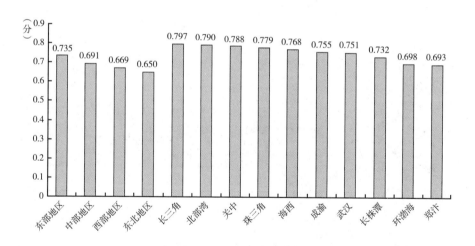

图 3 分地区和分经济区的司法公正性评分

市场经济条件下，任何交易都需花费时间和交易成本，对于经济纠纷的仲裁也一样。仲裁方式的选择不仅取决于公正性，还取决于仲裁的效率。当前司法低效率主要表现在两个方面：一是受理时间慢、审理过程长；二是诉讼成本高，有的诉讼费用甚至达到诉讼标的金额的 10% ～ 20%。针对司法效率低的问题，我们重点对第一个方面进行了调查采样，

我们以企业从提交申请书到法院诉诸经济纠纷至开庭所需的平均时间来衡量司法效率，问卷中具体问题如下：

当企业诉诸法院解决经济纠纷时，从提交申请书到开庭平均需要时间（　　）

  A. 一周以内

  B. 一周至半个月

  C. 半个月至一个月

  D. 一个月至三个月

  E. 三个月以上

统计结果显示，只有4.5%的回答选择了A选项，选择B、C、D的占比分别为18.7%、30.7%、33.8%，选择超过三个月的占比为12.2%。在我们统计的30个省份中，从提交申请书到开庭时间最短的三个省份分别为新疆、黑龙江和河南。从地区角度来看，时间间隔最短的为东北地区，而东部地区时间间隔最长（见图4）。

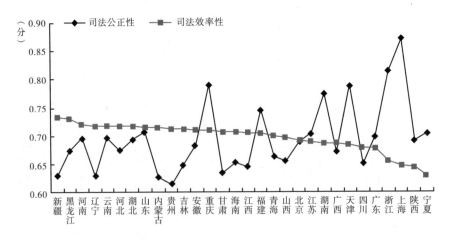

图4　各省份司法公正性和效率性评分

在分析统计结果时，还应注意到两个会影响司法效率的因素。第一，经济发达地区虽然整体来说司法环境较好，但其面临的经济纠纷更多更复杂，这将在一定程度上降低发达地区效率评分。第二，为了维护司法的公正性，秉承谨慎、务实的原则，司法的各个程序需要更长的时间。所以公正性和以平均时间间隔衡量的效率性之间会有一定的替代关系。统计结果显示司法公正性和效率性的相关系数为 - 0.51。因此考虑将司法效率性评分与司法公正性评分加总衡量司法体系的运行。图 5 展示了各省份司法公正性和效率综合评分结果：上海和重庆的评分最高，远高于其他省区市，排名前五的另三个省市区分别是天津、浙江和湖南；贵州、四川、宁夏、陕西、内蒙古这五个西部省区处于最后五位。

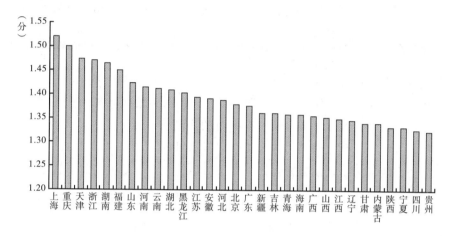

图 5　各省份司法公正效率综合评分

（三）法院执行力

近年来，"执行难"已经成为困扰我国法治建设的最大难题之一，法官的判决往往成了一张不能兑现的"白条"。大致来说，我国目前金融执法方面存在的问题具体表现为：一是执行时间长，程序复杂。违约时债权的执行时间过长，往往造成担保物价值降低，对债权人和债务人双方都不利。二是执行费用高。金融机构通过法律诉讼主张债权，除了立案、诉讼保全、执行等环节需要先垫付费用，其他收费的环节多而且费率高，导致诉讼费用基本要占到诉讼标的金额 10%～20%，而且常由于债务人无意或无能力，最后变为由金融机构自己负担。三是抵押资产的回收效果差。

法院的审判和执行构成了司法的完整环节，法院执行力不强在很大程度上也会影响到辖内企业对司法的信任度，针对法院执行力，我们从主观和客观原因两个方面进行考察，具体选项包括五个：

当企业在经济纠纷中胜诉后，法院的执行力如何（　　　）

A. 执行人员希望获得好处才执行

B. 执行人员缺乏足够激励执行

C. 尽管胜诉，法院没有很好的办法执行

D. 按部就班地执行

E. 方法灵活得当，执行快速有力

通过对调查结果的统计分析，回答能够执行（D、E项）的比率只有60%，选择尽管胜诉但无法执行的比率为28.5%，另外有2.5%的回答明确指出执行人员需要得到好处才执行。统计结果令人担忧，有40%的纠纷无法得到有效执行，这是十分值得关注的现象。省级得分数据表明，四个直辖市位列前四，上海第一，且明显高于全国其他地区（见图6）。作为中国商业气氛最为浓厚城市之一，上海市的法制建设较为完善，无论在法院执行力方面，还是之前的司法公正性以及企业对司法信任度方面，都名列前茅。中西部省份法院执行力评分结果偏后，只有宁夏进入前十名。

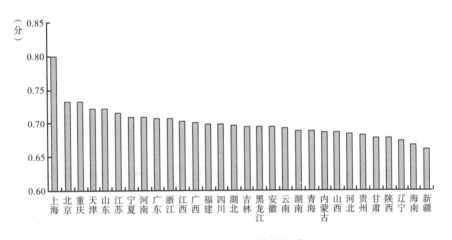

图6　各省份法院执行能力评分

（四）债权回收率

银行诉讼债权回收率是一个直接反映法治环境与金融生态相互关联的指标，也是反映金融执法能力的指标。近年来未执结案件数量呈大幅度上升之势，由此引起的负面效应十分明显，执法不力给债务人的失信行为以"负面激励"。尤其是在金融领域，"起诉不受理，受理不开庭，开庭不宣判，宣判不执行"，"打赢官司赔了钱"，等等，非常形象地描绘了银行在债权诉讼中的困境。调查中，问题设计如下：

近三年来，本银行（或信用社）提起法律诉讼的债权案件一般回收率能达到（　　）（估计数）

A. 80% 以上

B. 60% ～80%

C. 40% ～60%

D. 20% ～40%

E. 20% 以下

在统计到的 10699 个回答中，选择债权回收率为 80% 以上的比重为 33.6%，选择 60% ～80% 的比重为 19.2%，40% ～60% 的比重为 19.3%，债权回收率不足 40% 的比重为 28%。分析省级数据发现，债权回收率评分最高的城市为北京，天津次之，上海位于第五位。东部地区的债权回收率最高，西部次之，东北地区最差。东北地区在法治环境各项评分中都很靠后，需要在法治建设方面加把力。十大经济区中评分最高的依次是北部湾、海西和成渝经济区，关中的债权回收率评分较其他各经济区有较大差距（见图 7）。

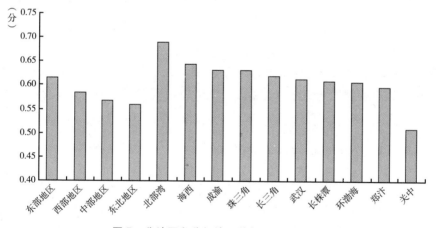

图 7　分地区和分经济区债权回收率评分

二　政府治理与地方政府债务

政府作为社会公共事务的管理者，其行为必然会对社会经济生活产生影响。总体上讲，中国由计划经济向市场经济转型的过程，采取的是一种强制性制度变迁模式，即中国经济的市场化改革在相当程度上是由政府推动、主要依靠政策规范和法令来展开的变迁。毋庸置疑，这种模式对中国经济的崛起起了重大作用。改革开放以来，在政府政策推动下，中国经济取得了巨大的成就：过去30年经济总量以年均超过9%的速度快速增长；社会主义市场经济体系初步建立；各项法规制度已经基本完善；社会诚信制度正在建设。但是当市场经济发展到一定阶段，从战略上讲，政府应当转换职能，从生产的主导者和参与者，逐步转变为管理者和守夜人；从直接参与经济活动的主体，逐步成为创造环境的主体。否则，"强政府"很容易形成权力的资本化，反过来制约经济进一步发展的后劲。

近年来，随着中国经济发展由工业化转向后工业化和城镇化，地方政府开始加强基础设施和公共服务建设，积极推进城镇化进程。不可否认，这些行为对经济发展和结构转型发挥了重要作用。然而，地方政府利用掌控的土地资源扩张银行信用，这种行为形成了地方政府干预经济的新模式，大量积累的债务存在财政、信贷、房地产等多方面的风险，对金融稳定构成潜在威胁。地方政府探索好的治理模式、约束自身干预行为、化解债务风险，成为当前政府面临的重要课题。

本次问卷调查在政府治理方面涉及政府办事效率及态度和政府对经济干预度两方面的考量；地方政府债务方面涉及地方政府融资平台主要还款来源、银行贷款展期情况以及私人企业从事融资平台业务的情况多个方面的考量。

（一）政府办事效率及态度

一个廉洁、高效、运作透明的政府治理机制是市场正常运转的必要条件。政府效率也可以反映政府治理机制的有效性。如果政府机关办事效率低、规章制度和手续繁杂、政策和操作不透明，甚至某些政府部门滥用职权向企业和居民寻租乃至敲诈，都会给企业造成额外的负担，导致市场的扭曲。一方面，在一些地方，由于这方面的问题，企业主要管理人员在企业管理和市场活动之外经常要花费大量时间、精力和财力与政府部门及其人员打交道，成为企业的一项沉重负担。另一方面，也有少数不法企业通过拉拢贿赂政府工作人员，在正当的市场竞争以外谋取额外的利益。在本次问卷调查中，我们设置如下问题以衡量政府效率及办事态度：

您对政府公务员在相关经济政策咨询方面的办事效率和态度的评价
（　　）

A. 差

B. 较差

C. 一般

D. 较好

E. 很好

统计结果表明，认为政府服务态度和办事效率较好或很好的占48%，接近半数。有9%的回复给出了差或较差的评价。省级评分结果如图8所示，对政府办事效率和服务态度最满意的依次是天津、山东、江苏，在排名前十的省份中，东部占据七席，中部占据一席，东北地区一席；排名最末尾的十位中，西部占据六席，东北地区占据两席。分地区看，东部政府办事效率和服务态度得分最高，其次是中部，东北和西部地区最差。分经济区看，中部的长株潭经济区得分最高，紧随其后的是东部沿海的珠三角、海西以及长三角经济区；关中、郑汴和成渝经济区的评分最低（见图9）。

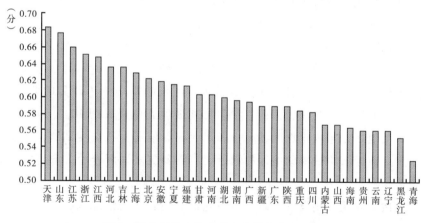

图8　各省份政府办事效率和服务态度评分

（二）政府对经济干预程度

政府对经济的干预有其有益的一面，但更多的是其有害的一面。因为地方政府干预经济的真实动机并非总是要促进经济社会发展，而可能出于

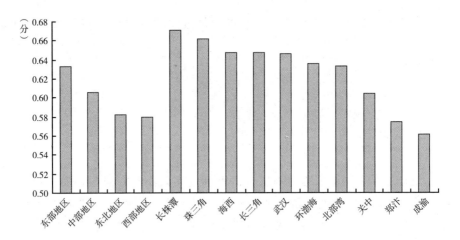

图9 分地区和分经济区的政府办事效率和服务态度评分

为自身利益寻租，使其对经济的干预程度偏离最初的良好目标。我们用地方政府对信贷业务干预情况和地方政府暗中庇护欠债企业的情况考量政府对经济的干预程度。

在本次问卷调查中设置关于政府对信贷业务干预情况的问题如下：

银行在从事信贷业务中，遭到当地政府干预的情况（　　　）

A. 干预程度很大

B. 干预程度较小

C. 没有受到干预

统计结果显示，天津、上海、江苏、浙江、重庆位于评分的前五位，而青海、海南、黑龙江、山西、贵州位列最后五位（见图10）。可见经济越发达的地区，市场化程度越高，表现在银行信贷上就是受到地方政府干预较少。而经济力量薄弱地区的银行信贷需要更多地配合地方政府的公共投资需求。

本次问卷调查还设置了政府暗中庇护欠债企业的情况调查，具体问题如下。

导致银行不能有效回收债权，是由于欠债企业有背景，受到地方政府的暗中庇护，出现这种情况的可能性：（　　　）

A. 80% 以上

B. 60% ～80%

C. 40% ～60%

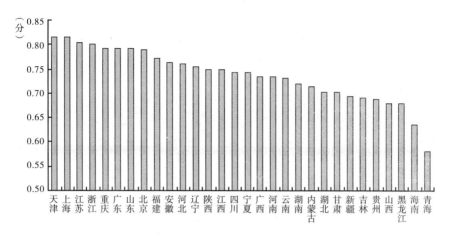

图 10　各省份政府对信贷业务干预评分

D. 20%～40%

E. 20% 以下

统计结果显示，选择 A、B、C、D、E 选项的占比依次为 1.5%、6.5%、16.8%、31.2%、44.0%，说明这种情况并不多。省级评分结果中，上海、广东、北京、福建、安徽的评分较高。图 11 显示了各省份关于政府暗中庇护欠债企业情况的评分与政府对信贷业务干预评分的散点图，两项评分表现出较高的正相关性。加总两项评分作为政府干预经济程度总评分，可以看出其与信贷不良率显著负相关（见图 12）。

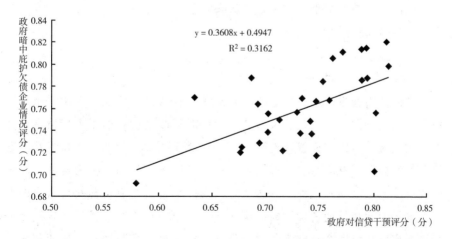

图 11　各省份政府暗中庇护欠债企业情况评分与政府对信贷业务干预评分

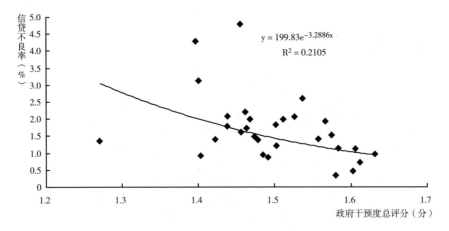

图 12　政府干预经济总评分与信贷不良率

（三）地方政府债务情况

当前地方政府债务统计口径不一、融资平台认定不一致，这导致一些客观指标在分析地方政府债务对金融稳定的影响时有所偏颇，对此我们针对银行采取调查问卷的方式考察地方政府债务风险。我们在问卷调查中设置了三项指标，包括地方政府融资平台主要还款来源、银行贷款展期情况以及私人企业从事融资平台业务的情况。以下逐项进行描述。

涉及最主要还款来源的问卷问题如下：

您认为当地融资平台的主要还款来源是（　　　　）

A. 自身经营收入

B. 土地出让收益

C. 财政划拨补贴收入

我们认为地方政府最合适的还款来源是自身经营收入，其次是依靠土地出让收益，但这并不是长久之计，而依靠财政划拨补贴收入来偿还债务则更加危险。所以在设置权重时 A、B、C 项得分依次降低。经济发达地区的省份的公众更有意愿也更有能力支付公共服务，从而使得融资平台能够形成自身造血功能；此外，发达地区的融资平台也更有可能获得富余的财政收入，因此总体而言发达地区这项评分结果应该更高。通过对省级评分结果观察可知，四个直辖市的评分位列前五，最高的是北京。而西部各经济落后省份排名处于末尾（见图 13）。

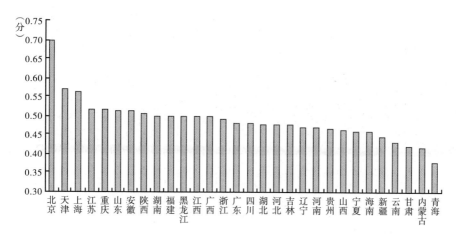

图 13　各省份地方政府融资平台的主要还款来源

　　银行贷款展期在国际信用评级机构的定义中就可算作违约，因为这意味着贷款价值的实质性减值。国内融资平台发生贷款展期可能是由于期限错配、商业贷款用于政策性金融等诸多原因造成的，但如果把"借新还旧"看作一种常态，又何谈债务治理？

　　针对贷款展期情况，我们的问卷问题如下：

　　当地融资平台的银行贷款是否出现过展期的现象（　　　）

　　A. 非常普遍

　　B. 较多

　　C. 一般，大约一半左右的平台出现过

　　D. 较少

　　E. 很少，几乎没有

　　贷款展期是违约的前兆，展期越少意味着当地融资平台越健康。统计结果表明，选择 D 或 E 项的比重占 81%。选择 A、B、C 选项的占比分别为 7.7%、4.0% 和 7.9%，我们假设三个选项发生展期的比例分别为 80%、60% 和 50%，那么三项加权的贷款展期比例达到 12.6%。如果简单地将展期理解成不良，那么这个比例远远高于同期银行业整体的不良率（2013 年是 1.5%）。由此足见地方融资平台的债务风险。分省市区来看，省级评分最高的是上海、山东、重庆、江苏和北京，大多是经济发达地区，这意味着经济发达地区发生展期的情况较少。经济落后的中西部地区此项评分明显落后（见图 14）。

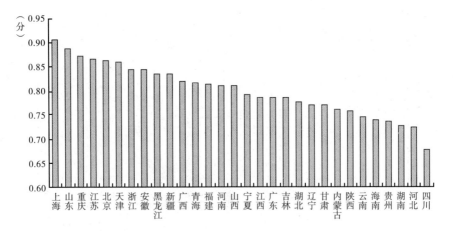

图14 各省份地方政府融资平台银行贷款展期情况评分

我们的问卷针对私人部门是否从事融资平台业务情况的问卷问题如下：

您在从事银行业务过程中，是否出现过私人企业从事融资平台业务的情况，如政府划拨土地给私人企业，开发后用以抵偿政府债务（　　　）

A. 非常普遍

B. 较多

C. 较少

D. 很少，几乎没有见过

由于大部分基础设施具有公共物品属性，因此地方政府融资平台应该主要由国有控股或财政出资。私人企业从事融资平台会涉及很多问题，一是政府担保问题，二是可能会涉及利益输送。统计结果表明，95%的回答选择了C或D项。经济发达、制度完善的地区在这项的评分将会较高。省级评分结果显示，排名前四位的是四个直辖市，上海位列第一，北京次之。排名最后的十位中，西部地区占据六席（见图15）。

我们将以上三个评分加总用来表示地方政府融资平台风险，图16展示出其与不良率的负相关关系。

三　诚信文化

诚信可看作是签约方对契约和承诺的遵守。由于在社会交往和经济交

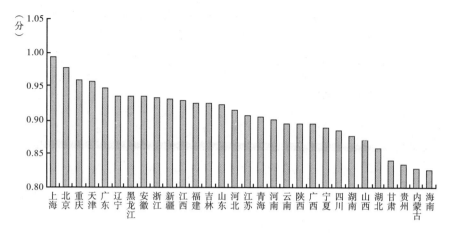

图15　各省份私人部门从事融资平台业务情况评分

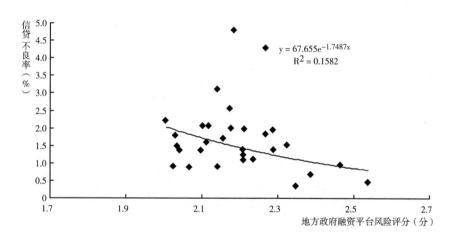

图16　地方政府融资平台风险评分与信贷不良率

易过程中，失信行为具有"外在性"和"传递性"，需要通过建立一个全社会范围内的诚信体系才能使其内在化。特别是，一旦这种诚信体系得以建立，即具有规模经济的特征。所以，如果我们不是从单个的个体和机构看，而是从个体和机构组成的社会网络看，那么，一个缺乏信任的社会就可能陷入"所有人对所有人的战争"，即陷入"霍布斯丛林"。也就是说仅仅依靠少数几个人或少数机构的诚信是没有意义的，关键是要在社会网络中形成一种诚信规范或者诚信规则，作为网络中的个体和机构的行为准则。一旦诚信规范出现，那么它就会作为一种类似文化和习俗的东西传承下去，一直被社会经济活动的当事人所遵守。这就是所谓的社会诚信。

我们通过四个方面来评价诚信文化：政府诚信、个人信用文化、地方政府对诚信文化建设的支持和地方征信体系建设。

（一）政府诚信

政府诚信是指基于公意产生的政府对其人民赋予权力的正确运用和职责的积极恰当履行，即政府对其人民诚实无欺，讲求信用，在其自身能力限度内实际践约状态。诚信是市场经济的灵魂，政府诚信对市场经济信用起到表率与楷模的作用。政府作为法律和法规的制定者，如果不讲信用，很可能最后会陷入"塔西陀陷阱"。即不管政府讲得对讲得错都没人相信，这对整个社会体系的危害巨大。

随着近年来经济体制改革的不断推进，政治体制中存在诸多的矛盾开始显现，政府诚信是其中比较突出的一个方面。我们看到，一些政府机构和工作人员在发展经济过程中言而无信，缺乏责任感，欺上瞒下，以权谋私，有的甚至采取虚报瞒报、弄虚作假、投机取巧、形式主义等手段与民争利，严重损害了地方政府的信用。此外，一些地方政府片面强调政策的灵活多变，朝令夕改，随意操纵，或是政出多门，互相扯皮，导致市场主体行为短期化，对整个地区的诚信文化建设造成极其负面的影响。

透明度高低是推断政府诚信程度的一个重要标准。适度公开、充分信息披露的政府活动有益于金融部门及金融活动形成理性预期。这也是现代市场经济中政府部门行使公共服务职能的一个基本准则。问卷中此题具体形式如下：

您对当地政府的政策以及执行过程透明度的评价（　　　　）

A. 很透明

B. 比较透明

C. 一般

D. 比较差

E. 很差

统计结果显示，选择认为当地政府政策很透明或比较透明的占55%，认为当地政府透明度比较差的占5.7%。图17展示了各省份政府政策透明度评分，山东、上海、河南、北京、河北等省份排名靠前，其中前五位只有河南为中部省份，其余均是东部省份。西部的内蒙古和宁夏也跻身前十，分别名列第七、第十名，但总体来说，中西部省份排名靠后，占据后十位中的八席。

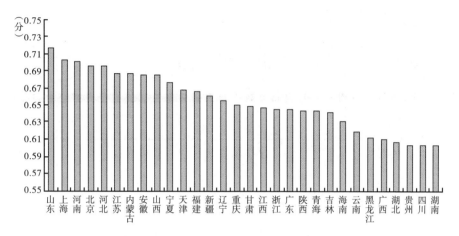

图 17　各省份政府政策透明度

政策的一致性是推断政府诚信的另一个重要标准。稳定、前后一致的政策有助于金融机构根据现实状况形成理性预期，从而对金融市场做出正确判断。问卷中设置如下问题以评测地方政府政策的一致性、连贯性：

您对当地政府经济政策的一致性和连贯性（政策朝令夕改，很难建立对于政府的信任）的评价（　　）

A. 政策方向很明确，前后一致

B. 比较一致，比较连贯

C. 一般

D. 比较难以把握政策动向

E. 政策前后不一致，经常变化

在统计的 10852 份有效问卷中，认为地方政府经济政策具有明显一致性和连贯性（A、B 选项）的占 61%，认为无法把握政策动向（D、E 选项）的占 9.7%。在政府政策一致性、连贯性的省级排名中（见图 18），上海、山东、北京依然位列前五，西部的内蒙古和四川排名也很靠前，分别位列第三和第五。排名在尾部的省份大多仍然为中西部省份，占据后十位中的八席。西部地区由于包含省份较多，所以内部分化情况较重，各地方差异较大。图 19 展示出政府政策的透明性和连续性、一致性显著正向相关。政府政策透明的省份，其政策一致性和连续性也较强。

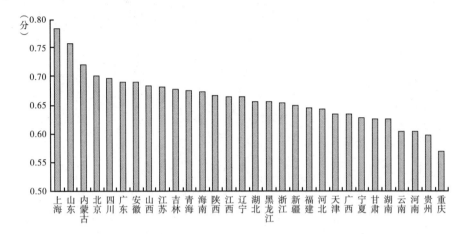

图 18 各省份政府政策连续性、一致性

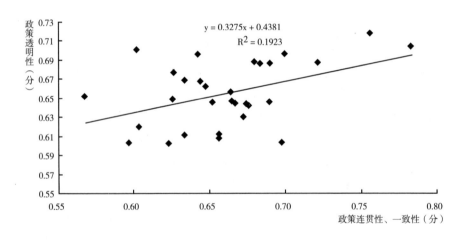

图 19 政府政策透明性和政策连贯性、一致性

（二）个人信用文化

我们用地方出现个人制造假证件、伪造信息、办理额度较高的信用卡并套现的可能性作为衡量地方个人诚信文化的指标。调查问卷中的题目如下：

个人制造假证件、伪造信息，办理额度较高的信用卡并套取现金，这种情况出现的可能性（　　　）

A. 非常大   B. 较大

C. 一般   D. 较小

E. 很小

统计结果显示，选择个人制造假证件、伪造信息，办理额度较高的信用卡并套取现金可能性很小的占比为 42％，较小的占比为 33％，认为非常大的占比仅有 1.7％。从省级数据来看（见图 20），上海的得分最高，且与其他省份拉开较大距离。北京、浙江、福建、天津分列第二至五位。西部地区只有一个省份处于前十（贵州），大多省份处于排名的末尾，占据后十名中的七席。东部地区的得分最高。十大经济区中长三角、环渤海和长株潭位于前三名，海西、武汉、北部湾位于末尾（见图 21）。

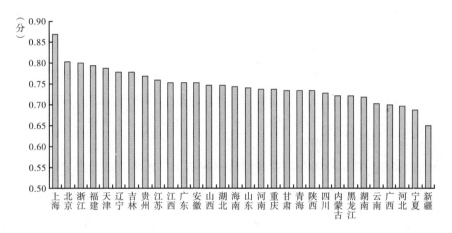

图 20　各省份个人诚信文化评分

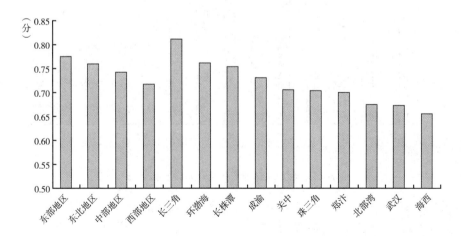

图 21　分地区和分经济区的个人诚信文化评分

（三）地方政府对诚信文化建设的支持

地方政府对于诚信建设的支持对当地诚信文化的形成起着重要的推动作用。问卷中涉及该项的题目如下：

地方政府在诚信文化建设方面的支持程度，您如何评价（　　　）

A. 很积极，做了很多事实，如推出企业黑名单、治理网络谣言等诸多措施并积极落实

B. 较积极，制定了一些诚信建设方面的措施

C. 不积极，不是政府工作重点

D. 很不积极，根本不在政府工作规划之中

统计结果显示，绝大多数回答认为地方政府在诚信文化建设方面较积极，占比60%，有大约19%的回答认为地方政府不积极或很不积极。据省级评分数据显示，黑龙江、安徽、湖北、青海、山东各地政府对诚信文化的支持力度较大，位于前五位。这些省份大多经济发展不高，法治环境和诚信文化评分较低，由此可以看出地方政府为改变现状做出了努力。在对分地区和经济区进行考察时遇到了同样的状况，经济落后地区政府付出的努力更大（见图22）。

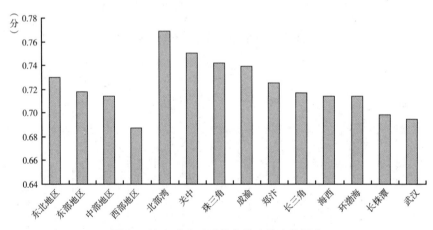

图22　地方政府对诚信文化建设支持评分

（四）地方征信体系建设

健全的征信体系和规范会计审计制度有效保存了各经济主体信用记

录，增强交易双方之间信用信息的透明度，降低交易成本，有助于建立全社会的信用记录、监督和约束机制，推动社会诚信文化的建立和完善，推动社会信用水准提升。我们通过对地区金融机构的问卷调查来评判地区诚信文化建设的情况。征信体系指标分为两个部分，一是衡量企业主动向征信机构提供自己的信息的评分，一是衡量企业在商业往来中通过征信机构查询相关信息的评分。

调查问卷中衡量主动向征信机构提供信息的问题设置如下：

您考虑过主动向征信机构提供自己的信息，以便在将来申请贷款时增加正面信息的得分吗？（   ）

A. 没有考虑过

B. 考虑过，但对信息的安全有所顾虑没有做

C. 考虑过并已经向征信机构提供

选择 A、B、C 项的占比分别为 26%，38% 和 36%。省级评分结果显示：上海、浙江、北京为省级数据评分的前三甲，且远高于全国其他地区。黑龙江、青海、宁夏在此项得分最低，且与全国平均水平有一定差距。东部地区依然在四大地区中得分最高，中部、西部次之。十大经济区中长三角表现抢眼，北部湾、武汉、关中的情况值得关注（见图23）。

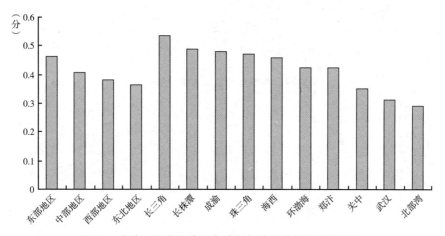

图 23　分地区和分经济区主动向征信机构提供信息评分

调查问卷中衡量企业通过征信机构来查询相关信息的问题设置如下：

在商业往来中，企业考虑过通过征信机构来查询相关的信息吗？（   ）

A. 没有考虑过

B. 考虑并实施，但征信机构提供的信息没有什么价值

C. 考虑并实施，征信机构提供的信息很有价值，使企业免受损失

统计结果显示，选择 A、B、C 三项的比率分别为 35%、19% 和 46%。企业通过征信机构来查询相关信息的评分结果与企业主动向征信机构提供自己信息的评分结果高度正相关，北京、上海、江苏为前三名。我们加总这两项评分作为征信系统建设的总评分（见图 24），上海、北京、浙江、江苏、福建位于征信体系评分的前五位，这五个省份也是我国商业活动最活跃的地区。宁夏、黑龙江、青海征信体系建设则较为落后。将征信系统总评分并与不良率做相关性分析，结果如图 25 所示，两者显著负相关，说明征信体系的建设有利于信贷不良率的减少。

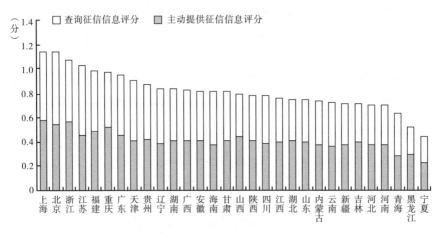

图 24　各省份征信系统建设总评分

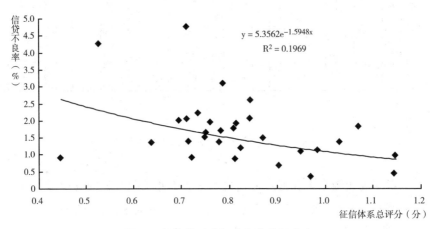

图 25　征信体系总评分和信贷不良率

四 总结

从上面的分析可以看出，此次问卷调查结果在法治环境、政府治理与地方政府债务、诚信文化三个方面反馈出大量信息，通过分析问卷调查结果，一方面对缺乏客观数据的指标，较为准确地给出了评价结果，另一方面将调研数据与客观统计数据结合起来，有效地印证了客观指标反映的结果。虽然比之客观数据，基于问卷调查的主观评分先天地在完备性和精确性方面存在不足，然而，总体上来说，此次问卷调查结果具有很强的说服力，在难以量化测度的方面为我们提供了有力的佐证。

（执笔人：祁逸超）

地方政府主体信用评级及中国特色评级要素研究

地区金融生态环境评价与地方政府
信用评级的关系分析

中债资信认为：①地区金融生态环境和地方政府信用评级是两个不同的概念，有各自不同的内涵。②地区金融生态环境对地方政府信用评级有很大的影响，地方政府信用评级应当考虑地区金融生态环境因素，在中国地方政府信用评级分析框架中可将地区金融生态环境作为一个外部调整因素来分析。③地区金融生态环境评价和地方政府信用评级之间有很多共同的评价指标，两者的评价结果有一定的正相关性，因此，我们可以将地方政府评级和地区金融生态环境评价两项工作进行有机结合，通过开展年度中国地区金融生态环境评价，不仅获取年度中国地区金融生态环境评价结果，也可得出中国地方政府评级有关具体评价指标值或结果。

一 地区金融生态环境和地方政府
信用评级的基本概念

1. 地区金融生态环境的概念及评价方法

金融生态的概念最早由周小川行长于 2004 年底提出，并在近 10 年的金融工作中不断研究深化。金融生态借鉴了生态学的概念，是研究金融生态主体和金融生态环境之间相互依赖、相互作用的共生关系的科学，涵盖金融生态主体、金融生态环境和金融生态调节三个方面。其中，金融生态环境着眼于由居民、企业、政府和国外等部门构成的金融产品和金融服务的消费群体，以及这些金融主体在其中生成、运行和发展的经济、社会、法制、文化、习俗等体制、制度和传统环境。

从 2005 年起，中国社会科学院金融所接受人民银行委托，每两年开展一次中国地区金融生态环境评价工作，并对外发布中国地区金融生态环境评价结果。从评价指标和评价模型来看，社科院课题组认为，地区金融生态环境评价指标主要包括：政府治理、经济基础、金融发展和制度与信用文化等四个方面。其中，政府治理水平的高低直接影响到地区金融资产的质量，是地区金融生态环境评价中最为关键的因素；经济基础是金融生态系统的物质支撑，对化解地区金融风险、维持金融生态系统动态平衡的能力有着重要影响，而金融发展作为地区金融效率的体现，直接影响着实体经济发展；制度与信用文化是地区金融生态的外部信用环境，通过衡量政府及企业部门的诚信规范、违约行为及违约后的资产回收程度，进而影响地区金融资产的质量。

社科院课题组通过地区不良率数据，来选取衡量地区金融生态环境评价相关评价指标，构建了地区金融生态环境评价模型，运用层次分析法确定上述四个指数的权重，计算综合评价分数，并利用综合评价分数对地区金融生态环境进行排序和分析，进而得出地区金融生态环境的综合评价结果。

对地区金融生态环境进行连续评价，有利于通过评价结果影响投资者对地方政府、金融机构、企业等部门发行的融资工具的风险及价值的评估，进而影响地区金融资源的可得性和融资成本，引导地方政府规范其融资行为，帮助地方政府从法治环境、行政监管、金融发展、诚信体系建设等方面入手，改善地区金融生态环境，促进地区经济和金融的协调与可持续发展。

2. 地方政府信用评级概念及分析框架

地方政府主体信用风险的评价主要是评估地方政府的偿债能力和偿债意愿。受到体制环境因素影响，地方政府信用风险不仅与地方政府自身信用水平有关，还受到上级政府对其支持能力和意愿的影响。

根据国外三大评级机构（标普、穆迪和惠誉）地方政府评级方法（见表1），一般认为，影响地方政府自身信用品质或个体风险评级要素主要包括地区经济实力、财政收支、债务状况和地方政府治理等。外部政府支持包括行政体制、重要性、历史支持记录等方面。地区经济是创造和产生税收的重要基础，地区财政收支状况是地方政府偿还债务能力的最直接体现，地方政府治理水平不仅会影响地方政府长期的偿债能力，还会影响地方政府的偿债意愿。

表 1　国际评级机构对地方政府主要评级要素比较

评级机构	标普	穆迪	惠誉
一级评级指标	行政体制	系统性风险	行政体制
	自身信用品质	个体风险	自身信用品质
二级评级指标	经济	经济基础	债务和其他长期负债
	财政管理	行政体制	财政绩效
	预算灵活性	财政和债务情况	经营和管理
	预算表现	政府治理与管理	经济
	流动性	—	—
	负债	—	—
	或有负债	—	—
评级机构	标普	穆迪	惠誉
一级评级指标	外部政府支持	外部特殊支持	—
二级评级指标	重要性	行政体制（法律要求或障碍、监督程度、政策立场、信誉风险、道德风险）	—
	历史记录	历史行为	—
	法律或宪法的体制框架允许	个体特征（战略地位和债务结构）	—

注：表中评级要素为三大评级机构国际或全球地方政府评级方法。
资料来源：中债资信根据穆迪、标普、惠誉相关评级方法整理。

　　对地方政府进行信用评级，有利于客观、公正地揭示地方政府信用风险，降低投资者与发行人之间信息不对称，为将来地方政府发行债券定价提供参考；此外，评级机构通过对地方政府信用级别的调整或迁移动态地反映地方政府信用风险的变化情况，对地方政府举债融资起到一定的监督作用，对于防范地方政府债务风险和引导金融资源在不同地区间合理配置等具有重要意义。

二　地区金融生态环境评价与地方政府信用评级的异同

　　地区金融生态环境反映了地方政府、金融机构和企业三者之间的关系，其中，地方政府是地区金融生态环境评价的主体之一。虽然地区金融生态环境评价与地方政府评级存在着差异，地方政府或市政债券信用评级主要关注地方政府的偿债能力和偿债意愿，而地区金融生态环境主要分析地区金融环境的若干要素以及各个要素之间的关系对于地区金融可持续发展的影响，但是两者在很多方面均使用相同的评价指标，相互之间有一定的联系。

1. 两者均需考察地区经济或者经济实力相关的评价指标

从金融生态环境评价角度来看，实体经济是金融主体的存在根据、服务对象和生存空间。实体经济运行的矛盾最终反映为金融问题的累积，最终形成金融风险源，威胁地区经济和金融体系的安全，因此经济基础是地区金融生态环境评价的核心要素之一。从地方政府信用评级角度来看，地区经济实力是影响地方政府财政实力的基础因素，经济发展水平和未来前景决定着当前和未来地方政府财政收入和支出规模，进而确定地方可支配财力的大小。因此，地区经济基础设施、经济发展水平等是金融生态环境评价和地方政府评级都关注的评价指标。

具体而言，首先，两者均将地区经济基础设施作为衡量地区经济发展的重要因素，主要关注高速公路里程数/土地面积、人均地区邮电业务总量、城市化率等指标。地区基础设施水平高，则地区经济实力强。其次，两者均需分析和评价经济发展水平，主要关注经济规模和经济结构等指标。对地方政府评级来说，经济规模大的区域税基也相对较大，财政收入相对较高。对金融生态环境来说，经济规模扩大和实力增强可以抑制不良资产的产生，可以提高金融系统对不良资产的消化能力。对于经济结构，地方政府评级认为，合理的产业结构是区域经济和政府财政收入保持稳定增长的重要条件，是影响地区经济发展水平的重要因素。区域经济多样化和产业结构合理，则地区经济增长稳定；金融生态环境评价则认为经济结构是经济资源在不同类型的经济部门之间进行分配并不断调整演化的结果，是决定整体经济效率和发展态势的一个重要因素。

2. 两者都会考量地方政府治理方面的评价指标

从金融生态环境角度来看，地方政府对经济的干预，地方政府战略部署和地方政府在运作规范程度、诚信状况、信息透明度等方面的管理状况都会影响到地区经济发展和融资环境，进而影响地区金融生态环境的优劣。从地方政府信用评级的角度看，地方政府对经济的干预和地方政府战略部署会影响到地区未来的经济发展状况，进而通过地区未来的税收状况影响地方政府的偿债能力，同时地方政府的上述治理水平也会影响到地方政府的偿债意愿。因此虽然各自的侧重点有所差异，但两者都会考量地方政府治理方面的评价指标。

从实践情况来看，部分地方政府的不当干预金融机构的行为不但对地区金融生态环境造成巨大的损坏，也会对地方政府的信用水平造成显著影响。以曹妃甸新区为例，中国工商银行唐山分行表态拒绝提供支持时，唐山市政府要求终止该行在唐山市开展业务，就是地方政府干预区域金融的典型例子。在这种政府主导资源配置的体制模式下，地方政府能够运用要素资源配置权干预金融机构的信贷决策，迫使商业银行顺应地方政府的意图进行信贷投放，影响区域金融资源的配置，影响了地区金融生态环境，同时该行为也导致政府债务负担沉重，对地方政府信用水平产生了较大的负面影响。此外，政府政策连续性差，导致区域发展规划不断调整，不利于地区经济和地方政府财政收入的增长；同时政府频繁换届可能导致"新官不理旧账"，加大地方政府债务风险。比如，曹妃甸管委会领导更换频繁，城市发展规划不断调整。2008 年以来 5 年内先后更换了 4 位管委会主任。2009 年，河北省政府审批通过曹妃甸生态城总体规划，生态城定位为服务于曹妃甸新区的现代化未来生态城市，当年已投入建设资金约 209 亿元。而 2012 年，唐山市政府调整发展思路，优先建设作为曹妃甸工业区生活保障区的临港商务区。地方政府政策的连续性和一致性较差，政府诚信程度较弱，影响了地区金融生态环境，对地方政府信用水平产生负面影响。

3. 两者都会关注地区法治环境、诚信文化等指标

从金融生态环境的角度来看，地区法治环境、诚信文化是决定地区金融生态环境的更高层面的软环境。从信用评级的角度来看，诚信文化会影响地区的偿债意愿，地区法治环境将会影响地方政府在动用资产偿还债务时的相关实施状况。

具体而言，首先，法治环境是金融生态的主要构成元素，也是地方政府信用评级的关键要素。法治环境是地区金融生态的基础性环境，无论是政府或其他主体，任何金融活动都离不开法律制度的保障。在评价指标方面，地方政府信用评级和金融生态环境评价都选取了对辖区内司法的信任程度、司法公正性、司法的独立性和司法的效率等指标。其次，诚信文化也是影响地区金融生态环境和地方政府信用评级的重要因素。在社会交往

和经济交易过程中，失信行为具有"外部性"和"传染性"，需要通过建立诚信体系才能使其内部化。金融生态环境评价和地方政府信用评级均选取了企业诚信和地方政府的诚信体系等评价指标。

4. 地方政府信用评级更加强调地方政府的偿债能力和意愿的评估，地区金融生态环境更加强调地区金融生态软环境的评估

地方政府信用评级注重地方政府对其所承担债务未来偿付能力和偿付表现的评估，因此，在地方政府评级的过程中，地区财政实力和债务水平是评价的重点，侧重于对地区当前债务的精确统计和对未来债务的合理预测，并以地区经济持续发展水平为基础预测地方未来的财政收入，进而综合判断地方政府未来的偿付能力和偿付意愿。而地区金融生态环境评价主要分析地区金融环境的若干要素，以及各个要素之间的关系对于地区金融可持续发展的影响。从定量的核心量度指标来看，地方政府信用评级一般通过地方政府预期违约率来反映，而地区金融生态环境则通过地区贷款不良率指标来衡量。

此外，二者在个别的评价指标方面也存在一些差异，比如地方政府信用评级关注地方政府财政收入规模、财政支出结构、政府债务状况、债务负担等指标，但是地区金融生态环境评价则未关注上述指标；地区金融生态环境关注金融深化、金融竞争、金融效率、政府主导性、市场中介组织发展情况等指标，但是地方政府信用评级中则未关注上述指标。

三　地方政府信用评级可与地区 金融生态环境评价有机结合

地方政府是地区金融生态环境的参与主体之一，地区金融生态环境是其生存和发展的外部环境，对地方政府信用水平有重大影响。首先，地区金融生态环境的好坏，不仅影响地方政府是否会超过其自身偿付能力超额举债，而且对地方政府未来债务偿还造成不利影响。其次，地区金融生态环境还会影响各地区政府的融资可获得性、融资成本，良好的金融生态环境有利于地方政府便捷地获得融资资金，进而顺利完成债务周转的资金需要，同时，即使地方政府债务出现阶段性困难，良好的区域金融生态环境也有利于地方政府依赖外部融资渡过难关。再次，良好的金融生态环境有

利于地方企业便利融资，有利于地区经济长期持续健康发展，促进地方财政收入持续增长，进而降低地方政府信用风险水平。最后，处于良好地区金融生态环境地区的地方政府一般有较强的偿债责任意识，偿债意愿一般也会优于同等条件的其他地方政府。

从评价逻辑和评级指标体系来看，地区金融生态评价结果和地方政府信用评级结果之间存在着正相关关系。两者之间存在着很多相同的评价指标，比如地区经济基础设施（单位平方公里高速公路里程、城市化率等）、经济发展水平（人均 GDP、城镇居民支配收入等）、经济结构（三次产业结构占比）、财政自给率（地区财政平衡程度）、财政收入结构、地方政府透明度、地方政府政策一致性、政府诚信度等。一般而言，在金融生态环境好的地区，良好的金融生态环境能够吸引各类资金流入该地区，降低融资成本，提高地区经济竞争力；同时地方政府对经济的干预程度较低，财政平衡程度较好，政府诚信度较高，地方政府偿债能力和偿债意愿较强；反之，金融生态环境恶劣的地区，政府经济财政实力弱，政府对经济干预程度较高，其地方政府信用水平较低。

基于地区金融生态环境与地方政府信用评级之间的关系，我们认为，可以将地方政府评级和地区金融生态环境评价两项工作进行有机结合。（1）在地方政府评级中应重视地区金融生态环境因素，在中国地方政府信用评级分析框架中可将地区金融生态环境作为一个外部调整因素来分析。（2）由于地区金融生态环境和地方政府信用评级存在很多共同的评价指标，地方政府评级相关指标结果可以使用地区金融生态评价相关评价指标结果，通过开展年度中国地区金融生态环境评价，不仅获取年度中国地区金融生态环境评价结果，也可得出中国地方政府评级相关指标值或评价结果，为开展中国地方政府评级奠定重要基础。

（执笔：霍志辉　张鑫　才进）

参考文献

[1] 李扬、张涛：《中国地区金融生态环境评价（2008～2009）》，中国金融出版社，

2009。

［2］刘煜辉、陈晓升：《中国地区金融生态环境评价（2009～2010）》，社会科学文献出版社，2011。

［3］穆迪：《穆迪美国以外区域和地方政府评级方法》（Moody – Rating Methodology Regional and Local Governments），2013。

［4］标普：《国际地方政府评级方法》（International Local and Regional Governments Rating Methodology），2010。

［5］惠誉：《国际地方政府评级标准（美国以外）》（International Local and Regional Governments Rating Criteria Outside US），2012。

［6］潘功胜：《金融生态建设与经济金融发展》，《中国金融》2013年第13期。

［7］周学东：《区域金融生态环境建设探索》，《中国金融》2013年第13期。

［8］刘玉海：《唐山曹妃甸工业区烂尾巨额债务每日利息超千万》，《21世纪经济报道》2013年5月26日。

中国地方政府主体信用评级方法

中国地方政府是在中国行政体制、法律环境下产生的一类特殊受评主体，因此，本信用评级方法仅适用于中国地方政府。同时，本评级方法旨在说明对地方政府评级时，级别确定和报告编写需要重点考察和说明的评级要素，对于一些公共评级因素采取了简化处理，甚至没有提及，但并不影响中债资信在地方政府评级时对这些要素的应用。另外，对于一些特殊的地方政府，可能需要依据受评对象的特性采取有针对性的分析，本方法所提及的评级要素可能并非完全适用。

一　地方政府界定及适用范围

地方政府是指一个在国家的部分区域内行使行政权力且不拥有主权的行政机关，主要行使管理国家和地方社会公共事务的职责和功能，具有高度的公共属性。国家行政管理体制不同，使得地方政府的界定和范围不同。在联邦制国家，邦通常拥有一定的主权，一般不视作地方政府，比如美国的地方政府是指州以下的政府机构。在单一制国家，中央政府以下的各级政府机构基本可以视作地方政府，如我国的地方政府（地方人民政府）指相对于中央政府（国务院）而言的各级政府。本评级方法仅适用于中国大陆地区地方政府，不适用于香港特别行政区、澳门特别行政区及台湾地区。

考虑到我国现行行政区划情况和地方政府资信评估的实际要求，本评级方法所指的地方政府范围（按照行政级别进行划分）为：

一级（省级）地方政府：包括 22 个省、5 个自治区和 4 个直辖市。

二级（副省级和地级）地方政府：①计划单列市[①]；②副省级城市；

[①]　计划单列市享有省一级的经济管理权限，而不是省一级行政级别，为副省级行政级别。目前我国有 5 个计划单列市，分别深圳、宁波、青岛、大连、厦门。

③省会城市；④地级市；⑤自治州、盟；⑥直辖市下辖区县。

三级（县级）地方政府：①县（自治县）、县级市、旗（自治旗）；②副省级省会城市、计划单列市、省会城市和地级市的下辖区。

四级（镇级）地方政府：乡、镇、自治乡等。

二　中国地方政府财政、债务特征和发展趋势

1. 地方政府财政、债务特征

（1）我国实行单一制行政体制，在政治上实行中央集权制，在经济和财政上进行分权。

从国家行政体制形式上来看，我国是单一制国家，是由不享有独立主权的省、自治区、直辖市和特别行政区组成的统一主权实体。依据《宪法》，地方政府的权力来自同一级的人民代表大会，但《宪法》同时规定，政府在行政上要接受中央政府（国务院）的统一领导。因此，地方政府在政治上不具有独立性，是中央政府派出机构。在经济层面和财政层面，中央对地方政府进行经济分权。中央政府赋予地方政府较充分的经济发展自主权，在一定程度上使得地方政府拥有可支配财政收入并负担相应财政支出的责任。这种特殊的体制下，地方政府出现债务危机时，中央政府对地方政府债务负有道义责任或对其进行救助。但目前来看，我国法律与实践均未明确上级政府对下级政府债务承担连带责任；中央政府对地方政府债务"兜底"，容易引发"道德风险"。

（2）政府间事权与财权存在一定程度的不匹配，经济欠发达和行政级别较低的地方政府财政相对紧张。

在财政体制上，我国实行分税制和转移支付制度。我国自1994年开始进行分税制改革，首先由中央政府和省级政府先确立财权和事权分配规则，然后由省级政府与下级政府确认财权、事权划分，依此类推。分税制改革过程中财权、事权分配出现了两极分化的趋势，中央政府集中了比例较大的财政收入，但事权规模相对适中，而地方政府要承担较多的地方经济管理和公共服务职能，但财权相对较小。随着改革过程中财权的不断向上集中和事权的层层下放，当前我国地方政府事权与财权形成了不对称的局面，经济欠发达和行政级别较低的地方政府，财政资金缺口较大。

（3）目前我国地方政府财力对土地出让收入依赖程度很高，长期看，"土地财政"模式难以持续。

从20世纪80年代我国土地出让制度改革以来，土地出让收入逐渐成为地方政府收入的一部分。尤其是2002年以来，我国城镇化快速发展，土地价格快速上涨，土地出让收入成为地方政府财政收入的重要部分。2007年以来，土地出让收入由预算外收入纳入政府性基金预算内进行管理，2009~2012年全国地方政府性基金收入占地方政府综合财力（一般预算收入、上级转移支付收入和政府性基金收入之和）比重分别为23.06%、33.52%、30.91%和24.32%，东部个别省份最高值达到55%。整体上，地方政府财力对土地出让收入依赖程度很高（又叫"土地财政"）。长期看，地方政府可用于出让的建设用地越来越少，东部一些省份建设用地规模稀缺程度更为突出，这种"土地财政"模式难以持续。

（4）2008年以来，中国地方政府性债务规模快速上升，主要以融资平台债务为主。

近年来，受《预算法》等法律法规的约束，地方政府直接举债受限，地方政府通过搭建融资平台举债融资，尤其在2008年和2009年国家实施4万亿元刺激计划和宽松的货币政策，使得地方政府融资平台债务规模快速增长。根据2011年7月国家审计署公布的数据，截至2010年底，全国地方政府性债务余额107174.91亿元。2008年和2009年债务余额分别比上年增长23.48%和61.92%。

2010年底地方政府性债务余额中，融资平台公司举借额为49710.68亿元，占比为46.38%，地方政府融资平台的债务占比最高。从地方政府债务的行政层级看，主要集中在市级政府。截至2010年底，全国省级、市级和县级政府性债务余额分别为32111.94亿元、46632.06亿元和28430.91亿元，分别占29.96%、43.51%和26.53%。

（5）地方政府债务透明度较低，债务管理制度尚未完全建立，难以进行有效的债务监管。

我国地方政府债务规模不够透明，而且债务的统计口径不统一，使得我们很难得到各级地方政府的债务总额数据来评价地方政府债务风险。造成这种局面的原因，一是大量的债务融资分散于政府下属职能部门及企事业单位，统计难度较大；二是在债务认定上各地政府的标准不同，缺乏规范的统计口径；三是地方政府债务问题具有较高的敏感性，各级地方政府主动披露本级政府债务的意愿较低。同时，地方政府债务管理制度和意识较为薄弱，大部分地方政府缺乏有效的债务管理，没有将债务的还本付息纳入年度预算，地方政府债务风险管理和控制难度大。

2. 地方政府财政、债务发展趋势

（1）未来政府将逐步转变职能，减少行政审批，建设服务型政府。

2013年十二届全国人民代表大会通过了《国务院机构改革和职能转变方案》，实施大部制改革，精简机构，转变政府职能。转变政府职能主要体现在理顺政府与市场、社会的关系，市场机制能够调节的，减少行政审批；社会组织能够管理好的事项，下放给社会组织进行管理，减少微观事务管理，更好地发挥市场和社会作用。

（2）未来将压缩行政层级，财政体制也由四级地方财政体制向三级地方财政过渡。

未来我国的行政体制改革除了实施大部制改革外，还将压缩行政层级，建立并完善"省直管县"的行政层级体制。理顺中央政府和地方政府之间财权和事权，赋予地方政府更大的经济和财政自主权。根据财政部2009年发布的《关于推进省直接管理县财政改革的意见》和2006年发布的《关于进一步推进乡财县管工作的通知》两项通知的要求，我国地方财政体制正逐渐从四级财政体制向三级财政体制架构转变。前者明确了在2012年底前力争除民族自治地区以外的省份实现"省直管县"的总体目标；后者要求逐步推动乡镇政府财权上交，将乡级财政单位变为县级政府的派出机构。在政府级次优化后，我国的地方政府级次将由现有的省、市、县、乡/镇四级精简为省、市/县、乡/镇三级，相应形成省与市/县、市/县与乡/镇三级地方财政架构。

（3）地方政府财政收入将结束高速增长，进入平稳增长期，教育、卫生、社保等民生支出需求较大，财政收支矛盾较为突出。

未来宏观经济增速进入平稳增长期，加上结构性减税措施的实施，预计未来我国财政收入将结束20%以上的高增长时期，未来保持在10%左右的平稳增速。近期看，地方政府收入中土地出让收入仍将保持很大规模，"土地财政"仍将继续维持。就财政支出看，教育、医疗卫生、社会保障、农业水利等保障和改善民生支出需求较大，财政支出压力较大，财政收支矛盾较为突出。

（4）地方政府融资需求仍很大，融资渠道将更加多元化和透明。

目前，我国仍处于城镇化深化的阶段，地方政府基础设施融资需求很大，预计每年投资额保持在 4 万亿~5 万亿元，地方政府财政收入无法满足基础设施的投资需求，预计未来地方政府仍将保持很大的债务规模。

受《预算法》的限制，目前地方政府主要通过设立融资平台公司进行市场融资。针对地方政府投融资平台法人治理结构不完善、责任主体不清晰、债务规模膨胀的现状，国务院在 2010 年发布了《关于加强地方政府融资平台公司管理有关问题的通知》，同时后期国家发改委、中国人民银行、财政部和银监会等监管部门也出台了一系列配套办法，强化了对地方政府融资平台公司的管理工作，制止地方政府进行违规担保承诺，强化地方政府隐性债务管理。同时，2009 年中央政府探索地方政府债券，由最初的代理发行地方政府债券，逐步探索部分省市地方政府自行发行债券，发行规模由 2009 年的 2000 亿元增加到 2012 年的 3500 亿元。长期看，中央政府有可能考虑在完善现行的地方政府债券基础上，逐步探索推出真正意义的地方政府债券（即由地方政府直接发行债券），使得地方政府融资更加多元化和透明。

三　评级思路

中债资信对地方政府主体信用风险的评价主要是评估地方政府的偿债能力和偿债意愿。正如前文所述，地方政府偿还债务的能力不但和地方政府自身信用水平有关，还受上级政府对其支持能力和意愿的影响，因此中债资信首先分析影响地方政府自身信用风险的评级要素，评价和确定地方政府个体信用风险；然后，再考虑外部支持评级要素，即上级政府对下级政府的支持情况，来调整地方政府个体信用风险的评价结果，进而确定地方政府的主体信用等级。

地方政府个体信用风险方面，地区经济实力是创造和产生税收的重要基础，对地方政府现在和未来的偿债资金有着重要影响，而财政实力是地方政府债务偿还能力的最直接体现，同时，地方政府治理水平不仅会影响到地方政府长期的偿债能力还会影响地方政府的偿债意愿，地区金融生态环境不仅会影响到地区政府的融资可获得性、融资成本等，还对地区经济、地方财政收入健康持续增长、地方政府偿债意识等产生重要影响，因此中债资信从上述四个方面考察地方政府的个体信用风险。地区经济实力主要受地方经济发展基础条件、经济发展水平和未来增长前景三方面因素共同影响，因此中债资信将地区经济实力拆分成上述三个方面加以度量；财政实力方面，地区财政收支状况是决定地方政府偿还债务资金的直接来源，其和政府债务水平共同决定地方政府依靠自身财力来偿还债务的水平，而地方政府流动性主要对地方政府周转和化解集中兑付风险有重要影响，因此中债资信从上述三个方面来对地方政府财政实力加以量度；地方政府治理水平方面，首先地方政府信息透明度和债务管理情况反映了地方政府对其债务管理的基本治理能力，而地方发展战略会对地方政府的债务水平和长期经济财政实力有着重要影响，而政府诚信度则会影响地方政府的偿债意愿，因此中债资信从上述四个方面来考察地方政府治理水平。地区金融生态环境方面，地方政府是地区金融生态环境的参与主体之一，地区金融生态环境是其生存和发展的外部环境，对地方政府个体信用风险有重要影响，但是地区金融生态环境更侧重于宏观层面，其有一套独立的评价体系，且地区金融生态环境评价和地方政府信用评级有些指标是共同的，只是在各自评价体系中重要程度不一样，因此，中债资信将地区金融生态环境作为评价地方政府个体信用风险的一个外部调整因素。

外部政府支持因素方面，支持方信用水平是决定地方政府获得支持大小的基础，同时地方政府在政治、经济方面的重要性以及支持方在决定是否支持时，道德风险方面的考虑是决定支持方支持意愿的重要考量因素，而历史支持情况也可以在一定程度上说明支持方支持意愿的强弱，因此中债资信从支持方政府信用水平、政治重要性、经济重要性、道德风险和历史支持记录五个方面来综合考量外部政府支持的强弱和影响。

中债资信在充分考虑地方政府特点和发展趋势的基础上，归纳出地方政府自身信用风险的评级要素，以及外部支持评级要素，以此确立地方政府的评级方法。在评级方法的指导下，中债资信依据重点评级要素构建地方政府的评价模型。在评级实践过程中，中债资信分析师在分析地方政府在各个评级要素表现的基础上，通过地方政府评级模型获得地方政府自身信用风险的初步信用等级，根据外部支持因素对地方政府自身信用等级的影响，初步确定地方政府主体信用等级，再由公司信用评审委员会评审会议最终讨论确定地方政府主体的信用等级。中债资信对地方政府整体评级思路如图1所示。

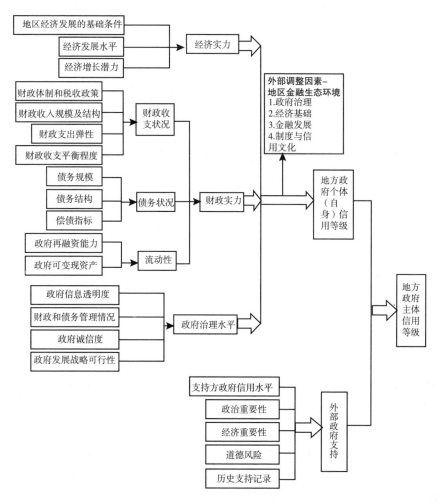

图 1 中国地方政府评级思路

四 地方政府评级要素

1. 地方政府自身评级要素

（1）地区经济实力。

①经济发展的基础条件。

地区经济发展的基础条件是决定地区经济增长速度、经济结构和经济增长潜力等的基础性因素，同时也间接影响地方政府的财政实力。影响地区经济发展的基础条件主要包括区域地理位置、资源禀赋、基础设施等。

地理位置

区域地理位置主要是指区域的自然地理位置和经济地理位置，区域地理位置是决定区域发展状况主要因素，不同的地理位置形成了不同的区域规划特征。

一般而言，地理位置优越的地区，比如位于长江三角洲，毗邻上海、南京、杭州等中心城市，可以借助经济中心的辐射作用，使得地区经济快速增长；反之，地区地理位置偏僻，则经济相对落后。

中债资信在考察这一因素时主要关注：所在地理位置、距经济中心城市的距离、经济中心城市对地区的辐射和带动作用等。

资源禀赋

区域资源禀赋包括矿产资源、水资源、土地、旅游等自然资源以及劳动力、科教等人文资源，是区域经济发展的重要基础性要素，影响着地区经济结构和经济增长潜力等。

一般而言，自然资源丰富的地区，不存在资源发展瓶颈问题，经济发展基础条件较好。但是自然资源对经济发展的影响，需要结合具体地区经济结构，综合判断自然资源对地区经济的作用。此外，资源的可持续性也是影响地区经济发展的重要因素，因此还需要关注地区自然资源的可持续性。

人文资源情况包括人口数量、地区拥有的教育资源、科研机构、劳动力素质等软实力，这些对地区经济的影响越来越大。我们重点关注地区教育、科研机构数量、劳动力素质以及近年来地区科技成果等人文资源。此外，人口结构也对地区经济和财政产生重要影响，人口老龄化程度高、失业率高的区域，教育、医疗等需要政府投入的公共服务需求较高，导致政府民生支出较大。我们重点关注地区的人口结构是否存在老龄化问题。

中债资信在考察这一因素时主要关注：区域内自然资源赋存情况，如可供开采的煤炭、石油、天然气和铁矿石储量；地区人口总量、人口结构、老龄化情况，地区拥有大学和科研机构情况、劳动力受教育程度（大、中专人数占地区人口的比重），政府每年的 R&D 投入金额及占 GDP 的比重、教育支出金额及占地区财政支出的比重等。

基础设施水平

基础设施是保证区域社会经济活动正常进行的公共服务系统，是区域经济发展的重要物质条件。基础设施完备性好，人均占有量高，则区域经济发展潜力较好；反之，地区基础设施落后，则不利于地区经济发展。

影响地区经济发展的基础设施主要包括铁路、高速公路、港口、机场、通信、电力等，我们要重点分析和关注某个地区的上述基础设施是否完善，是否是制约其发展的瓶颈问题。

中债资信在考察这一因素时主要关注：地方政府管辖区域内公路和铁路总里程、航空和港口吞吐量、电力总装机容量、城市化率等。

②经济发展水平。

地区经济发展水平是创造和产生税收收入的基础，直接影响着地方政府财政收入规模和财政收入稳定性。我们主要通过经济规模和经济结构来分析和衡量目前地区经济发展水平。

经济规模

一般来说，经济规模大、人均收入水平高的区域税基也相对较大，财政收入相对较高；经济增长速度快的区域，其财政收入增长速度相对较快；反之，地区经济规模小和增速慢，则地区财政收入规模也较小，增速也较慢。对于地区经济规模，我们既要关注衡量地区经济绝对规模的 GDP 指标，又要关注地区经济相对规模的人均 GDP 指标，将上述指标与全国相同类型的地区进行比较。

有些地区 GDP 总量和财政收入规模很大，但是居民的收入却很低，不利于拉动地区消费的增长。因此，除了关注地区生产总值外，我们还要关注地区的居民财富情况，及与全国其他同类型地区的比较，居民收入对地区消费的拉动作用等。

中债资信在考察这一因素时主要关注：地区 GDP、人均 GDP、城镇企业平均工资水平、城镇居民人均可支配收入和农村居民人均纯收入以及上述指标在全国或同类型区域的排名。

产业结构

合理的经济结构是区域经济和政府财政收入保持稳定增长的重要条件，是影响地区经济和财政收入稳定性的重要因素。

区域经济多样化和产业结构合理，则地区经济增长相对稳定。第一，如果地区对某个产业的依存程度较高，则区域经济的发展容易受该产业波动的影响。我们重点关注区域单一产业对地区经济发展的影响。第二，不同的产业结构产生税收的能力也不同。一般而言，第一产业占比高，则地区经济创造税收收入能力弱，主要是我国对农业等实行减免税收的政策；第二、第三产业占比高，则地区经济创造税收的能力强，主要是第二、第三产业对增值税、企业所得税、营业税等主要税种的贡献大。我们需要重点关注地区三次产业结构的占比及近年来的变化趋势。

此外，投资、消费和出口是拉动经济增长的"三驾马车"，不同的因素对经济增长拉动作用不同。完全依靠投资拉动的增长模式，可能带来技术进步慢、投入产出低、能源消耗高、环境污染重等问题，使得经济增长不可持续。主要依靠出口拉动的经济结构对外依存度较高，地区经济往往易受外部经济波动影响。我们需要重点关注区域出口、投资和消费三个因素对地区经济的拉动作用及近年来的变化趋势。

中债资信在考察这一因素时主要关注：全社会固定资产投资额、进出口总额、社会消费品零售总额、三次产业增加值占比、三次产业结构变化情况、对单一或几个波动大产业的依赖性（某一产业或几个产业增加值占比等）、区域贸易对外依存度、能源对外依存度等。

③经济增长潜力。

地区经济增长潜力直接影响着地区未来经济实力的提升或下降，从而影响着地方政府财政收入的未来增长速度。

地区经济增长潜力不仅与地区经济增长内在拉动因素（包括经济发展基础条件、经济结构、技术创新等）有关，还与地区的经济发展阶段、地方政府治理水平、国家产业支持政策和区域规划等因素有关。经济增长内在拉动因素和政府治理分析见"经济发展基础条件""经济结构"和"政府治理水平"部分。此部分主要关注经济发展阶段、国家产业支持政策和区域规划等因素。不同经济发展阶段地区经济发展潜力不同。一般而言，一个处于经济发展成熟期的地区，其未来经济增长空间不大；一个处于起步阶段的地区，其经济未来增长空间较大。我们主要关注近5年地区经济GDP增速。国家产业政策或规划对地区经济未来发展潜力影响很大，是地区经济未来增长的重要外部因素。一般来说，当地区产业结构或者重点发展的产业受国家政策鼓励时，地区经济的发展前景较好。国家区域规划和支持政策主要体现国家给予某个地区的一些特殊优惠政策，这些优惠政策有利于地区的招商引资、投资环境优化、吸引优秀的人才和大量的资本进入，从而带动地区经济的快速发展。我们主要关注近期或未来是否会出台重大支持地区经济发展的规划或政策。

中债资信在考察这一因素时主要关注：近 5 年 GDP 增速及未来经济增速预测情况、地区经济所处发展阶段、国家产业政策和区域规划对地区产业发展的影响、国家给予地区的特殊或优惠政策等。

（2）地方政府财政实力。

①地方政府财政收支状况。

财政体制和税收政策

财政体制主要包括分税制、财政转移支付制度和地方政府财权、事权分配制度。财政体制和税收政策影响着地方政府财政收入和支出的规模、政府资金缺口等。

不同的税收分成制度会导致留在地方政府税收收入占比不同，进而影响地方政府财政收入的规模。目前中国分税制中，各个省、自治区、直辖市与其下辖的地方政府之间的税收分成由省、自治区、直辖市自行决定，所以不同的省、自治区、直辖市与其下辖地方政府之间的税收分成比例存在着较大的差异，我们主要关注各个省、自治区、直辖市与其下辖政府之间税收分成比例差异，以及对地方政府财政收入的影响。

国家税收政策调整或变化可对地方政府财政收入产生重要影响。国家税收政策调整，提高或降低税率，取消或者新增税收减免等政策会直接影响地方政府税收规模。一般情况下，扩大税基、提高税率能够增加政府财政收入，但若税基调整过大、税率过高则容易抑制经济增长，从而导致经济增长趋缓和财政收入下降。我们重点关注近期国家的税收政策变化情况及对地方政府税收收入的影响。

财政体制变化也会对地方政府财政收入产生影响。第一，国家正在实施"省直管县"财政体制改革，使得财政级次缩小，对于地级市财政收入影响较大。我们主要关注各地区"省直管县"政策的实施情况以及对所属地级市财政收入的影响。第二，我国的财政转移支付制度不够透明，各地区之间获得的转移支付金额差异很大。我们重点关注影响中央向地方进行转移支付的因素，并评价未来获得转移支付的持续性和稳定性。第三，地方政府财权和事权不匹配，地方政府将通过举债融资来满足相应的财政资金缺口，有可能导致地方政府债务规模膨胀，我们重点关注地方政府财权和事权匹配程度、财政资金缺口情况及对其债务融资的影响。

中债资信在考察这一因素时主要关注：地方政府的分税体制、税收政策的变化和"省直管县"政策，各种税收在中央和地方各级政府之间的分成比例及转移支付制度等，上、下级政府之间财权和事权的划分及匹配程度。

财政收入规模及结构

财政收入是决定地方政府偿债资金的最直接因素。财政收入规模可以分为绝对规模和相对规模，一个地方政府财政收入绝对和相对规模越大，则其财政实力就越强。我们既要关注地方政府财政收入的绝对规模，又要关注相对规模，将绝对规模和相对规模指标与全国相同行政级别的其他地区进行比较，衡量其所处的位置。

根据我国预算法，"国家实行一级政府一级预算"，地方政府财政收入统计口径分为全地区汇总数和本级政府财政收入，由于上级政府对下级政府财政资金具有一定的调配权或调节权，比如省级政府对下级政府转移支付收入和税收收入分成比例等具有调配权，因此，在评价政府财政收入规模时，不仅要关注本级政府财政收入情况，还要分析其所辖区域财政收入汇总数，即全地区财政收入情况。

财政收入结构合理，且财政收入的来源多样化，则地方政府的财政收入增长较为稳定。反之，若财政收入结构单一，则其增长将会呈现较大波动。

不同的财政收入来源，其稳定性不同。第一，与土地出让收入、预算外收入等相比，税收收入的稳定性较好，所以税收收入占比越高，则财政收入的稳定性越强，我们重点关注税收收入占比。第二，税源集中程度不同，则其财政收入稳定性也不同。税收的集中程度越高，则税收收入对某个产业的依赖程度越高，越容易受某个产业波动的影响。我们重点关注地区税源集中程度，以及税收收入贡献大的各个产业发展情况。第三，政府性基金收入占比对地方政府财政收入稳定性影响较大。政府性基金主要来自土地出让收入，土地出让收入同区域房地产市场有关，波动较大，且土地资源具有稀缺性，长期看不具有持续性，所以政府性基金收入占比越高，则地方政府财政收入的稳定性越差。我们重点关注政府性基金收入占比及对财政收入稳定性的影响。第四，转移支付中各种资金的使用方式也存在着不同，有的资金地方政府可以自由支配，有的资金有固定用途，地方政府不能自由支配，比如专项转移支付资金，需要分析转移支付收入中专项转移支付收入的占比。

中债资信在考察这一因素时主要关注：全地区或本级政府综合财力①、本级政府综合财力、政府可用财力②、地方财政收入（或一般预算收入）③、人均政府可用财力、人均地方财政收入，以及上述指标的全国和区域内排名，地方财政收入/GDP、近5年地方财政收入增长率及未来增长潜力、税收收入行业集中度、税收收入/一般预算收入、政府性基金收入/政府可用财力、转移支付中各项资金自由支配情况（专项转移支付/转移支付总额）等。

财政支出弹性

财政支出的结构主要分析财政支出的弹性，即财政支出中刚性支出占比越低，地方政府的财政支出可调节性越大，表明政府财政收入中可灵活支配的资源越多，对偿债的保障能力越高。

依据财政支出的经济分类，地方政府财政支出分为经常性支出④与资本性支出⑤。一般而言，经常性支出是政府机关保持运作的必需开支，具有较强的刚性特征，如果地方政府的经常性支出比例较高，财政支出弹性相对较小，不利于保障政府债务偿还。资本性支出弹性相对较大，如果地方政府的资本性支出比例较高，财政支出的可调节空间较大，有利于释放可支配财政资源来保障债务偿还。我们主要关注地方政府财政支出结构及刚性支出占比。

中债资信在考察这一因素时主要关注：经常性支出/财政总支出，资本性支出/财政总支出。如果无法获得资本性支出数据，则通过搜集当地政府财政供养人口数、平均工资或人均活动经费标准、债务还本和付息支出、民生保障支出等数据来测算经常性支出，然后计算上述指标。

---

① 地方政府综合财力＝一般预算总收入（一般预算本年收入＋上级转移支付收入）＋政府性基金收入（政府性基金本年收入＋上级转移支付收入）＋国有资本经营预算总收入（国有资本经营预算本年收入＋上级转移支付收入）＋预算外财政专户总收入（预算外财政专户本年收入＋上级转移支付收入）。

② 政府可用财力＝地方政府综合财力－专项转移支付收入。

③ 地方财政收入又叫地方预算内财政收入，即地方一般预算收入或公共财政预算收入。

④ 经常性支出指为保障政府各个部门机关和事业单位的日常运转所需支出以及社会保障等方面的支出，具体包括工资福利支出、商品和服务支出、对企事业单位的补贴、对个人和家庭的补助、债务还本及利息支出等。

⑤ 资本性支出是地方政府推动区域经济增长的主要手段，具体包括基本建设支出、其他资本性支出、转移性支出、赠予、贷款转贷以及产权参股等。

财政收支平衡程度

财政收支平衡程度，反映了政府收支矛盾或财政支出压力。一般而言，政府财政收支平衡程度越高，则其财政收支矛盾越小，财政支出压力也越小。

由于目前地方政府债务收入和支出并未纳入财政预算管理，现行的财政预算收支报表无法真实反映地方政府财政收支缺口。同时，由于国家实施分税制，中央集中了部分地方政府的税收，导致地方政府自身财政收入一般小于其财政支出，这部分缺口由上级转移收入来平衡。因此地方政府财政收支平衡程度要素重点关注其财政收入对上级转移支付的依赖性。一般而言，地方政府自身财政收入和财政支出缺口越小，或者转移支付收入占地方财政收入的比重越低，说明地方政府财政收入对上级政府转移支付的依赖程度越弱，即地方政府财政收支的自我平衡越好。

中债资信在考察这一因素时主要关注：财政收入/财政支出，上级转移收入/地方财政收入等因素。

②政府债务状况。

债务规模

地方政府现有债务规模大小决定着其未来需偿还债务的规模。在尚无法律对地方政府债务边际做出明确认定的背景下，绝大部分地方政府无法形成规范的债务总量统计口径和结果。鉴于我国地方政府债务的特殊性，我们把地方政府的债务分为直接债务①、担保债务②、隐性债务③等，把纳入地方政府债务余额表统计的直接债务和担保债务称为"表内债务"，把担保债务和隐性债务作为地方政府的或有负债。由于或有负债的不确定性大，因此地方政府的或有负债规模越大，地方政府债务风险越高。

政府担保债务具有一定的弹性，被担保部门自身的偿债能力的强弱决定了地方政府担保债务可能面临的实际偿付额，即被担保部门自身偿债能

---

① 直接债务指地方政府及其下属部门和机构、经费补助事业单位、公用事业单位、政府融资平台和其他相关单位举借，确定由地方政府财政资金偿还的，政府负有直接偿债责任的债务。

② 担保债务指因地方政府及其下属机构提供直接或间接担保，当债务人无法偿还债务时，政府负有连带偿债责任的债务。

③ 隐性债务是指政府融资平台、经费补助事业单位和公用事业单位为公益性项目举借，由非财政资金偿还，且地方政府未提供担保的债务。政府在法律上对该类债务不承担偿债责任，但当债务人出现债务危机时，政府可能需要承担兜底责任。

力越强，地方政府的担保债务偿付风险越小。我们主要关注担保债务的担保方式，被担保单位的债务规模及资产负债情况；分析被担保单位自身偿还到期政府担保债务和其他相关债务的能力；分析被担保单位债务逾期情况和债务滚动情况，然后综合分析其对地方政府债务风险的影响。

此外，地方政府未来债务规模的变化对地方政府偿债能力的影响比较大，因此，我们不仅要关注地方政府的存量债务规模，还要关注未来地方政府债务规模变化。

中债资信在考察这一因素时主要关注：地方政府性债务总额（全地区和本级政府）、地方政府直接债务、担保债务的规模及未来债务规模变化，对于担保债务还要关注高校、医院等部门的事业收入和经营收入，地方政府融资平台公司经营性资产和现金流等对其债务的保障能力，通过对或有负债规模的估计和判断，分析地方政府对担保债务的代偿风险。

债务结构

债务的期限结构决定了地方政府在特定时间内的偿债压力。若地方政府对债务偿还时间安排不合理，债务到期时间较短，以短期债务滚动替代长期债务，或者存在较为显著的债务到期波峰，则容易导致政府流动性覆盖不足从而出现流动性风险。我们重点关注地方政府债务的期限结构，以判断是否存在集中兑付的风险。

中债资信在考察这一因素时主要关注：债务的期限结构、一年到期债务占比、担保债务/表内债务；地方政府过去5年的债务滚动率（当年举借新债/当年债务还本付息总额）等。

偿债指标

地方政府可用财力与债务之间的相关比率指标能够反映政府债务负担和财政资金对债务的保障情况。我们主要关注地方政府负债率（债务余额/GDP）、地方政府债务率（债务余额/地方政府可用财力）、偿债率（当年债务还本付息/地方政府可用财力）、新增债务率（新增债务额/地方政府可用财力增量）、可偿债资金债务保障倍数〔债务余额/（地方政府可用财力 - 刚性支出或经常性支出）〕等指标。

第一，政府债务负担方面。一般而言，地方政府负债率和债务率越高，则其面临的债务风险越高。第二，政府债务偿还和保障指标方面。一般而言，偿债率越高表明偿债压力越大，风险也越高；债务余额/（地方政府可用财力 - 刚性支出或经常性支出）倍数越高，则说明地方政府偿债风险越大。但是地方政府偿债指标不等于地方政府的偿债能力，从实际评级经验来看，经济、财政和治理实力很强地方政府，其债务负担往往比经济、财政实力弱的地方政府高。这是因为经济、财政实力强的地方政府有更好的外部流动性、加之财政收入稳定增长、支出结构弹性大以及政府治理水平高，使得其可以维持更高的债务水平。因此，单独关注地方政府债务指标意义不大，需要结合地方政府经济、财政实力和治理水平等因素综合分析。

中债资信在考察这一因素时主要关注：地方政府负债率、债务率、偿债率、新增债务率、可偿债资金债务倍数，以及这些指标近3年的变化情况。

③流动性。

流动性体现地方政府面临的债务偿还和周转压力。一般而言，政府通过直接或间接途径，如发行新债券、获得金融机构贷款等融资的渠道越畅通，政府货币资金和可变现资产越充裕，则地方政府债务周转压力或面临的流动性风险越小。

政府再融资能力

虽然目前中国法律上不允许地方政府直接举债，地方政府的再融资能力受到限制。但是地方政府具有很强的资源调度能力，比如通过融资平台代其举借债务，也可以影响银行为其债务进行周转。我们重点关注地方政府获得的财政部代发地方政府债券额度或获批的自行发债规模，或者未来在允许地方政府直接发行债券的情况下，中央政府审批地方政府发行额度内已经发行额度和尚未发行额度，以及所属融资平台进行债务周转的能力等。

中债资信在考察这一因素时主要关注：中央政府审批的地方政府发债额度、地方政府已发行额度和尚未发行额度、地方政府融资平台进行债务周转的能力、政府再融资计划以及政府与主要金融机构的关系等。

政府可变现的资产

地方政府货币资金和可变现的资产规模是影响地方政府流动性的重要因素。根据相关法律、法规，目前地方政府拥有的国有股权、行政事业单位国有资产、土地资产、矿产资源和海域使用权等国有资产可以变现，可支持其流动性。目前，我国的国有资产核算制度，主要从流量的角度反映国有资产产生的收益、变现产生现金流或使用费收入等，这些国有资产的收益或收入是地方政府财政收入的一部分，已在地方政府财政收入评级要素中反映。从存量角度来看，在地方政府面临债务危机时，地方政府可以通过处置存量国有资产规模来偿还其到期债务，缓解其流动性风险，因此，评价地方政府流动性还要关注地方政府存量国有资产的价值情况。我们主要关注地方政府控股和参股的国有股权价值、存量的可出让土地面积及预估价值、海域使用权面积及预估价值等。

中债资信在考察这一因素时主要关注：地方政府的货币资金、拥有控股国有企业的净资产价值、参股企业的国有股权价值、存量可出让的土地价值等。

（3）政府治理水平。

地方政府治理水平不仅影响地区经济发展、财政收入、债务规模等，还反映了地方政府的偿债意愿，我们主要从地方政府经济、财政和债务信息透明程度，预算和债务制度完善程度及执行情况，政策连续性，政府发展战略或规划可行性等方面评价。

①政府经济、财政和债务信息透明程度。

地方政府经济、财政、债务等信息的透明度越高，则越有利于社会对其进行监督，有利于降低地方政府腐败现象和不合理支出。地方政府债务如果经当地审计机关审计，并及时向社会公布，有利于揭示地方政府的债务风险。

目前，我国各个地方政府经济信息披露相对较多，但有些地区披露不够及时；财政和债务信息的披露情况差异较大，整体披露较少，而且及时性很差。我们重点关注地方政府经济、财政和债务信息是否披露，是否经过审计机关审计，以及披露的充分性和及时性。

中债资信在考察这一因素时主要关注：统计年鉴，统计公报，地方政府当年财政预算报表、决算报表和债务报表等地方政府经济、财政和债务数据公布是否及时，公布内容是否充分和翔实。

②财政和债务管理情况。

地方政府财政预算、决算管理、债务管理制度较为完善，且各项制度执行情况良好，则有利于降低其财政风险。

对于地方政府财政管理制度，第一，我们重点关注地方政府是否建立相关财政管理制度，相关管理制度的执行情况，审计机关是否对地方财政收支进行审计并出具审计报告，审计报告中存在的财政问题是否及时采取改正措施等。第二，关注财政预决算报告的差异程度。地方政府财政预算和财政决算差异越小，说明地方政府对财政收入的预测能力和财政支出的控制能力越好，财政管理水平越高。第三，关注地方政府项目投资决策是否科学和合理，若地方政府不合理的投资或失控的投资将会影响政府的债务规模和偿债压力。第四，关注其他财政管理不规范情况。如果地方政府存在隐瞒、少列预算收入的情况，或者将预算内收入转为预算外收入等情况，存在越权办理退库、截留或者挪用应当上缴或下划的财政收入等不规范的行为，则说明地方政府财政管理水平较低。

债务管理方面主要看地方政府债务制度是否健全，是否得到具体执行等。若地方政府举债经过当地人大同意，并且编制地方政府债务预算报表，同时制定了相关债务管理办法、债务预警体系和设立偿债基金，对其投融资平台的债务进行有效的监管和控制，并按照相关规定执行债务管理和债务偿还，则有利于降低其债务风险。我们重点关注地方政府债务制度的完善程度及执行情况。

中债资信在考察这一因素时主要关注：地方政府财政预算和决算制度的完善程度及执行情况、财政预算接受审计部门的监督检查情况、同级人大对预算报告的批复及执行情况、《地方政府债务管理办法》的制定以及执行情况、是否建立债务预警体系、地方政府举债是否经过当地人大批准、是否设立偿债基金、偿债基金的规模以及偿债基金对债务本息的覆盖程度等。

③政府诚信度。

地方政府诚信程度是地方政府偿债意愿的直接体现。地方政府诚信度包括地方政府政策一致性和连续性、政府责任履行情况等。第一，朝令夕改的政府不利于当地招商引资，且将恶化当地的投资环境，对地区经济发展和财政收入产生负面影响。第二，政府责任履行情况，包括协议或合同、偿债责任的履行情况等，政府对其签订的相关协议、合同是否正常履约，政府历史上债务偿还情况，尤其是地方政府在换届过程中，下届政府对上届政府债务责任的履行情况。由于我国目前关于政府债务的法律、法规尚不健全，地方政府换届过程中债务责任的传递存在一定的风险。

中债资信在考察这一因素时主要关注：地方政府制定相关政策或制度前后的连续性和一致性、政府对其签订相关协议和合同的履行情况、政府性债务的历史偿还情况（尤其是下届政府对上届政府债务的实际偿还情况）等。

④地方政府发展战略可行性。

地方政府是否确立具有明确目的性、前瞻性、综合性和可行性的区域发展战略决定了区域经济能否实现长期稳定增长，同时也影响地方政府债务的变化趋势。

地方政府发展战略的可行性。地方政府发展战略的可行性越强，则越有利于地区经济快速发展和财政实力的增强。第一，重点关注地区发展规划是否和地区所拥有的资源状况和当地经济发展水平相适应。如工业型城市发展规划必须和当地的工业基础条件相适应等。第二，地方政府发展战略的执行情况，也是体现地方政府治理能力的重要方面。我们重点关注地方政府贯彻其发展战略的具体政策，以及这些政策对地区发展的促进效果，研究地方政府的措施的落实情况，以及实施措施所需资源的保障情况及其执行进度安排。

中债资信在考察这一因素时主要关注：地方政府制定的经济发展战略规划可行性，包括区域经济发展定位、区域内经济结构调整政策、基础设施建设规划等，发展战略中项目投资额、项目筹资方式、政府财政资金缺口等。

（4）地区金融生态环境。

地方政府是地区金融生态环境的参与主体之一，地区金融生态环境是其生存和发展的外部环境，对地方政府自身信用风险有重大影响。首先，地区金融生态环境不仅影响地方政府是否会超额举债，进而对地方政府未来债务偿还造成不利影响。其次，地区金融生态环境还会影响地方政府融资的可获得性、融资成本；一般情况下，良好的金融生态环境有利于地方政府便捷地获得融资资金，进而顺利实现债务资金周转。再次，良好的金融生态环境有利于地区企业便利融资，促进地区经济和财政收入的长期持续健康增长，进而提升地方政府信用风险水平。最后，金融生态环境良好的地区，其地方政府一般有较强的偿债责任意识，偿债意愿一般也会优于同等条件的其他地方政府。

地区金融生态环境有一套独立和完整的评价体系，具体而言，主要包括政府治理、地区经济基础、金融发展以及制度和信用文化等四个要素，这些要素有些与上述地区经济实力、政府治理水平、财政收支状况等要素有着部分共同的评价指标，但两者分析的侧重点有所不同，地区金融生态环境主要分析企业、地方政府和金融机构等要素，以及各个要素之间的关系对地区金融可持续发展的影响，侧重于宏观层面；而地方政府信用评价更侧重于分析地方政府债务偿还能力和意愿。基于地区金融生态环境的特殊性，中债资信不将地区金融生态环境作为地方政府自身信用风险评级的内部独立要素，而是将其作为外部调整因素加以考虑和度量。

2. 外部政府支持评级要素

当地方政府出现债务危机时，任何国家中央政府（无论是联邦制还是单一制国家），出于保护经济和维持社会稳定目的，都可能会对地方政府实施救助。因此，地方政府的信用风险不仅受其自身所面临的经济、财政状况、债务和治理等因素影响，还受外部政府支持因素的影响。我国单一制政体决定了地方各级政府不具备完全独立的法律地位，而是中央政府授权下的派出机构和执行部门，因此，地方政府的举债行为在本质上是中央政府通过负债形式履行其在地方公共服务职能的体现，因此，我国中央政府对地方政府债务的偿还承担责任或者负有道义责任。但目前来看，第一，我国法律与实践均未明确上级政府对下级政府债务承担连带责任；第二，中央政府若为地方政府债务"兜底"，容易引发"道德风险[①]"。即中央政府一旦给某个地方政府提供援助，该地方政府和其他地方政府都会形成未来出现类似的财政危机时中央政府仍会提供援助的预期，从而导致地方政府放松财政纪律，大肆举债，进而导致整个国家的债务风险失控。

政府支持分为一般性政府支持和特殊政府支持，一般性政府支持主要是中央政府或上级政府对地方政府的经常性的转移支付或补助，特殊政府支持是指上级政府在地方政府面临债务危机时，为避免其发生违约对其提供的特殊帮助。由于中国实施分税制和转移支付等财政制度，中央政府通过分税制收缴地方政府部分税收收入，然后通过税收返还或转移支付再分配给各个地方政府（为了均衡各个地区之间的财力，中央政府的转移支付一般会向西部或财力贫穷地区倾斜）。因此中央政府对地方政府的税收返还、转移支付等是一种经常性政府支持，可以纳入地方政府自身信用风险评价中进行分析。而对于地方政府面临财政或债务困境时，中央政府给予地方政府的救助行为等特殊支持作为外部政府支持评级要素进行分析。

---

① 道德风险是指从事经济活动的人在最大限度增进自身效用时做出不利于他人的行动，就中央政府和地方政府而言，中央政府是委托人，地方政府是受托人或代理人，由于中央政府和地方政府信息不对称，地方政府可能不顾自身实际能力过度举债，导致发生地方债务危机，最终由中央政府进行"兜底"，损害中央政府的利益。

（1）支持方政府信用实力。

地方政府获得外部支持大小，取决于支持方政府的信用实力。一般而言，支持方信用实力越强，则提供支持的能力就越强。支持方信用实力分析主要关注其信用等级高低以及可以动用的支持资源情况。

中债资信在考察这一因素时主要关注：支持方政府的信用等级以及可以动用的支持资源等。

（2）政府支持评价要素。

中央政府或上级政府对地方政府支持主要考虑因素包括：地方政府政治重要性、地方政府经济重要性、道德风险、历史支持记录。

①政治重要性。

对于我国地方政府而言，其核心目标是在维护地区政治社会稳定的前提下实现经济的可持续发展。长期来看，维护地区整体的稳定和发展与避免"道德风险"两者是一致的；但就短期而言，这两者有可能发生冲突。当两者发生冲突时，相较于"道德风险"而言，维护地区整体的稳定和发展更为重要。因此，上级政府在考虑对地方政府的救助时，政治重要性是首要因素。

首先，少数民族地区、边疆地区的政治重要意义比较显著，其政府违约的冲击和影响通常高于其他政府。其次，行政级别是衡量政治重要性的主要因素，一般而言，行政级别越高，政治重要性越高，比如省级政府违约的冲击和影响通常高于市级政府。

中债资信在考察这一因素时主要关注：地区是否属于少数民族地区、边疆地区，地区的行政级别，政府官员的政治影响力等。

②经济重要性。

地方政府出现债务危机时，如果政府无法正常运转，则会影响到地区经济的发展，进而影响到社会稳定。因此，经济重要性也是影响上级政府对下级政府进行支持的因素。

地区经济对外部经济联系大小是衡量经济重要性的因素。一般而言，区域性的经济中心、金融中心以及能够吸引大量的外部投资以及与其他地区具有较密切的生产联系的地区政府违约的经济影响通常高于其他地区。

此外，地方政府对经济发展的作用或影响大小也是衡量地方政府经济重要性的考虑因素。一般而言，地方政府对经济发展的作用或影响越大，其违约对当地经济的冲击越大。

中债资信在考察这一因素时主要关注：地方政府消费支出或财政支出占地区生产总值的比重，地区是否是域性的经济、金融中心，是否能够吸引大量的外部投资等。

③道德风险。

当地方政府出现债务危机时，上级政府实施救助可能会引起地方政府的"道德风险"（即地方政府通过过度举债享受债务短期收益而未来债务成本由中央政府承担），因此，作为一个理性的上级政府，不仅要考虑地方政府债务危机对政治、经济等影响或冲击的大小，还要考虑救助产生的"道德风险"的大小。一般而言，如果地方政府出现债务危机，上级政府实施救助产生的"道德风险"越大，则上级政府提供特殊支持的可能性越小。

我们主要关注政府举债与财政可持续性相协调情况，主要通过地方政府债务规模与其可用财力的匹配程度来衡量。如果地方政府当前的存量债务规模远超出其可用财力水平，表明地方政府存在不顾自身实际能力过度举债的情况。当这类地方政府出现债务危机时，如果上级政府仍然实施救助，该地方政府和其他地方政府都会形成未来出现类似的债务危机时上级政府仍会提供援助的预期。因此，若地方政府举债与其财政可持续性不协调，则上级政府提供支持的可能性就越低。

此外，我们还要关注政府举债用途或者债务危机是否是地方政府为履行其基本职能而引发。如果政府发生债务危机是由于自然灾害引发的，上级政府提供援助面临的"道德风险"就小；反之，如果债务危机不是由政府履行其基本职能引发的，而是由地方政府不负责任的过度投资导致的，中央政府救助引起的"道德风险"大。

中债资信在考察这一因素时主要关注：政府债务余额/政府可用财力、政府举债资金的用途、债务危机引发的原因等。

④历史支持记录。

上级政府对地方政府历史支持记录，体现在地方政府出现财政危机时，给予地方政府的特殊救助资金或特殊政策，以及帮助其渡过财政难关的其他支持措施。一般而言，上级政府对地方政府面临债务危机或财政危机时有过相关特殊支持，可以体现出未来上级政府提供特殊支持的意愿。

中债资信在考察这一因素时主要关注：历史上地方政府面临财政或债务危机时，是否存在上级政府提供特殊支持情况，相关特殊支持对地方政府财政或债务危机的影响，以及支持的相关历史记录文件等。

五　主要衡量指标

中债资信在分析影响地方政府信用风险的相关因素时，主要衡量指标如下：

评级要素		主要衡量指标
经济发展基础条件	地理位置	地方政府所在地理位置、距中心城市的距离
	资源禀赋	可供开采的煤炭、石油、天然气和铁矿石等的储量，区域人口总量、失业率、人口老龄化率，地区拥有大学、科研机构情况、劳动力受教育程度（大、中专人数占地区人口的比重）
	基础设施	机场与港口吞吐量、高速公路总里程、铁路总里程、城市化率等
经济发展水平	经济规模	地区 GDP 总量、人均 GDP、城镇居民人均可支配收入、农村居民人均纯收入以及同类区域比较情况等
	产业结构	全社会固定资产投资额、社会消费品零售总额、进出口总额，三次产业增加值占比、三次产业结构变化情况、对单一或几个波动大产业的依赖性、区域贸易对外依存度、能源对外依存度等
经济增长潜力	经济增长潜力	近 5 年 GDP 增速及未来经济增速预测、地区经济所处发展阶段、国家产业政策和区域规划对地区产业发展的影响、国家给予地区的特殊或优惠政策等
财政收支状况	财政体制和税收政策	地方政府的分税体制、税收政策的变化和"省直管县"政策，各种税收的中央和地方各级政府之间的分成比例及转移支付制度等，上、下级政府之间财权和事权的划分及匹配程度
	财政收入规模和结构	全地区或本级政府综合财力、政府可用财力、地方财政收入（或一般预算收入）、人均政府可用财力、地方财政收入/GDP、税收收入行业集中度、税收收入/一般预算收入、政府性基金收入/政府可用财力、转移支付中各项资金自由支配情况（专项转移支付/转移支付总额）
	财政支出弹性	经常性支出/财政总支出、资本性支出/财政总支出，当地政府财政供养人口数、平均工资或人均活动经费标准、债务还本和付息支出等数据
	财政收支平衡程度	财政收入/财政支出、上级转移收入/政府综合财力
债务状况	债务规模	地方政府性债务总额、地方政府直接债务、担保债务的规模及增长率，或有负债代偿情况
	债务结构	债务的期限结构、一年到期债务占比、担保债务占比，地方政府过去 5 年的债务滚动率
	偿债指标	地方政府负债率、债务率、偿债率、新增债务率、可偿债资金债务保障倍数，以及这些指标近 3 年的变化情况

续表

评级要素		主要衡量指标
流动性	再融资能力	中央政府审批的地方政府发债额度、地方政府已经发行额度和尚未发行额度、地方政府融资平台债务周转能力
	可变现资产	地方政府拥有的货币资金、参股国有股权价值、控股国有企业净资产价值、地方政府可供出让存量土地预估价值等
政府治理水平	政府信息透明程度	统计年鉴、统计公报、地方政府当年财政预算报表、决算报表和债务报表是否经过审计机关审计并公布，公布的时间是否及时，公布内容是否充分和翔实
	制度完善程度及执行情况	地方政府财政预算和决算制度完善程度及执行情况，财政预算接受审计情况，《地方政府债务管理办法》的制定以及执行情况，是否建立债务预警体系，是否设立偿债基金及基金的规模及对债务本息的覆盖程度
	政府诚信度	地方政府制定相关政策或制度前后的连续性和一致性，下届政府对上届政府债务的实际偿还情况
	政府发展战略可行性	地方政府制定的经济发展战略规划，包括区域经济发展定位、区域内经济结构调整政策、基础设施建设规划等，发展战略中项目投资额、项目筹资方式、政府财政资金缺口等
地区金融生态环境	政府治理	财政自给率、行政事业费/GDP、辖区内企业税负、财政支出/GDP、政府透明度、政策一致性和连续性等
	地区经济基础	人均GDP、城镇居民可支配收入、城市化率、第三产业增加值占比、金融产业增加值占比、人均地区邮电业务总量、非国有企业工业总产值占比等
	金融发展	非国有企业获得有效贷款/GDP、非国有银行存款和贷款占比、非国有企业就业人数占比、企业直接融资占比、人均证券交易额、人均保费收入等
	制度与诚信文化	司法公正性、独立性、银行诉讼债权回收率、企业诚信度、地区诚信体系建设、律师、会计师、担保机构等占人口比例
外部政府支持	支持方政府信用水平	支持方政府信用等级
	政治重要性	地区是否属于少数民族地区、边疆地区，地区的行政级别，政府官员的政治影响力
	经济重要性	地方政府消费支出（或财政支出）占地区生产总值的比重，地区是否是域性的经济、金融中心，能否吸引大量的外部投资等
	道德风险	政府债务余额/政府可用财力、政府举债资金的用途、引发债务危机的原因
	历史支持记录	历史上地方政府面临财政或债务危机时，是否存在上级政府提供特殊支持情况，相关特殊支持对地方政府财政或债务危机的影响，支持的相关历史记录文件

中央政府对地方政府提供支持或救助
可能性的分析方法研究

本文首先分析了我国中央政府和地方政府的关系特征；并借助决策分析（成本和收益）的思想对中央政府对地方政府提供支持或救助的可能性进行探讨；最后，分析了中央政府对地方政府提供支持主要权衡因素，以及这些权衡因素的评价指标。

中债资信认为：①在我国现有法律框架下，目前没有任何立法规定中央政府对地方政府债务承担连带责任，因此，地方政府出现债务危机后中央政府不一定会对每一个地方政府债务承担连带责任担保。②中央政府决策是否对地方政府采取援助或支持时，主要是在救助中发生的成本、救助所引发的道德风险以及不救助所引发的地区经济和政治的负面冲击两者之间进行有效权衡。③地方政府的政治影响力、地方政府在当地经济发展中的作用、当地经济对其他地区经济的辐射效应、地方政府债务的债权人构成和地方政府是否存在过度举债等因素是影响中央政府是否救助地方政府的关键因素，应成为地方政府信用评级中判断中央政府是否支持或救助地方政府可能性分析的重点。

伴随我国地方政府以市场化方式发行市政债券相关进程的推进，以信用评级的形式揭示地方政府信用风险或将成为规范其债券发行的内在要求。地方政府是一个特殊的受评主体，当地方政府出现债务危机时，中央政府对地方政府提供的支持或救助会对地方政府债券的信用水平造成显著影响，因此，中央政府对地方政府提供的支持或救助的可能性成为中国地方政府信用评级方法研究中亟待解决的问题。

一　中国中央政府和地方政府关系特征

政府是多层次的概念，不同层次政府之间的关系构成了一国的国家结构。根据结构形式的不同，国家可分为单一制国家和联邦制国家。根据《宪法》和《国家机关组织法》的规定，我国是单一制国家。其中，我国的中央政府是中华人民共和国国务院，它同时也是我国最高国家权力机关的执行机关、最高国家行政机关。相对于中央人民政府（国务院）而言的各级人民政府被称为地方政府，其设置的层次包括四级：省、自治区、直辖市的地方政府；设区的市、自治州的地方政府；县、自治县、市的地方政府；乡、民族乡、镇的地方政府。

经过 30 多年的改革，中国的中央政府与地方政府（以下简称"央地"）① 关系形成了政治上中央集权与经济上逐步分权相结合的格局。

作为单一制国家，中国央地关系的基本特征体现为由上至下、单向放射式的中央集权体制。尽管依据《宪法》，地方政府的权力来自同一级的人民代表大会，但《宪法》同时规定，政府在行政上要接受中央政府（国务院）的统一领导。因此在事实上，我国地方政府并不是一个具有独立政治地位的主体，国内一切重大政治经济决策均由中央政府做出，并通过中央和地方立法的方式授权地方政府。地方政府本质上是传导、执行中央各项指令的中介，是中央政府的派出机构，这一特征的引申含义在于任何地方性危机对地方政府的影响均具有向中央政府传导的回溯性。尽管在改革开放后中国政治体制进行了一定程度的改革，中央的部分行政权力有所下放，但并未从根本上改变政治上中央集权的格局。

而在经济层面上，中国央地政府之间目前正处在由中央主导的、渐进式的分权进程中。钱颖一、温格斯特等（Qian and Weingast，1996）认为，财政分权使得中国正在逐步形成市场维护型的联邦主义（Market-Preserving Federalism），这种联邦主义在 1984～1988 年开始成型，并于 1993～1994 年理性化和制度化，具体表现形式为中央政府将地方政府视为相对独立的利益中心，赋予其较充分的经济发展自主权。其结果是，地方政府在一定程度上拥有支配财政收入并负担相应的财政支出的责任，因而地方政府具

---

① 本文主要分析中央政府与地方政府之间的关系，而不是上级政府与下级政府之间的关系，中央和地方政府的关系同地方政府之间（上级和下级）的关系不完全相同。在单一制国家中，中央政府作为主权的象征，拥有制定法律、发行货币等权力，而地方政府的权力则来自于中央政府的授权，中央政府与地方政府之间是"委托人"与"代理人"的关系；各地方政府之间则是不同层级"代理人"之间的关系。因此，本文分析框架部分适用于上、下级地方政府之间的关系，但不完全适用。

有了十分明确且相对独立的行为目标——追求地方经济利益的最大化，并成为拥有独立经济利益的政治组织。

二 中央政府对地方政府提供支持①或救助可能性的理论分析

就中国而言，在单一制政体下，地方政府作为中央政府授权下的派出机构和执行部门，实质上是代理中央政府在地方上履行其政治、经济管理职责。因此，作为中央政府派出机构的地方政府出现债务违约，本质上意味着中央政府未能履行其偿债责任。因而中央政府对地方政府债务负有道义责任，在地方政府出现债务危机时需提供必要的援助和支持。然而，在我国现有法律框架下，目前没有任何立法规定中央政府需对地方政府债务承担连带责任。因此，地方政府出现债务危机后中央政府可能会救助，但中央政府不一定对每一个地方政府债务承担连带责任担保。在相关法律没有明确规定的情况下，我们借助决策分析的思想对中央政府对地方政府提供支持或救助的可能性进行探讨，即在中央政府是理性行为体的假设基础上，通过对救助地方政府和不救助地方政府两种政策选择的成本、收益进行分析和比较，来判断中央政府对地方政府提供支持或救助的可能性。

1. 中央政府对地方政府提供支持或救助的成本—收益分析

无论是单一制国家还是联邦制国家，当其地方政府出现债务危机后，中央政府往往陷入救助与否的"两难选择"。如果选择救助，对于中央政府而言，最大的益处在于能够避免地方政府违约可能对当地以及其他地区带来的负面影响或冲击效应，有助于维持地方乃至全国经济、社会和政治的稳定；而其代价除了相应的财政成本外，还包括可能引发该地区与其他地区政府的"道德风险"（即地方政府通过过度举债享受债务短期收益而

---

① 广义的上级政府支持包括一般性支持和特殊支持两个方面。其中，一般性支持主要是指上级政府对地方政府的转移支付和补助。特殊支持是指地方政府面临债务危机时，上级政府为避免其违约而进行的救助，如直接注入资金，或是以自身信用为地方政府债务重组进行担保等。狭义的上级政府支持则仅指特殊支持。由于上级政府对地方政府的转移支付等一般性支持会在地方政府的财政收支和经济发展状况中得到体现，因此可以纳入到地方政府自身信用风险的评价中进行分析。本文中的上级政府支持指狭义的政府支持，即特殊支持。

未来债务成本由中央政府承担）。相反，如果选择不救助的话，中央政府能够避免相应的财政成本和可能引发的道德风险；其代价是需要面临地方政府违约可能给当地以及其他地区带来的各种冲击（见表1）。

表1　中央政府对地方政府债务危机救助的成本－收益分析

决策	主要成本	主要收益
救助	财政成本＋引发地方政府的道德风险	避免地方政府违约所引发的各种冲击
不救助	地方政府违约引发的各种冲击	不支付财政成本＋避免地方政府道德风险

可见无论施救与否，中央政府在获取收益的同时，都需要付出相应的成本。作为理性行为体，中央政府在决策时会权衡二者的成本和收益，做出净收益最大的选择。由于救助与不救助的收益和成本恰好相反，中央政府实际上只需要对二者的成本（或收益）进行比较和权衡。下面，我们对两种选择的成本进行具体的分析。

不救助的主要成本是地方政府违约可能会带来的各种负面冲击，包括经济和政治两方面。一旦某个地方政府违约，将会对本地及其他地区的经济、金融带来一定程度的负面影响。这些负面影响包括政府及相关实体的资金链断裂、资本大量抽逃和流动性紧缩，严重的甚至还会引起市场投资者的恐慌情绪，造成区域和宏观经济的大幅波动。除了经济上的负面影响之外，违约还会带来政治上的冲击或负面影响，这些负面影响主要体现为政府公信力下降，民众对政府执政能力产生怀疑，进而导致政府施政能力的削弱，甚至影响国内政治局势稳定。这些压力会迫使中央政府在地方政府违约之前就可能做出救助行为。因此，地方政府违约带来的负面影响或冲击效应越大，中央政府提供援助的可能性就越高。

救助的成本亦主要包含两个方面：财政成本和道德风险。其中，财政成本是中央政府救助地方政府最直接的成本，比如中央政府直接向地方政府注入资金解决其流动性困难，或是以自身信用作为担保帮助地方政府进行债务重组等。但无论通过何种途径，救助的实质是在一定程度上将地方政府的债务转化为中央政府的债务，无疑会增加中央政府的财政负担。

除财政负担之外，中央政府还需要承担的成本是救助可能引发当地以及其他地区政府的道德风险。中央政府一旦给某个地方政府提供援助或担保，该地方政府和其他地方政府都会形成未来出现类似的债务危机时中央政府仍会提供援助或担保的预期，这一预期无疑会加剧各地方政府不顾自身偿债能力大肆举债的行为，进而导致全国范围内地方政府债务风险的整体上升。而这种不断积聚的风险在未来一旦爆发，可能会对全国的经济发展和社会稳定产生系统性的冲击。与道德风险可能导致的巨大风险相比，救助所需要耗费的财政成本相对较小。因此，中央政府在救助地方政府时主要关心的是救助所引发的道德风险问题。一般而言，救助地方政府可能引发的道德风险越高，中央政府越倾向于不救助。

综上，当地方政府出现债务危机时，中央政府是否施救主要取决于地方政府违约所带来的负面影响和救助可能引发的道德风险两个因素。中央政府通过权衡两方面的利弊以最终决定是否进行救助。

2. 中国特殊体制对中央政府对地方政府施救决策的影响

中国央地关系的这一特征使地方政府违约带来的冲击效应和救助引发的道德风险问题较多数联邦制国家更为突出。

政治上中央集权与经济上渐进分权相结合的央地关系特征，使得中国地方政府违约带来的冲击效应和救助引发的道德风险问题更加突出。

首先，与多数联邦制国家相比，我国政治上的高度集中意味着地方政府违约会对中央政府产生更大的政治方面的冲击，从而导致地方政府违约冲击效应的增大。如前文所述，地方政府违约可能带来的负面冲击主要包括经济和政治两方面。经济方面，地方政府违约对联邦制国家和单一制的中国产生的冲击大致相当，地方政府违约冲击效应的不同主要集中在政治方面。在大多数西方联邦制国家中，中央政府与地方政府的权责界限相对明确，地方政府违约所引发的不满和质疑主要集中在地方政府身上；且这种政治压力能够通过地方性选举以政党轮替的方式，在地方政府层面上得到部分释放，而向中央政府传导的影响较小。而对于单一制的中国而言，地方政府违约带来的政治冲击缺乏西方国家的缓释机制，因而会不断积累，并借由中央与地方政府政治上的紧密联系快速向中央政府传导。因此，与联邦制国家相比，我国地方政府违约会给对中央政府带来更大的政治冲击，进而导致冲击效应的增大。

其次，与多数联邦制国家相比，我国政治上中央集权与经济上渐进分权相结合的央地关系特点使得中央政府救助地方政府会引发更大的道德风险。经济等领域的分权使得地方政府在地方的事权、财权等方面获得了相当大的自主权，并且促使地方政府形成了独立于中央政府的行为目标——追求地方经济利益的最大化；而政治上同中央政府的紧密联系又使得地方政府能够将更多的违约成本转嫁给中央政府。在这种情况下，地方政府出于刺激当地经济发展等因素的考虑，有更强的动机不顾自身能力大肆举债。相较而言，在中央政府与地方政府权责界定相对明晰的联邦制国家，地方政府在很大程度上需要对自身的债务负责，因而其不顾自身能力举债的冲动较弱。因此，与联邦制国家相比，我国中央政府对地方政府的救助面临的道德风险也更加突出。

三　中央政府对地方政府提供支持
主要权衡因素及评价指标

1. 中央政府对地方政府提供支持或救助主要权衡因素

对于我国中央政府而言，其核心目标是在维护国内政治社会稳定的前提下实现经济的可持续发展，选择不救助以避免地方政府的道德风险，从长远的角度看亦是为维护国家整体的稳定和发展这一核心目标服务的。因此，我们认为当地方政府面临违约时，中央政府会首先考察其违约带来的各种冲击或负面影响，地方政府违约对国家政治稳定和经济发展可能造成的负面冲击越大，中央政府救助的可能性越高。其次，在考虑负面冲击的基础上，中央政府会进一步考虑救助可能引发道德风险的大小，救助引发的道德风险越大，则救助的可能性越低。

如从地方政府债务违约的冲击效应或负面影响与中央政府救助引发的道德风险两个维度来衡量，中央政府救助地方政府时可能面临四种情况：冲击效应大且道德风险大、冲击效应大且道德风险小、冲击效应小且道德风险小、冲击效应小且道德风险大（见图1）。

对于不同情形，中央政府救助的可能性存在差异。由于中央政府在冲击效应与道德风险中首先考虑前者，因此，当地方政府违约造成的冲击效应较大时（象限Ⅰ和象限Ⅱ），中央政府救助的可能性也相对较高：其中，救助引发的道德风险较小时（象限Ⅱ），中央政府救助的可能性最高；救助引发的道德风险较大时（象限Ⅰ），中央政府救助的可能性次之。当地方政府违约造成的冲击效应较小时（象限Ⅲ和象限Ⅳ），中央政府救助的

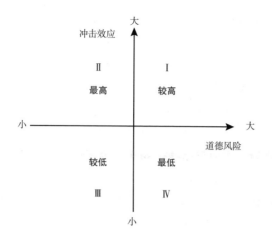

图1　中央政府对地方政府的援助可能性象限图

可能性相对较低：其中，救助引发的道德风险较大时（象限Ⅳ），中央政府救助的可能性最低；救助引发的道德风险较小时（象限Ⅲ），中央政府救助的可能性高于前者，但仍低于冲击效应较大的情形。

2. 中央政府对地方政府提供支持或救助权衡因素的评价指标

当地方政府出现债务危机时，中央政府会着重权衡不支持或救助所带来的冲击效应和支持或救助引发的道德风险。由于地方政府在未出现违约的情况下，违约后的冲击效应及对其救助的道德风险无法直接观察，我们倾向于使用能够反映地方政府政治和经济特征的指标来推断其违约后冲击效应与道德风险的大小，进而推断中央政府实施救助的可能性。采用这种方式的合理性在于，虽然相关指标与冲击效应和道德风险的大小不存在绝对的因果关系，但存在较强的相关性。

对冲击效应的考察主要关注以下几方面因素。第一，地方政府的政治影响力。地方政府的政治影响力越大，其违约所产生的政治冲击也越大。一般而言，地方政府的行政级别越高，其违约造成的政治冲击越大。具有特殊政治意义的地方政府，如直辖市、民族自治区等，其债务违约的政治负面影响通常高于同级别的其他地方政府。第二，地方政府在当地经济发展中的作用。我们使用地方政府支出占地区生产总值的比重来衡量地方政府在当地经济发展中的重要性。地方政府对当地经济发展来说越重要，其违约对当地经济的负面影响越大。第三，当地经济对其他地区经济的辐射效应。全国性、区域性的经济中心和金融中心、吸引大量的外部投资以及与其他地区具有密切生产联系的地区，其地方政府违约对当地经济产生的负面冲击往往会通过紧密的经济联系影响到其他地区。第四，地方政府债务的债权人构成。与机构投资者相比，个人投资者的抗风险能力通常较低。债权人中个人投资者的比重越高，地方政府违约对债权人的冲击越大。此外，个人投资者的比重越高意味着债权人的分散程度越高，相应的，地方政府违约造成的负面冲击的波及范围也就越广。

由于救助可能引发的道德风险难以直接观察和测度，我们通过考察地方政府是否存在过度举债（即地方政府的债务规模与其财政收入的匹配程度）来判断道德风险的大小。一般而言，地方政府债务规模与其财政收入的比值越高，意味着该地方政府脱离其债务负担能力、过度举债的情况越严重，中央政府进行救助可能引发的道德风险也就越大。如果地方政府出于刺激地方经济、搞好政绩等目的不顾自身能力过度举债，进而引发地方债务危机，在这种情况下，中央政府一旦实施救助，无疑会加剧地方政府的道德风险。因此，地方政府过度举债现象越严重，中央政府救助可能带来的道德风险就越大，中央政府实施救助的可能性越低。反之，救助可能引发的道德风险越小，中央政府对地方政府进行支持或救助的可能性越高。中央政府通过考察地方政府是否存在过度举债的情况来决定是否施救以及救助力度的大小，体现出中央政府对地方政府举债行为的事后约束。

需要说明的是，并不是只要存在过度举债现象，中央政府救助的可能性就越低。如果是因为自然灾害等特殊原因导致地方政府债务负担过重，进而导致的债务危机，救助引发的道德风险很小，中央政府一般会选择进行救助。另外，中国幅员辽阔，地区差异显著，由于不同地区的资源禀赋、经济发展程度等因素不同，其债务负担能力也不尽相同。一般而言，东部沿海地区经济发展水平较高、金融市场发达，地方政府的债务负担能力相对较高；中部地区次之；西部地区则又次之。

因此，在使用地方政府债务规模/财政收入这一指标对地方政府过度举债的情况进行考察时，应综合考虑经济发展状况、金融市场发展程度、资源禀赋等因素，将地方政府划分为不同的类别，并对不同类别的地方政府设置不同的评判标准。

（执笔：陈曦　于国龙　霍志辉）

参考文献

[1]《中华人民共和国宪法》，2004 年修正。

[2]《中华人民共和国预算法》，1994 年通过。

[3] 刘茜：《西方国家财政联邦制的比较与借鉴》，山西财经大学硕士论文，2009。

[4] 文政：《基于中央与地方政府间关系的财政支出事权划分模式研究》，重庆大学博士论文，2008。

[5] 张韶华：《行政分权、财政联邦主义与地方政府举债行为》，《南方金融》2005 年第 4 期。

[6] 朱军：《单一制国家财政联邦制的"中央 – 地方"财政关系》，《财经研究》第 38 卷第 6 期。

[7] Qian, Yingyi and Barry Weingast, "China's Transition to Market: Market-Preserving Federalism, Chinese Style", *Journal of Policy Reform*, 1996, Vol. 1, pp. 149 – 185.

[8] Qian, Yingyi and Gerard Roland, "Federalism and Soft Budget Constraint", *American Economic Review*, 1998, Vol. 88, No. 5, pp. 1143 – 1162.

国有资产对地方政府主体信用评级的影响

中国是社会主义国家，国有经济在经济中占重要地位，同时土地、矿产等大量资源也归国家所有，因此，中国政府拥有和控制的国有资产和资源规模十分庞大。近年来，中央和地方政府分别开始编制《国有资本经营预算》，加强了国有资产经营收益的预算管理。但是主要侧重于国有资产的流量管理（即经营收益或经营成果监督和管理），而对于中国存量的国有资产，比如土地、矿产、国有股权等价值并没有相应的会计核算制度或者政府尚未编制资产负债表。近年来，地方政府债务规模快速增长，市场对于地方政府债务风险的关注程度很高。地方政府拥有和控制的国有资产或资源是否可以作为其偿债资金，从目前中国相关的法律、法规来看，并没有明确规定。因此，需要在理论上和实务中对地方政府掌握的国有资产情况进行界定和分析，研究地方政府是否可以动用国有资产偿还债务，以及如何对地方政府拥有和控制的国有资产价值进行测算。

一　国外地方政府的国有资产及核算情况

政府对国有资产的核算主要在政府会计体系中体现。以美国为例，美国有专门的政府会计核算体系，并发布了政府会计准则（GASB）和地方政府会计制度。美国政府会计制度较为完善，且尽可能广泛地以权责发生制为基础，国有资产在会计报表中表现为基金资产和普通固定资产两种形式，此外还有一些表外国有资产和国家遗产性资产也未列入报表中。但需要注意的是，美国政府主要职能是开展普通政务活动、提供公共服务，经济建设并非政府的主要职能，政府不需要在经济建设方面进行较大的支出。

二　中国的国有资产定义及分类

根据《中华人民共和国宪法》《中华人民共和国企业国有资产法》、《行政单位国有资产管理暂行办法》《事业单位国有资产管理暂行办法》等有关法律、法规和条例的规定，国有资产主要包括：①土地、矿藏、水流、森林、草原、荒地、渔场等指向点；②国家机关及所属事业单位财产；③军队财产；④全民所有制企业资产；⑤国有公共设施，文物古迹，风景游览区，自然保护区等；⑥国家在国外的财产；⑦国家投资及债权；⑧不能证实属于集体或个人所有的财产。其中按照国有资产的监督和管理分类，可以将国有资产分为：①经营性国有资产（又可分为经营性国有资产和金融性国有资产两个方面）；②行政事业性国有资产；③资源性国有资产。目前中国国有资产法尚未出台，涉及国有资产的法律、法规中所涉及的国有资产仅包括部分经营性国有资产以及与此有关的一部分国有准物权；只包括某些企业出资形成的国有资产，不包括非企业的组织或机构；国有准物权也仅包含对矿山的开采权、对土地的开发权等权利；国有债权如其他国家欠中国的外债，国家对其拥有债权及国有无形产权，如国旗、国徽等巨大无形产权则均未在考虑范围之内。

三　国有资产的监管制度

对于经营性国有资产，国家相关法律、法规规定了国有资产属于国家所有，地方政府代表国家行使出资人职责，享受出资人权益，有权出让其持有的国有股权，并且需要逐步纳入《国有资本经营预算》。对于地方政府出让国有股权产生的收入，可以用于资本性支出（资本性支出可以偿还相关的债务），因此，地方政府拥有的经营性国有资产可以用来偿还相关国有企业到期的债务。

对于行政事业性国有资产，《行政单位国有资产管理暂行办法》和《事业单位国有资产管理暂行办法》规定，行政事业性国有资产是可以进行处置的，但另一方面，由于行政事业单位的国有资产是不以保值增值为目的，功能主要是充分保证行政事业单位职能的履行，为社会和公民提供更多、更好的公共产品和服务为目的的，其处置范围受到较大的限制。因此，一般情况下，采取行政事业单位国有资产变现的方式作为政府偿债来源较不可行。

对于资源性国有资产，按照资源存在的物质形态可以分为六类：国土资源、国有矿产资源、国有森林资源、国有草原资源、国有水资源和国有海洋资源。

（1）国土资源方面。中国对土地使用权的监管有着明确的制度规定，《中华人民共和国宪法》和《中华人民共和国城镇国有土地使用权出让和转让暂行条例》均对土地的所有权和使用权进行了具体规定，明确土地国有的性质和土地使用权是可以进行转让的，地方政府从法律上享有对国有土地所有权处置的权利，并将土地出让收支纳入地方基金预算管理。目前，地方性投融资平台发行债券用于城市基础设施建设，所需偿债资金来源大多为土地出让收入。

（2）国有矿产资源方面。中国有明确法律规定对国有矿产资源的使用收取探矿权和采矿权使用费，但探矿权、采矿权使用费和价款专款专用，地方政府进行的矿区整治或恢复建设等相关建设可以归为对矿山地质环境的治理，用于这部分的支出可以动用探矿权、采矿权使用费和价款。故而，中债资信认为地方政府可以使用探矿权、采矿权使用费和价款进行矿区建设相关债务的偿还。

（3）国有森林、草原和水资源方面。森林资源使用权的取得一般通过承包经营的方式取得，其收益也可通过育林基金征收。此外，根据《中华人民共和国担保法》规定，林木还可以用于抵押。但根据规定，森林资源收益应用于森林资源资产再投入，应遵循专款专用的原则，不能挪作他用。《中华人民共和国草原法》没有对草原管理费的征收进行明确规定，中国也没有其他统一的法律法规对国有草原资源的使用费征收进行说明。水资源是可以循环利用的一种资源，无法对其可利用年限和水资源循环利用总量进行估算，因此在了解各地水资源费征收标准的前提下也只能对一段时间内可以获得的水资源进行估算。因此，国有森林、草原和水资源正常情况下无法作为政府债务偿债资金来源。

（4）国有海洋资源方面。《中华人民共和国海域使用管理法》对海域使用权和海域使用金做出了"有偿使用"的明确规定，《海域使用权登记办法》也规定了海域使用权是可以进行出租和抵押的，且大部分用于相关基础设施建设支出，因此，中债资信认为地方国有海洋资源变现或产生收益可用于偿还政府债务。

四 地方政府国有资产价值测算

从中国国有资产的预算体系来看，预算管理主要侧重于对流量的预算管理，即国有资本经营收益预算。同时中国政府会计预算实行的是收付实现制，而对于存量的国有资产预算，仅包括一些账面的货币资金、有价证券、暂付及应收款项、预拨款项等现金性质的资产，并未将国有土地、国有股权、资源等纳入核算体系，未编制政府资产负债表。

从国有资产（流量）价值的测算来看，中国现有的财政预算体制规定，财政预算包括经营性国有资产、土地和探矿权、采矿权等，这些纳入财政预决算报表的国有资产价值均按照年度流量价值核算，并纳入预决算报表相应的科目内。因此，在对各地方政府国有资产流量价值进行测算时可以以历年来地方财政预决算报表为主要依据。

（1）经营性国有资产方面。经营性国有资产产生利润上缴部分收入纳入国有资本经营预决算报表中核算；此外，在企业产权发生转让时，转让价格可以按照企业国有产权转让和上市公司国有产权转让两种转让类型在国有资本经营报表中进行核算。主要体现在"利润收入""股利、股息收入""产权转让收入""清算收入"等科目中。

（2）资源性国有资产方面。资源性国有资产产生收益体现在政府性基金预算和预算外财政专户表中，主要体现为政府一年内的基金收入。国土资源相关收入、收益主要反映在"国有土地使用权出让收入""国有土地收益基金""农业开发资金"等科目中；国有矿产资源相关收入主要反映在预算外财政专户报表中的"国有资源（资产）有偿使用收入"等科目中。

五 地方政府信用评级中国有资产的影响分析

1. 国有资产可以纳入地方政府评级要素

地方政府控制的国有资产规模及收益是偿债的资金来源之一。根据相关法律、法规，地方政府可以支配其控制的国有股权、行政事业单位国有资产、土地资产、矿产资源和海域使用权等国有资产，其中可以对其控制的国有土地进行出让，并将土地出让收益纳入政府性基金收入，并安排相关支出。此外，还可以对其控制的行政事业单位国有资产以及国有矿产资源、海域使用权等国有资源产生的相关收入进行支配。

2. 国有资产如何纳入地方政府评级要素

（1）根据目前中国的国有资产核算制度，主要从流量的角度反映国有资产产生的收益、变现产生的现金流或使用费等，这些国有资产的收益或收入是地方政府财政收入的一部分，主要反映在地方政府财政收入评级要素中。

（2）由于目前的国有资产核算制度并未对国有资产的存量价值进行核算，因此，无法直接通过政府的财政报表或会计报告来获取和评价地方政府控制的存量国有资产价值。目前可以采取间接的方法来评价地方政府国有资产的存量价值，比如，主要从地方政府国资委获取其控股和参股的国有企业财务报表，从而获取地方政府控股和参股的国有股权价值；从地方政府国土资源部门获取地方政府未来3年计划出让土地面积及预估价值、海域使用权面积及预估价值。

综上所述，在地方政府信用评级中可以把地方政府控制的国有资产存量规模纳入地方政府财政实力的分析，作为其中一个分析要素。但由于各个地方国有资产数据获取存在不一致或不完整，在具体评级分析过程中可以将其作为一个地方政府评级的定性调整因素。

（执笔：霍志辉　吴冬雯）

美国底特律市破产对中国地方政府债务风险的启示

当地时间 2013 年 7 月 18 日，深陷经济衰退和财政危机泥潭多年的美国底特律市在多次减支增收计划均告失败后，依据美国《破产法》第 9 章向联邦政府申请破产。半年后，当地时间 2013 年 12 月 3 日，美国联邦法院做出裁决，批准底特律市正式宣告破产。由于至申请破产日底特律市的长期债务已超过 180 亿美元，远高于 2011 年 11 月宣告破产的亚拉巴马州杰弗逊县 42.30 亿美元的债务规模，底特律市成为美国历史上最大规模的破产城市。

一 破产原因简析

底特律市是密歇根州最大的城市，全美三大汽车公司（通用、福特、克莱斯勒）的总部均坐落于此。从辉煌一时的"汽车城"到"2012 年美国最悲惨之城"，直至宣告破产，美国底特律市在经济和财政方面主要面临着以下的问题。

1. 产业结构单一，财政收入稳定性差

底特律市 80% 的经济依靠汽车产业，对汽车产业的过度依赖使得底特律的财政收入结构单一而又脆弱，抗风险能力极差。2008 年金融危机时期，美国汽车产业，如通用、福特等企业均遭受重创，企业大量裁员，底特律市的经济因此受到很大影响。尽管金融危机后，美国汽车产业有所恢复，但近年来随着日系、欧系汽车的崛起，美国汽车业的竞争力和市场份额不断下降，同时随着亚太及中东地区汽车销量的持续增长（2012 年亚太和中东地区汽车销量占全球的 46.5%，美洲下降到 28.9%），汽车产业也向中国、东南亚等地区逐步转移，底特律市的财政收入因此受到巨大冲击。

2. 人口急剧减少，税收收入大幅下降

种族骚乱阴影使得底特律市高素质人才持续流失，申请破产前底特律市只有 70 万人口，仅为人口巅峰时的 40% 左右。留下的人口普遍素质较低，导致 2013 年 5 月底特律失业率达 9.0%，高于全美 7.3% 的水平。衰退的经济和人口的大幅下降也直接导致底特律市税收收入大幅下降。底特律市 2013 年 2 月公布的综合财务报告（*Comprehensive Annual Financial Report*）显示，2011 年 6 月 30 日至 2012 年 6 月 30 日[①]，底特律市实现财政总收入为 23.02 亿美元，同比下降 6.91%，除赌博税保持增长外，其他主要税收收入近年来均呈下降趋势。底特律的税收主要来源于房产税（Property Tax）、市政个人所得税（Municipal Income Tax）、赌博税（Wagering Tax）和州政府共享税（State Shared Tax）。由于城市公共服务水平差、人口流失等原因，底特律市的房价急剧下降，因而房产税税基迅速减小，房产税税收收入大幅下降，2012 年仅为 2.17 亿美元，同比下降 8.03%，与 2004 年相比下降 14.55%。同时，由于人口流失，个人所得税税源大幅下降，税收收入减少，市政个人所得税已从 2004 年的 2.91 亿美元降到 2012 年的 2.33 亿美元，降幅达 19.93%。不仅如此，底特律市的公共服务使用税、州政府共享税等其他主要税种也出现较快下滑，使得底特律市财政收入呈下降趋势。

3. 政府债务规模庞大，财政收入与债务增长陷入恶性循环

由于养老金和失业保险支出负担很重，加之种族骚乱、高犯罪率等原因，底特律市的公共服务支出规模很大，2012 年全市财政支出 26.45 亿美元，主要用于自来水、污水处理等市政公用事业及公共安全支出。但由于近年来财政收入呈下降趋势，在上述财政刚性支出压力下，底特律市出现连年赤字，2012 年实际财政赤字规模 3.43 亿美元。持续的赤字使得底特律市债务规模庞大，2012 年 6 月末底特律市长期债务为 149.94 亿美元，2012 年财政支出中长期债务利息支出就达 1.29 亿美元，占全部财政支出的 5.30%，至申请破产日，底特律长期债务已超过 180 亿美元。

---

① 美国一个财政年度为上一年度 6 月 30 日至本年度的 6 月 30 日。

二 信用级别变化

自 2011 年 12 月密歇根州州政府对底特律市财政问题展开调查，并发现其累计长期债务已达 120 亿美元后，三大评级机构相继不断调低其发行的市政债券评级。2012 年 3 月，穆迪将其主体信用级别由 Ba3 下调 2 个等级至 B2。2013 年 6 月，在底特律市宣布停止偿还市政债务后，标准普尔和惠誉均对其主体或债券信用级别进行下调。标准普尔在一周之内连续两次下调其主体信用级别，周三由 B 降至 CCC，周五进一步下调至 CC，同时给予"负面"的展望。同一时间，惠誉将 4.11 亿美元底特律市受限税务担保一般偿付义务债券的评级从 CC 调降至 C；将 2.03 亿美元无限制税务担保一般偿付义务债券的评级从 CCC 调降至 C；同时将 15.00 亿美元养老保险债务债券的评级从 CC 调降至 C。

三 破产后处置方式及影响

1. 财政破产，但政府职能并不破产

根据美国《破产法》规定，地方政府破产是指其丧失了偿还债务的能力，而非政府行政职能的破产。地方政府破产是一种临时性保护，在破产期债权人的债务追索权力将被中止，进而避免地方政府陷入债务恶性循环，并通过在破产重整期间促使其采用一系列措施使财政重回正轨。通常采用的措施可从三个方面进行，一是与债权人达成债务重组方案，通过债务减免或债务展期暂时缓解偿债压力；二是变卖政府资产，如办公楼、政府用车等，换取现金来偿还债务；三是缩减财政支出，包括裁减公务员、减少公共支出等，此次底特律市宣告破产保护的代价就是退休人员的养老金未来将面临削减。

2. 底特律市破产后仍将面临很大挑战

尽管联邦政府批准破产为底特律市重整债务带来了希望，但此次破产仍会对底特律造成负面影响。一是地方政府破产损害地区投融资环境；底特律市申请破产，其政府信用极大降低，市场认可度急剧下降，对企业投

资意愿、经济发展、政府再融资等都将带来巨大的负面影响，使得本就不佳的投资环境愈加恶化，崛起之路将举步维艰。二是裁减公务人员，为社会稳定带来负面影响。底特律是美国犯罪率最高的城市之一，破产后，公务员、警察等社会秩序维护人员数量下降，公民人身安全无法得到有效保护，将再度引起人口流失，社会环境恶化，税源、税基再度萎缩。三是压缩固定资产投资和削减公共服务项目，形成恶性循环。破产后，政府对公共产品、社会保障、福利等方面的投入都将会减弱，而公共产品和服务投入的减少，又会使民众生活满意度下降，最终形成恶性循环。

四 对我国地方政府债务管理的启示

我国部分城市存在与底特律市相似的产业结构单一、债务规模较大等问题，在支柱产业长期衰退时，这些地区的税收收入将下降，债务违约风险将加大。

底特律市作为一个曾以汽车制造业著称的繁荣城市最终走向破产，也为我国的一些资源单一型和产业结构单一型城市的债务风险管理敲响了警钟。这些城市的税收收入对单一行业甚至单一企业依赖度过高，稳定性很差，且部分地区政府债务负担很重。当支柱产业长期衰退时，这些城市所面临的财政风险将增大，政府债务违约风险也将加大。例如以汽车制造业著称的长春市、以煤而富的鄂尔多斯市、以钢铁为主的马鞍山市等，都与底特律市很相似。

长春市以汽车产业为第一支柱产业，一汽集团是长春市最重要的支柱企业。2012 年长春市 GDP 总额 4456.6 亿元，同比增长 12%。从产业贡献角度来看，第二产业对经济增长贡献超过六成，长春市汽车制造业产值占规模以上工业总产值的比重为 60.60%，是拉动经济较快增长的主要动力。长春市债务规模快速增长，债务规模负担较重，2012 年长春市债务率 [政府性债务/（一般预算收入 + 政府性基金收入）] 为 159.73%。如果未来我国汽车产业长期陷入衰退或汽车产业发生转移，长春市也将面临与底特律市相类似的风险。

鄂尔多斯市以煤而富，根据鄂尔多斯市发改委 2011 年的公告，2010 年鄂尔多斯煤炭产业产值为 1506.8 亿元，占全市 GDP 的 29.4%。对财政贡献方面，2010 年 7 家主要煤炭企业上缴税金地方留成部分和上缴各项收费共计 50.6 亿元，占全市税收收入的 31.82%，煤炭产业对鄂尔多斯市经济增长、财政收入的贡献很大。但是，由于对煤炭产业的依赖度较高，在近年来煤炭行业低迷的形势下，鄂尔多斯市经济增速与之前 20% 以上的增速水平相比大幅回落，由 2010 年的 19.2% 下降到 2012 年的 13.0%。地方财政收入方面，2010 年以后鄂尔多斯市财政收入增速同比大幅回落，其中一般预算收入由 2010 年 40% 以上的增速水平下降到 2012 年的 8.5%，增速明显放缓（见表1）。从公开市场发债情况来看，鄂尔多斯全市共 6 家投融资平台公司，截至 2012 年末全部债务总额 462.60 亿元，据此测算，鄂尔多斯全市政府性债务将远大于 460 亿元。不仅如此，鄂尔多斯也面临人口规模较小的问题，鄂尔多斯市规划的康巴什新区 32 平方公里，人口却只有 3 万，高素质人才数量远不能满足多样化新兴产业发展需求。

表1　2010～2012 年鄂尔多斯市主要经济和财政指标

单位：亿元，%

项目名称	2010 年		2011 年		2012 年	
	指标值	增长率	指标值	增长率	指标值	增长率
地区生产总值	2643.2	19.2	3218.5	15.1	3656.80	13.0
全市地方财政收入	461.9	82.0	600.5	30.0	—	—
一般预算收入	239.1	47.6	346.2	44.8	375.5	8.5
政府性基金收入	222.8	142.8	254.3	14.1	—	—

资料来源：《鄂尔多斯市国民经济和社会发展统计公报》（2010～2012 年）、《鄂尔多斯市财政预算执行报告》（2010～2011 年）。

除长春市和鄂尔多斯市之外，我国还有部分城市与底特律市面临相似的处境（见表2）。例如大庆市对石油产业高度依赖，石油产业已占大庆市工业总产值的 80% 以上，大庆市 2012 年政府债务率也超过 70%。此外，还有以房地产为支柱产业的三亚市，2012 年三亚市房地产开发投资占全社会固定资产投资的 55.41%，2013 年上半年，房地产业为地方政府提供税收 20.5 亿元，占全市公共财政收入比重的 56.01%，房地产业已成为三亚市财政收入和经济增长的主要来源和动力。这些单一支柱产业城市在面临政策调控、支柱产业长期衰退、转移或替代产业出现、人口大量流失等问题时，政府债务风险发生的可能性将很大。因此，对于我国产业结构单一的城市，应以底特律市为鉴，丰富产业结构，拓展税收收入来源，加强财政收入结构的稳定性，加强地方政府债务管理，促进经济发展与债务增长形成良性循环，达到经济、社会的健康、和谐、可持续发展。

表 2　我国主要资源单一型或产业单一型地区情况

单位：亿元，%

城市	单一产业/资源	单一产业占工业总产值比重	GDP	一般预算收入	政府性基金收入	政府债务规模	已发债融资平台企业名称	存续期债券规模	2012年末平台全部债务总额
长春	汽车	60.60	4456.6	340.80	194.28	854.68	长春城市开发（集团）有限公司	20.00	186.20
鄂尔多斯	煤炭	60.00	3656.8	375.51	—	—	鄂尔多斯市城市基础设施建设投资有限公司	10.00	68.09
							鄂尔多斯市国有资产投资控股集团有限公司	28.00	211.46
							鄂尔多斯市华研投资集团有限责任公司	12.00	37.08
							鄂尔多斯市东胜城市建设开发投资集团有限责任公司	20.00	101.20
							伊金霍洛旗宏泰城市建设投资有限责任公司	16.00	30.05*
							准格尔旗国有资产投资经营有限责任公司	20.00	44.77
晋城	煤炭	56.92	1011.6	—					
临汾	冶金	39.57	1220.5	110.78	57.88	83.90	临汾市投资集团有限公司	35.00	82.48
大庆	石油	80.47	4000.5	140.33	71.86	148.74	大庆市城市建设投资开发有限公司	22.00	51.07
本溪	冶金	45.48	1130.0	122.33	—	—	本溪市城市建设投资发展有限公司	35.00	96.18

续表

城市	单一产业/资源	单一产业占工业总产值比重	GDP	一般预算收入	政府性基金收入	政府债务规模	已发债融资平台企业名称	存续期债券规模	2012年末平台全部债务总额
淮南	煤炭	73.31	781.8	98.61	43.43	115.38	淮南市产业发展投资有限公司	9.00	17.87
							淮南市城市建设投资有限责任公司	15.00	56.21

注：伊金霍洛旗宏泰城市建设投资有限责任公司的全部债务为2011年数据，该公司2012年审计报告未发布。

资料来源：公开资料、中债资信整理。

（执笔：才进　叶枫　霍志辉）

自发自还地方政府债券的总结和展望

截至 2014 年 9 月 15 日，10 个地方债自发自还试点地区已经有 9 个地区完成试点工作，整体上此次试点工作比较成功。此次自发自还地方债试点地区信息披露程度有所加强，发行利率接近国债利率，为 3.75% ~ 4.29%，远低于城投债和非标产品的融资成本；债务资金用于保障性安居工程、普通公路建设等重大公益性项目或替换旧债务；各地方债偿债资金均纳入财政预算，偿还保障程度高，并且获得评级机构 AAA 级别。从各家评级机构的评级报告来看，在评价地方政府信用风险时主要关注宏观经济，财政体制，地区经济规模及结构、未来增长动力，财政收支状况和稳定性，债务规模、结构及偿债指标，政府治理水平，金融生态环境等方面。

中国自发自还地方政府债券仍处于初步摸索阶段，在试点过程中也出现几点值得关注的问题：试点范围和发行规模仍然有限；部分地方债发行利率明显低于同期国债利率，存在非市场因素干扰；各个地政府信息披露程度和口径大小不一致，信息披露仍需加强；部分经济实力和财政实力弱、偿债保障能力较差的试点地区也获得 AAA 级别，受到市场的质疑。

基于上述问题，我们认为未来地方政府债券发行可以从以下几个方面进行完善：首先，通过增加债券品种、主体、规模、二级市场流动性、地方债估值体系、隔离机制等措施推动建立地方政府债券自发自还利率形成机制；其次建立地方债信息披露制度，形成地方政府信息披露硬约束，加强信息披露程度；再次通过建立发行人评价和反馈机制加强对发行人的监管，减少发债过程中的非市场化因素；最后提高信用评级机构的地方债评级透明度和评级人员的专业化水平。

我们预计 2015 年地方政府自发自还将对省级行政单位扩大范围，甚至全面放开，并可能推出不同品种的地方政府债券（一般债券和专项债券）。

国际经济危机发生后，为了应对宏观经济衰退，我国推出了"4 万亿投资"刺激经济增长的计划,中国经济进入了快速加杠杆时期。作为基础设施建设投资主体,近5年来政府部门及相关实体财务杠杆率快速上升,已经积累了庞大的政府性债务。由于旧的预算法限制政府直接举债和分税制导致地方事权与财权的不匹配,各地纷纷成立融资平台承担为地方基建筹措资金的功能。但是基于政府信用背书和投资计划政府指令色彩浓重,融资平台债务软约束特征明显,对债务融资成本不敏感,导致其融资成本较高。在政府性债务风险不断积聚和融资成本高企的背景下,国家多次出台政策约束融资平台融资,要求建立以政府债券为主体的地方政府举债融资机制,对地方政府债务实行限额控制,防范和化解债务风险。

地方政府发债模式自2009年开始经历了"代发代还"、试点省市"自发代还"和"自发自还"三个阶段,发债规模也从最初的2000亿元增加至2014年的4000亿元。"代发代还"和"自发代还"模式下,由财政部代为还本付息,实质拥有国家信用背书,不是真正意义上的地方政府债券。

2014年5月22日,财政部印发《2014年地方政府债券自发自还试点办法》(以下简称《办法》),继续推进地方政府债券改革,开创了地方政府自主发债新纪元,与原来的模式相比较,在自发自还、债券期限延长、开展信用评级、信息披露、试点单位数量等方面实现了突破:首先,自发自还说明试点地方政府债券以地方政府信用资质为基础由地方政府自主发行和偿还;其次,地方政府债券期限拉长,由以前的3年、5年、7年拉长至5年、7年和10年;再次,首次要求对政府债券评级,要求公开披露经济、财政和债务数据。

此次自发自还地方债试点地区信息披露程度有所加强,发行利率接近国债利率,债务资金用于公益性项目或替换原有债务,偿债资金均纳入财政预算,偿还保障程度高,均获得评级机构AAA级别。

2014年试点自发自还地方政府债券的地区包括上海、浙江、广东、深圳、江苏、山东、北京、青岛、宁夏、江西10个省、自治区、直辖市和计划单列市,涵盖了东、中、西部地区,预计发行总额1092亿元。自2014年6月23日广东省成功发行第一单自发自还地方政府债券,除深圳外,截至2014年9月15日,已经有9个省(区、市)完成地方政府债券自发自还试点(具体见表1)。

表1　截至2014年9月已完成自发自还政府债券发行的地区

地区	发行日期	发行期限（年）	发行金额（亿元）	发行利率（%）	评级机构	评级结果
广东省	2014/6/23	5	59.2	3.84	上海新世纪资信评估投资服务有限公司	AAA
		7	44.4	3.97		
		10	44.4	4.05		
山东省	2014/7/11	5	54.8	3.75	上海新世纪资信评估投资服务有限公司	AAA
		7	41.1	3.88		
		10	41.1	3.93		
江苏省	2014/7/24	5	69.6	4.06	中债资信评估有限责任公司	AAA
		7	52.2	4.21		
		10	52.2	4.29		
江西省	2014/8/5	5	57.2	4.01	上海新世纪资信评估投资服务有限公司	AAA
		7	42.9	4.18		
		10	42.9	4.27		
宁夏回族自治区	2014/8/11	5	22.0	3.98	大公国际资信评估有限公司	AAA
		7	16.5	4.17		
		10	16.5	4.26		
青岛市	2014/8/18	5	10.0	3.96	大公国际资信评估有限公司	AAA
		7	7.5	4.18		
		10	7.5	4.25		
浙江省	2014/8/19	5	54.8	3.96	中债资信评估有限责任公司	AAA
		7	41.1	4.17		
		10	41.1	4.23		
北京市	2014/8/21	5	42.0	4.00	中债资信评估有限责任公司	AAA
		7	31.5	4.18		
		10	31.5	4.24		
上海市	2014/9/11	5	50.4	4.01	大公国际资信评估有限公司	AAA
		7	37.8	4.22		
		10	37.8	4.33		

资料来源：中债资信根据公开资料整理。

从发行利率来看，《办法》中要求"以同期限新发国债发行利率及市场利率为定价基准"，采取市场化发行和定价。从实际发行结果来看，除山东省政府债券发行利率明显低于同期国债20个BP外，其他8个地区政府债券发行利率基本为同期国债收益率，5年期发行利率介于3.75%～4.06%，7年期介于3.88%～4.22%，10年期介于3.93%～4.33%，远低于城投债（目前平均发行利率7%～8%）和非标产品的融资成本（8%～12%）。从实际发行利率来看，影响地方债发行利率因素有很多，包括资金供求、期限结构、债券流动性与信用评级结果等市场因素，同时也包括政府行政干预等非市场因素（部分地区地方政府对承销机构指定投标价位和摊派，相互攀比发行利率等），且非市场因素影响更大一些。

从债务资金用途来看，财政部要求债券资金优先用于保障性安居工程、普通公路建设等重大公益性项目支出，债务风险较高的地区主要用于在建公益性项目后续融资，杜绝债务资金用于楼堂馆所等中央明令禁止的项目，不得用于经常性支出。9个地区发行债券公告均说明债券资金主要用于保障性安居工程和普通公路建设等公益性项目，或转贷市县级政府，部分地区也用于支持特色产业发展和偿还债务本息，基本符合财政部对债券资金用途的要求。

从评级结果来看，根据财政部要求，试点地区开展债券综合性评级，没有明确要求出具主体信用等级，因此目前各家评级机构仅出具并公开发布了自发自还地方政府债券评级结果。虽然试点地区在经济、财政规模及债务负担等方面存在差异，但本次发行债券纳入公共财政预算，且规模相对政府财力而言很小，因此已经公告的试点地区地方政府债券均得到评级机构AAA级别。从各家评级机构的评级方法比较来看，中债资信评估有限责任公司和上海新世纪资信评估投资服务有限公司在分析地方政府债券信用风险时，主要关注地区经济、财政、债务、政府治理、地区金融生态环境等评级要素。地区经济要素主要从经济规模、增速、产业结构及稳健性等方面进行评价；财政要素主要从财政收支规模、结构和稳定性去考量；债务评级要素从债务规模、期限结构、债务负担和偿债指标等方面去衡量；政府治理评级要素主要包括信息披露的透明度、财政管理执行情况、债务管理情况和战略可行性等内容。大公国际资信评估有限公司则从偿债环境、财富创造能力、偿债来源与偿债能力等四个指标进行衡量和评价，虽然有所创新，但是实际大部分分析内容与国内外大部分评级机构关注的内容基本相近（比如财富创造能力实际指的就是经济及结构和发展动力，偿债环境包括经济发展基础条件、发展战略、金融环境等），且可用偿债来源偏离度等新创造的概念和指标不是行业通用指标，发行人和投资者很难理解和接受。

表 2　三家评级机构政府债券评级方法对比

中债资信		新世纪		大公国际	
一级要素	二级要素	一级要素	二级要素	一级要素	二级要素
宏观经济与政策环境分析	宏观经济	宏观经济与财政管理体制	宏观经济	偿债环境	资源禀赋
	政策环境		财政管理体制		制度环境
经济实力分析	经济发展基础条件	经济增长和发展	经济地位		信用环境
	经济规模和经济结构		经济发展情况	财富创造能力	财富创造能力基本情况
	经济增长潜力		经济发展动力结构、产业结构、区域结构		未来财富创造动力
财政实力分析	财政体制	财政平衡能力和稳定性	公共财政预算收支平衡能力和稳定性	偿债来源	初级偿债来源（公共财政收入、政府性基金收入和国有企业可变现资产）
	财政收入规模和结构		政府性基金预算收支平衡能力和稳定性		
	财政支出弹性及财政平衡				财政支出
	可变现资产		国有资本经营预算平衡能力和稳定性		可用偿债来源偏离度
政府性债务状况分析	债务规模	政府性债务	债务分析（总量、结构、举债主体及来源、债务负担）	偿债能力	债务管理制度
	偿债指标和期限结构		政府债务的管控		总债务偿付能力
政府治理水平分析	信息透明度	政府治理	信息透明度		存量债务偿付能力
	法制、财政、债务管理水平		金融生态环境		新增债务偿付能力
	战略可行性		战略管理		
地区金融生态环境评价	地区金融生态环境	—	—		

资料来源：中债资信根据公开资料整理。

从偿债安排来看，大部分政府债券偿还资金纳入财政预算，广东省级安排资金由项目收益偿还，但项目收益难以偿还时，可由财政资金先行垫付。考虑到此次各地政府债券规模相对于财政收入很小，且均纳入财政预算资金，因此，自发自还地方政府债券偿还保障程度很高。

从信息披露来看，财政部要求试点地区"应及时披露债券基本信息、财政经济运行及债务情况"，9 个地区均披露了债券基本信息（包括债券规模、期限、用途和还款安排、发行规则），信用评级结果，2011～2013 年经济和财政收支数据，2013 年 6 月末或 2013 年底政府债务数据，以及地区经济中长期发展战略和债务管理制度，信息透明度有所提高。虽然地方政府披露的信息大多数为公开资料，但是还是较以前有所改善，至少披露最新的债务数据（2013 年末）。

此次试点工作较以前地方政府债券模式实现了重大突破，整体上较为成功，但是仍有以下几点问题值得关注。首先，本次地方政府自主发债试点涉及范围仍较小，规模有限，对替换当期庞大的融资平台债务作用甚微。其次，部分地方政府债券发行利率显著低于同期限国债利率，存在非市场因素干预。再次，地方政府信息披露有待加强，地方政府信息披露各地执行情况不一。各地对经济数据公布比较充分，但是对公共财政预算、政府性基金和国有资本经营预算等财政收支情况公布范围和程度相差较大；在债务数据方面，部分地区未公布 2013 年末债务数据和期限结构；试点地区均未披露地方政府拥有的资产情况。最后，地方政府债券试点地区信用等级均为 AAA。由于地方政府处于强势地位，尽管信用评级机构在开展工作过程中尽量保持独立、客观、公正，但是部分评级机构对经济、财政和偿债保障相对较弱的地区（宁夏和江西等）也出具 AAA，受到市场质疑。

我们建议未来发行地方政府债券从以下几个方面进行完善。

（1）推动建立地方政府债券自发自还利率形成机制。首先，需要建立地方政府债券自发自还常规性发行机制，提高发行频次，确保债券发行的连续性，同时丰富地方债期限品种，增加 1 年期、3 年期和 15 年期自发自还地方债品种，甚至更短或更长期限品种，完善地方债期限结构，满足不同投资者的期限要求。其次，提高地方债二级市场流动性，完善做市商制度，打通银行间和交易所市场，鼓励更多投资者进行二级市场交易。再次，建立符合中国特色行政和财政体制的地方债市场估值体系，包括估值模型，市场表现，经济、财政和偿债情况，以及外部评级机构评级结果等方面。最后，弱化地方政府自发自还话语权，建立相关隔离机制，降低地方政府对承销商的干预。

（2）进一步加强政府信息透明度。首先，根据新的预算法修订意见，地方政府需要在人大批准后 20 日内，公布包括公共财政预算、政府性基金预算、国有资本经营预算、社会保险基金预算在内的全口径预决算报告和报表，并对本级政府举借债务的情况等重要事项做出说明。因此，地方政府发债过程中建议及时披露近 3 年的相关财政报表，并披露政府举债规模、具体用途、每年偿还债务规模以及偿债资金和债务偿还保障措施。其次，财政部正在推进地方政府综合财务报告编制试点工作，形成政府的资产负债表。因此，未来发债政府建议披露综合财务报告。

（3）加强对发行人的监管和监督。建议相关部门建立中介机构对发行人的评价和反馈机制。信用评级、承销商等中介机构可以通过匿名方式给监管部门提出建议和意见，并制定对发债过程中非市场化行为的处罚措施等。同时，监管机构可以建立对发行人信息披露程度的评价机制，进一步约束发行人信息披露。

（4）信用评级机构加强信用评级的透明性和专业程度。首先，建议评级机构应该公开各自地方政府评级方法和评级标准，接受市场的检验。其次，提高地方政府评级从业人员能力，虽然各家评级机构拥有评级资质，但地方政府债券评级尚处于开荒期，评级人员执业能力参差不齐，由于地方政府评级因素与工商企业存在较大差异，专业要求较高，因此为提高信用评级机构信誉和专业性，建议对参与地方政府评级的评级人员的执业年限和知识储备进行一些限制，比如 5 年以上分析师占比超过 20%，3 年以上占比超过 40% 等。再次，目前地方政府债券级别均为 AAA 级别，无法体现政府在经济、财政、管理和偿债能力等方面的差异性，建议可将评级符号作进一步细化，引入 AAA 加减号，即设立 AAA + 档、AAA 档和 AAA - 档。

预算法修正草案的通过为省一级地方政府发债提供了法律依据，预计 2015 年自发自还地方政府债券发行主体将会扩大，债券品种也将有所丰富。

2014 年 8 月 31 日，十二届全国人大常委会第十次会议表决通过了《预算法修正草案》。此次表决通过的《预算法修正草案》明确了"经国务院批准的省、自治区、直辖市的预算中必需的建设投资的部分资金，可以在国务院确定的限额内，通过发行地方政府债券举借债务的方式筹措"，预算法的修订为未来省一级地方政府发行债券确立了法律基础。根据《关于 2013 年中央和地方预算执行情况与 2014 年中央和地方预算草案的报告》，"对地方政府性债务实行分类管理和限额控制，对没有收益的公益性事业发展举借的一般债务，由地方政府发行一般债券融资，主要以公共财政收入和举借新债偿还；对有一定收益的公益性事业发展举借的专项债务，主要由地方政府通过发行市政债券等专项债券融资，以对应的政府性基金或专项收入偿还"。我们预计 2015 年自发自还地方债券的发行主体将大幅增加，甚至大陆 31 个省、自治区、直辖市将会全面放开发行地方政府债券，同时有可能推出不同的地方政府债券品种，比如一般责任债券——目前自发自还的地方政府债券和专项债券——土地出让收入、通行费收入等债券。

总体来看，此次地方债试点工作开启了我国真正意义上的地方债序幕，是建立公开透明的地方政府债务融资制度的重要举措，有利于降低融资成本和防范政府债务风险。由于制度尚未完善，在此次试点工作中，在政府信息披露、发行环节均出现一些非市场化因素。从国内经验看，一个债券品种发行初期总会出现一些问题，因此地方政府自发自还债券出现上述问题也符合事物发展规律。未来建议监管部门不断完善相关制度机制，确保地方债发行遵循市场化原则，保证评级机构的独立、客观和公正性，建立规范、透明的地方政府债务融资渠道。

（执笔：霍志辉　赵旭东）

《关于加强地方政府性债务管理的意见》点评之一

——城投公司加速质变

近年来国家出台了一系列的规范地方政府性债务的政策，从 2010 年国发 19 号文开始，城投公司开始了缓慢的转型之路，逐步减少公益性项目融资职能，增加自身造血功能。2014 年 10 月 2 日《国务院关于加强地方政府性债务管理的意见》（以下简称《意见》）对外公布，明确建立"借、用、还"相统一的地方政府性债务管理机制，剥离融资平台政府融资职能，建立规范地方政府融资机制，存量债务也将分门别类管理和偿还，一系列政策加速了城投公司由量变走向质变。

城投公司亟须转型。城投公司转型迫在眉睫，将获得地方政府大量经营性资产的注入，经营业务的盈利能力将得到加强，其经营管理能力和理念也需进行市场化转型，传统意义上以公益性项目投融资为主业的城投公司也将逐步退出历史舞台，逐步转型为经营城市资产的一般工商企业。

存量城投债券信用风险将重塑、分化加大。部分城投债券如若审定为政府应当偿还的债务，被归类为一般债务和专项债务，纳入政府预算内，则将明确获得政府信用支撑，存在信用等级上升的预期。而未能纳入政府预算管理的城投债券或被归纳为一般企业类城投债券，则需要关注城投公司获得政府资产注入情况、赢利能力、现金流获取能力等，这部分债务将脱离政府信用兜底，其信用风险将会被重新评估。

城投债券的供给量或将缩减，新发债券评级将重新审视。我们认为传统意义上的城投债券将会被一般政府债券、专项债券和一般公司债三种发债途径所替代，传统城投债券供给量将逐步缩减。城投企业能获得较高的信用等级，主要依赖于政府信用背书。但随着城投公司业务转型，未来获得政府特殊性支持因素降低，因此城投公司偿债能力的评价思路将发生重大改变，未来其信用评价趋同一般工商企业，部分新发债券信用等级存在下移的可能性，信用等级分布也将更加分散。

此次《意见》对城投公司转型、存量城投债券的信用风险和未来城投债券发行规模、信用评级和偿债能力均会产生深远的影响。

一 城投公司转型将加速由量变走向质变

自2010年国务院19号文颁布以来，国家及相关部门均出台相关政策清理和规范地方政府融资平台或城投公司的政策，城投公司开始了漫长的转型之路。虽然基于融资平台庞大的存量债务、其他融资渠道不足和其他配套措施不健全，城投公司仍承担着政府的公益性项目融资职能，且逐步增加经营性业务，增强其自身的造血功能。根据中债资信统计数据，2011～2013年样本城投企业主营业务收入由1712.22亿元增加到2295.47亿元。

此次《意见》中"明确政府和企业的责任，政府债务不得通过企业举借，企业债务不得推给政府偿还，切实做到谁借谁还、风险自担"，"剥离融资平台公司政府融资职能，融资平台公司不得新增政府债务"，再次明确要求剥离融资平台政府融资职能，完善配套制度，同时指公益性项目融资的发展方向和存量债务的处理途径，未来地方政府严格执行该意见，城投公司的转型将由量变转向质变，即剥离传统的公益性项目投融资职能，转向以经营性业务为主，其偿债资金来源主要依靠自身经营，而非政府信用。因此，我们延续之前的判断：从业务角度来看，未来城投公司将获得地方政府注入更多市场化的城市经营性资产和项目，比如燃气、水务、公交等传统市政公用类资产，以及封闭运营的棚改项目、停车场、广告权、加油站、收费的文化体育资产、房屋等商业设施，或采取"特许经营权""政府购买""拨付改租赁"等更加市场化的支持方式将没有收益性的公益性事业改造为能获取稳定经营性现金流的项目，城投企业继续运营上述项目。从融资来看，考虑到地方政府发债额度实行限额管理，难以完全满足地方政府项目融资需求，未来城投公司仍将继续存在，通过发行项目收益类债券等方式进行融资。从经营管理角度来看，随着业务市场化的转型，城投公司经营理念和管理水平也应向市场化方向转变，改变以前以代政府融资规模大小为主的经营理念，管理和战略的实施将围绕增加自身盈利能力为目标。从与政府和偿债来源关系来看，转型后的城投公司与政府的关系和业务往来将更加明确和规范，其偿债责任更加清晰，即"对项目自身运营收入能够按时还本付息的债务，应继续通过项目收入偿还。对项目自身运营收入不足以还本付息的债务，可以通过依法注入优质资产、加强经营管理、加大改革力度等措施，提高项目盈利能力，增强偿债能力"，这意味着依靠政府信用的城投公司将逐步退出历史舞台，尽管这一过程很艰难，但已是大势所趋。

二　以公益性项目融资为主的城投债发行规模将大幅下降，有收益的市政债券将继续保留

《意见》中"地方政府举债采取政府债券方式。没有收益的公益性事业发展确需政府举借一般债务的，由地方政府发行一般债券融资，主要以一般公共预算收入偿还。有一定收益的公益性事业发展确需政府举借专项债务的，由地方政府通过发行专项债券融资，以对应的政府性基金或专项收入偿还"，意味着地方政府举债将以政府发行一般债券和专项债券解决，而不允许通过政府融资平台或城投公司发行企业债券，将对现有的城投债券未来发行规模形成一定替代作用，同时允许地方政府债券置换企事业单位的存量政府债务，对城投债券存量和滚动发行也将产生替换作用。因此我们预计城投债券近期发行规模会下降，特别是纯公益性项目的城投债券供给将大幅减少。

有收益项目公司在签订特许经营权、合理定价、财政补贴等规范的协议并约定项目收益规则后，仍可以社会投资者或与政府设立的特别目的的公司为发行主体继续发行企业债券获得融资资金，但规模也会受到地方政府专项债券的分流影响。总体来看，传统意义上的以公益性项目融资为主的城投债券将会被一般政府债券、专项债券和有收益的市政债券（包括项目收益债、资产证券化等）三种发债途径所替代，如图1所示。

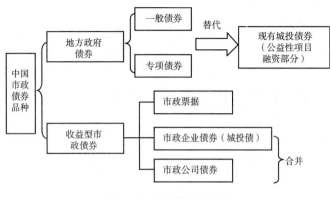

图1 市政债品种的分化

三 存量城投债券信用将重塑、分化加大

市场上对城投债券的界定没有统一明确的标准，存量城投债券规模统计口径也各有差异，市场基本上是依据发行主体是否是城投类企业而确定，并没有全部细化到项目上，这种情况下，会出现部分经营性项目披着政府类项目的外套获得城投债券资金。《意见》指出，在2013年审计署审计政府债务的基础上，对地方政府性债务存量进行甄别（具体标准和方式未披露）。由于2013年审计署对政府负有偿还责任的债务认定规模与市场上各种口径的城投债券规模相差很大，根据中债资信统计，2013年末城投债券存量债券规模为22314亿元，而审计署认定的2013年6月底负有偿还责任的企业债为11658.67亿元，因此必然有一半的城投债券将不被认定为政府应当偿还的债务。未来将对城投债券进行明确区分，部分城投债券如若被审定为政府应当偿还的债务，则会被归类为一般债务和专项债务而纳入政府预算管理，这类城投债券将明确获得政府信用支撑，逐步向准地方政府债券看齐，信用风险降低。而未能纳入政府预算管理的城投债券将被归纳为一般企业类债券，根据《意见》中政企债务分清责任的原则，这类城投债券实际偿还将由企业自身经营来承担，政府只承担项目约定收益部分支出，剥离政府信用兜底支撑作用，其信用风险将会重新评估。但是《意见》支持政府对城投企业进行优质资产注入，落实偿债来源，实质上这类城投债券的风险较以前有所降低，但是此类城投债券的信用风险要高

于纳入政府财政预算的城投债券。同时，为了应对这类城投债券风险逆转带来负面冲击影响，《意见》仍留有政府对这类或有债务进行担保和救助的口子，即"或有债务确需地方政府或其部门、单位依法承担偿债责任的，偿债资金要纳入相应预算管理"，"对确需地方政府履行担保或救助责任的债务，地方政府要切实依法履行协议约定"。因此，这类城投债券的信用风险前后变化存在较大的不确定性。

四 未来将重新梳理城投公司评级思路和信用等级

城投企业政府性债务较多，经营性资产较少和现金流较少，自身偿债指标表现很差，其之所以能获得较高的信用等级，主要依赖于政府信用背书。在现有城投企业信用评级中，会专门辟出一栏用于分析城投企业所处地区地方政府的信用实力。因此，目前市场上城投债券的级别分布与政府级别体现出高度的一致性，即政府信用实力较强的地区下属城投企业往往可获得较高的信用等级，且城投债券分化（离散）程度较低。但如上所述，未来城投公司转型趋势，其债务将降低或丧失政府财政担保或救助，因此城投公司未来偿债能力的评价思路和级别得出逻辑将发生重大改变，未来其信用评价将主要取决于自身经营性业务产生的现金流对债务的保障程度。对于未来经营模式稳定、与政府约定的收益机制合理的城投企业，且所处行业周期性较弱，其未来现金流将基本稳定，有望获得较高的信用等级。对于经营性业务波动性较大（如对土地和房地产依赖性较高的企业），或自身现金流较小的城投类企业（如经营性资产规模较少的企业），风险暴露较为突出。

对于新发债券，未来城投公司将发行一般企业债券、项目收益债、资产证券化等债券品种，这些债券信用风险主要考虑自身收益，不考虑政府信用隐性担保，城投公司未来新发债券信用等级存在下移的可能性。

总体来看，此次《意见》为未来政府融资指明了方向，相关配套制度也在相继建立和完善中，将对城投公司转型、存量城投债券的信用风险和未来城投债券发行规模、信用评级和偿债能力产生深远影响。但是我们也注意到，《意见》仍存在一些影响城投企业及其融资未来发展的不确定事项：第一，没有收益的公益性事业和有一定收益的公益性事业定义未明确，未来城投发债可能存在"打擦边球"现象，将没有收益的公益性事业通过包装变成有收益的公益性项目，继续由城投企业发债；第二，《意见》未能明确哪些城投债券会被甄别为地方政府应偿还债务，并未说明甄别分类出的城投债券是否向社会公告，如果不公告仍将导致投资者分不清存量城投债券哪些是地方政府债务，而且这个工作量很大，过程不透明，主要取决于城投公司和政府的谈判能力；第三，《意见》中政府性债务分为一般债务、专项债务和或有债务，并指出或有债务确需政府偿还的资金也纳入预算管理，但并未明确或有债务认定标准，政府或有债务是否会披露，这可能会导致部分城投债券仍会罩上政府信用背书的迷雾。综上，《意见》实施仍需相关政府部门（国家发改委、人民银行、银监会等）出台一系列实施细则来进一步细化执行层面的各项制度。

（执笔：霍志辉　赵旭东）

《关于加强地方政府性债务管理的
意见》点评之二

——形成发债、PPP 等并存的多种基础设施融资模式

为建立规范的地方政府举债融资机制，2014 年 8 月 31 日通过的《预算法修正案》为地方政府自主发债提供了法律保障。2014 年 10 月 2 日，国务院办公厅下发了《国务院关于加强地方政府性债务管理意见》（国发〔2014〕43 号，以下简称"意见"）。《意见》指出"要建立借、用、还相统一的地方政府性债务管理机制；修明渠、堵暗道，赋予地方政府依法适度举债融资权限，加快建立规范的地方政府举债融资机制；对地方政府债务实行规模控制和预算管理"。我们预计未来地方政府基础设施融资方式将主要包括（如图 1）：①地方政府债券，含一般债券和专项债券；②PPP政府与社会资本合作模式；③有收益的项目发行企业债券、项目收益票据等。

地方政府债券将成为地方政府公益性项目的主要举债融资方式，发行主体为省级政府，地方政府债券类型分为一般债券和专项债券，地方政府债券的偿债资金纳入预算管理，较目前其他政府性债务而言，保障程度很高。

从举借债务的类型来看，《意见》中明确"地方政府举债采取政府债券方式，没有收益的公益性事业发展确需政府举借一般债务的，由地方政府发行一般债券融资，有一定收益的公益性事业发展确需政府举借专项债务的，由地方政府通过发行专项债券融资"，未来地方政府将通过发行一般债券和专项债券为基础设施建设项目融资。这意味着未来地方政府如果想举债，主要采取公开发行政府债券的方式，而不是目前主要通过搭建政府融资平台举借银行贷款、发行企业债券、BT 等模式。公开发行债券的方式有利于公开披露债务相关信息，有利于对地方政府债务进行监督和管

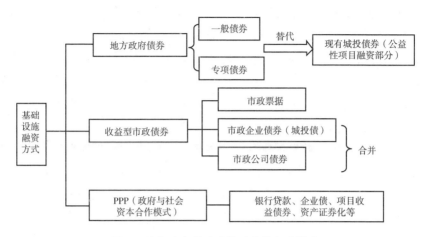

图1 地方政府基础设施融资的多种模式

理。具体形式来看，一般债券主要为解决一般公共预算内必要建设资金，专项债券主要是为了解决有一定收益的政府性基金或专项收入必要建设资金。其实关于上述地方政府债券形式的政策在《关于2013年中央和地方预算执行情况与2014年中央和地方预算草案的报告》中已经有过明确表述，"对地方政府性债务实行分类管理和限额控制，对没有收益的公益性事业发展举借的一般债务，由地方政府发行一般债券融资，主要以公共财政收入和举借新债偿还；对有一定收益的公益性事业发展举借的专项债务，主要由地方政府通过发行市政债券等专项债券融资，以对应的政府性基金或专项收入偿还"。

《意见》明确了地方政府只能通过发行债券融资，意味着未来地方政府将不允许通过BT、信托和融资租赁等非标产品进行融资。从非标产品形成的地方政府债务来看，根据审计署2014年1月发布的《全国政府性债务审计结果》，截至2013年6月底，政府负有偿还责任的债务中，BT、信托和融资租赁形成的债务规模为2.05万亿元，占政府负有偿还责任债务的18.82%。

从债券举借主体来看，《意见》中明确"经国务院批准，省、自治区、直辖市政府可以适度举借债务，市县级政府确需举借债务的由省、自治区、直辖市政府代为举借"，这是对《预算法修正案》中规定"经国务院批准的省、自治区、直辖市的预算中必需的建设投资的部分资金，可以在国务院确定的限额内，通过发行地方政府债券举借债务的方式筹措"进一步明确，这意味着未来地方政府发债的主体不会下放到市县政府，这也使中央政府便于管理地方政府债务，防止下放过多举债主体，产生难以控制的地方政府债务风险；同时也意味着未来地方政府债券发行主体数量为大陆31个省级政府。此外《意见》明确"政府债务只能通过政府及其部门举借，不得通过企事业单位等举借"，这意味着未来地方政府债务举借主体包括地方政府，还包括所属部门，比如教育局、卫生局、土储中心等形成教育、医疗和土地开发等业务形成的债务，这也符合现实情况。根据审计署2013年全国政府性债务审计结果，截至2013年6月末，政府负有偿还责任债务中政府及其机构债务余额为30918.13亿元，经费补助事业单位为17761.87亿元。

从发行利率来看，长期以来，地方政府通过融资平台公司以企业信用举借政府性债务，融资成本大多在7%以上，远远高于地方政府自身的信用价值，实际上是"贱卖"政府信用。从目前试点"自发自还"政府债券发行利率来看，5年期发行利率介于3.75%～4.06%，7年期发行利率介于3.88%～4.22%，10年期发行利率介于3.93%～4.33%，远低于城投债（目前平均发行利率7%～8%）和非标产品的融资成本（8%～12%）。未来随着地方政府债券市场逐步完善，地方政府发债规模逐步增大，低成本的地方政府债券将与实际的政府信用价值相吻合。

从偿债资金来源看，《意见》规定"要把地方政府债务分门别类纳入全口径预算管理。地方政府要将一般债务收支纳入一般公共预算管理，将专项债务收支纳入政府性基金预算管理，将政府与社会资本合作项目中的财政补贴等支出按性质纳入相应政府预算管理。地方政府各部门、各单位要将债务收支纳入部门和单位预算管理。或有债务确需地方政府或其部门、单位依法承担偿债责任的，偿债资金要纳入相应预算管理"。未来地方政府将按举借债务类型的不同纳入相应的预算管理，偿债资金较为明确，与目前其他政府性债务（城投债券、BT、银行贷款、信托等）相比，地方政府债券的偿债保障程度很高。

鼓励PPP政府与社会资本合作模式，有利于划分政府债务和企业债务的界限，预计未来PPP将成为基础设施的重要融资模式之一。

《意见》中明确"推广使用政府与社会资本合作模式。鼓励社会资本通过特许经营等方式，参与城市基础设施等有一定收益的公益性事业投资和运营。政府通过特许经营权、合理定价、财政补贴等事先公开的收益约定规则，使投资者有长期稳定收益。投资者按照市场化原则出资，按约定规则独自或与政府共同成立特别目的公司建设和运营合作项目"，这也与财政部一直以来大力支持发展PPP的政策一脉相承。2014年5月，财政部成立政府和社会资本合作（PPP）工作领导小组，9月24日发文《关于推广运用政府和社会资本合作模式有关问题的通知》（财金〔2014〕76号，以下简称《通知》），要求推广运用政府和社会资本合作模式，在全国范围内开展项目示范。财政部部长楼继伟此前在二十国集团（G20）财长和央行会议上透露，目前财政部已面向社会推出了80个PPP项目。

从PPP适用范围来看，《通知》中明确"重点关注城市基础设施及公共服务领域，如城市供水、供暖、供气、污水和垃圾处理、保障性安居工程、地下综合管廊、轨道交通、医疗和养老服务设施等，优先选择收费定价机制透明、有稳定现金流的项目"。

从选择项目合作伙伴来看，《通知》中明确"地方各级财政部门要依托政府采购信息平台，加强政府和社会资本合作项目政府采购环节的规范与监督管理"。财政部将围绕实现"物有所值"价值目标，探索创新适合政府和社会资本合作项目采购的政府采购方式。地方各级财政部门要会同行业主管部门，按照《政府采购法》及有关规定，依法选择项目合作伙伴。要综合评估项目合作伙伴的专业资质、技术能力、管理经验和财务实力等因素，择优选择诚实守信、安全可靠的合作伙伴，并按照平等协商原则明确政府和项目公司间的权利与义务。可邀请有意愿的金融机构及早进入项目磋商进程。

从项目财政补贴管理来看，《通知》中明确"对项目收入不能覆盖成本和收益，但社会效益较好的政府和社会资本合作项目，地方各级财政部门可给予适当补贴"。财政补贴要以项目运营绩效评价结果为依据，综合考虑产品或服务价格、建造成本、运营费用、实际收益率、财政中长期承受能力等因素合理确定。地方各级财政部门要从"补建设"向"补运营"逐步转变，探索建立动态补贴机制，将财政补贴等支出分类纳入同级政府预算，并在中长期财政规划中予以统筹考虑。

整体上，我们认为，采取PPP模式有利于划分政府债务与企业债务之间的界限，解决目前政府融资平台债务与政府债务之间界限模糊的问题；采取PPP模式成立的项目公司，其债务明确为企业债务，偿债资金来源为项目运营收益或者政府补贴。同时未来财政部希望通过 PPP 模式来逐步替代目前部分政府融资平台公益性项目的融资，PPP 将成为未来地方政府基础设施建设融资的一种重要途径。

未来将剥离融资平台政府融资职能，转型后的政府融资平台有可能继续发行企业债券，同时鼓励特别目的公司可以通过银行贷款、企业债、项目收益债券、资产证券化等市场化方式举债。

从融资平台债务规模来看，根据审计署 2014 年 1 月份发布的《全国政府性债务审计结果》，截至 2013 年 6 月底，政府负有偿还责任的债务中，融资平台举借的债务为 4.08 万亿元，占政府负有偿还责任债务的 37.47%，是政府性债务最主要的举债主体。从融资平台发债规模来看，根据中债资信统计数据，2010～2013 年地方政府融资平台发债规模分别为 2765 亿元、3264.10 亿元、8246.10 亿元和 8286.26 亿元，融资平台仍是地方政府基建项目最主要的融资主体，但是基于政府背书和投资计划政府指令色彩浓重，融资平台债务软预算约束特征明显，融资成本过高，负债过高、多头举债，导致政府债务不透明，监管不力，地方政府债务风险加剧。

《意见》中明确"剥离融资平台公司政府融资职能，融资平台公司不得新增政府债务"，这意味着政府融资平台未来将加速转型，具体内容详见《关于加强地方政府性债务管理的意见点评之———城投公司加速质变》的相关内容。考虑到目前中央政府和地方政府的博弈以及现实情况，政府融资平台还会保留，但肯定是逐步转型，转型后的政府融资平台将成为一般工商业企业，仍可继续通过发行企业债券等进行融资，并主要依靠自身收益来偿还债务。关于政府融资平台未来怎样融资在《意见》中并没有明确表述，我们认为主要是考虑到政府融资平台与政府之间的关系过于密切，不利于区分和隔离政府债务与企业债务。

《意见》中明确"投资者或特别目的公司可以通过银行贷款、企业债、项目收益债券、资产证券化等市场化方式举债并承担偿债责任"，鼓励特别目的公司发行债券、举借银行贷款等，也表明中央政府希望通过特别项目公司来代替政府融资平台进行基础设施建设融资。

（执笔：霍志辉　郭永斌）

附录 A 金融生态环境评价指标体系

表 A.1 中国地区金融生态环境的评价指标体系

方面指数	分项指标	二级分项指标
地方政府债务对金融稳定的影响	地方政府负债水平	负债率（倍数）
		债务率（倍数）
		资产负债率（倍数）
	地方政府债务风险	偿债率（倍数）
		利息支出率（倍数）
		债务展期情况调查（打分）
		债务还款来源调查（打分）
		私人部门从事平台业务调查（打分）
	财政平衡能力	税收收入占预算内收入比重（倍数）
		土地出让金占地方可支配财力比重（倍数）
	政府治理	对信贷业务干预情况调查（打分）
		地方政府暗中庇护欠债企业情况调查（打分）
		政府办事效率及态度调查（打分）
经济基础	经济发达水平	人均 GDP（万元）
		城镇居民可支配收入（万元）
		人均社会零售商品总额（万元）
	经济结构及私人部门发展	第三产业产值占比（倍数）
		非国有部门工业总产值占比（倍数）
		非国有经济就业人数占比（倍数）
	基础设施及公共服务	公路密度（公里/平方公里）
		人均邮电业务总量（万元）
		每千人拥有的医院床位数（张）
		每千人拥有的高等教师数（人）

续表

方面指数	分项指标	二级分项指标
金融发展	金融深化	金融资产总量与 GDP 比值（倍数）
	金融效率	金融机构贷存比（%）
		国有、股份制、城商行平均资产收益率（%）
		农村金融机构资产收益率（%）
	私人部门获得的金融支持	非国有部门新增贷款占比（%）
		小微企业新增贷款占比（%）
	市场发育	银行贷款替代产品新增占比（倍数）
		企业债券新增占比（倍数）
		股票新增融资占比（倍数）
制度与诚信文化	法治环境	对辖内司法的信任程度（打分）
		司法公正性（打分）
		法院执行力（打分）
		银行诉讼债权回收率（打分）
	政府诚信	政府政策透明度（打分）
		政府政策的连续性和一致性（打分）
	诚信文化	企业逃废债可能性（打分）
		企业资不抵债可能性（打分）
		地方政府对诚信建设的支持（打分）
		主动提供征信信息情况调查（打分）
		征信查询情况调查（打分）
		伪造信息、套现信用卡情况调查（打分）

附录 B　金融生态环境评价模型

我们采用因子分析与层次分析法相结合构建中国地区金融生态环境评价模型。具体讲，方面指数和各分项指数是通过对其下设底层指标进行因子分析，提取主成分因子若干（贡献率要超过80%）而形成。

四个方面指数合成地区金融生态环境综合评价指标，则通过层次分析法确定地方政府债务对金融稳定的影响、经济基础、金融发展以及制度和信用文化四个方面指数的权重。

在目前评价方法体系中，多指标权重的确定一般采用专家评定法（属于纯主观的方法）、因子分析法或主成分分析法（属于纯客观的方法）、层次分析法。一般说来，专家法在评判时可能因指标太多无法综合和分别考虑，存在权重粗糙、不准确的弊病；而因子分析法有时会遇到无法采集数据，或者是因数据瑕疵（异常数据关系）可能造成与现实逻辑的矛盾等。用层次分析法（AHP）确定多指标权重时，它是通过指标间的两两比较，采用 L. T. Satty 1～9 比率标度方法，并要通过一致性检验，所以采用层次分析法确定多指标的权重较其他方法而言更可靠、也更准确。

以一个多目标决策问题为例。要判断 A、B、C 三个目标之间的相对重要性，如果放在一起考虑，则分析者要综合考虑的信息太多，这样得出的结果可能比较主观和粗糙。但是如果将此问题分解为 A 与 B 的相对重要性、A 与 C 的相对重要性、B 与 C 的相对重要性来分别决策，这样人每次考虑问题时所涉及的因素就要简单得多，容易把握得多，故结果也会准确和符合实际得多。最后将分析者对各个分解决策目标的判断结果，输入计算机，进行数理运算（客观方法处理过程），得出 A、B、C 三个目标的相对重要性。

层次分析法（AHP）是美国著名的运筹学家、匹兹堡大学教授

T. L. Satty 在 20 世纪 70 年代提出来的，是解决多目标决策问题最常用、最重要的方法。该方法把定性分析与定量分析结合起来，能有效处理那些难以完全用定量方法来分析的复杂多目标问题。层次分析法的思想是把复杂问题分成若干层次，在每一层次逐步分析并将人们的主观判断数量化。用加权和的方法计算出各方案对总目标的权数。

其步骤如下。

B.1　建立层次结构模型。

将包含的因素分组，每组作为一个层次，从上至下依次分为目标层（最高层），准则层（中间层）和方案层（底层），上一层次对相邻的狭义层次的逐层支配关系，即递阶层关系。

具体示例如图 B.1 所示。

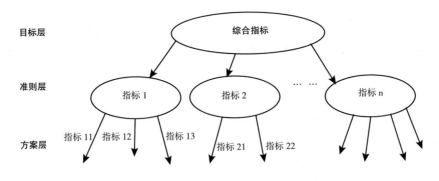

图 B.1　层次分析法图示

B.2　构造判断矩阵。

判断矩阵由层次结构模型中每层中的各因素的相对重要性的判断数值列表而成，判断矩阵表示同一层与上一层某因素有关各因素之间相对重要的比较。例如，若 A 层次中因素 A_K 与下层次 B_1，$B_2 \cdots$，B_n 有联系。

则判断矩阵

$$P(A_K) = (b_{ij}) = \begin{pmatrix} b_{11} & b_{12} & \cdots & b_{1n} \\ b_{21} & b_{22} & \cdots & b_{2n} \\ \vdots & \vdots & \cdots & \vdots \\ b_{n1} & b_{n2} & \cdots & b_{nn} \end{pmatrix}$$

b_{ij} 是判断矩阵 P 的元素，表示对因素 A_K 而言，B_i 与 B_j 相对重要性的数值，一般都采用 T. L. Saaty 提出的 1～9 标度法表示（见表 B.1）。

表 B. 1　L. T. satty1 - 9 标度法

标度 b_{ij}	定义
1	i 因素与 j 因素同等重要
3	i 因素比 j 因素略重要
5	i 因素比 j 因素重要
7	i 因素比 j 因素重要得多
9	i 因素比 j 因素绝对重要
2,4,6,8	介于以上两种判断之间的状态的标度
倒数	若 i 因素与 j 因素比较,结果为 $b_{ij} = 1/b_{ji}$

B. 3　层次单排序,并将判断矩阵的特征向量归一化

根据判断矩阵 $P(A)$ 求出这 n 个元素 B_1, B_2, $\cdots$, B_n 对 A_K 的相对权重向量 $W = (w_1, w_2, \cdots, w_n)^T$, 即计算判断矩阵的最大特征值 λ_{max} 及对应的特征向量 W。

B. 4　一致性检验

为了避免判断上的不一致性,需要用一致性指标 CI 进行检验, $CI = (\lambda_{max} - n)/(n - 1)$。在 $CI \leqslant 0.1$ 的条件下,认为判断矩阵 $P(A)$ 有效。

B. 5　层次总排序

计算合成权重的过程称为层次总排序,最低层中的各方案 (或与方案直接联系的属性层) 相对于总准则的合成权重 (或属性权重) 的计算要由上至下进行,将单准则权重进行合成,最终进行到最低层得到合成权重。合成权重最大的方案为最优方案。

附录C 信贷资产质量评定以及等级设定的方法

C.1 方法与步骤概述

我们对全国地区的信贷资产质量做了一个总体测评。所采用的指标包括两个，一是信贷资产的不良率（即贷款五级分类中，可疑、次级和损失类贷款所占比重）；二是估计损失率（即估计贷款损失率＝（正常类×1%＋关注类×2%＋次级类×20%＋可疑类×40%＋损失类×100%）/贷款余额）。

对于这两个信贷指标的评价必须采取审慎原则，既要考虑到国际银行业的惯例，又要注意到中国银行业的特殊性，还必须综合考虑监管层的政策取向，同时要考虑到跨年度之间数据可以比较，该评价结果为绝对指标。故此，本项研究采用模糊聚类方法，运用模糊综合评判原理，通过模糊矩阵运算得出定量化的两个分项指标评估值。

C.2 标准量化模型的建立

C.2.1 确定评判因素与评判等级的论域

C.2.1.1 评判因素论域：信贷不良率和估计损失率构成评判因素论域 U

$U = \{U_1, U_2\}$，其中 U_1 为信贷不良率，U_2 为估计信贷损失率

C.2.1.2 评判等级论域：根据中国地区银行体系目前这两项指标的分布特征，划分为 A、B、C、D、E、F 共6个评判等级，分别代表优秀、良好、一般、欠佳、差、很差，构成评判论域 V。

$V = \{A, B, C, D, E, F\}$

其中，A＝优秀；B＝良好；C＝一般；D＝欠佳；E＝差；F＝很差。

C.2.2 确定单因素评判标准及隶属函数

C.2.2.1 确定评判标准（见表C.1）

表 C.1　单因素评判标准

指标等级	A	B	C	D	E	F
信贷不良率(%)	<=2	2~5	5~10	10~15	15~20	>=20
估计损失率(%)	<=1	1~3	3~5	5~7	7~10	>=10

C.2.2.2 确定隶属函数。

首先，根据评判标准确定不同等级标准值，见表 C.2。

表 C.2　各指标不同评判等级的标准值

指标等级	A	B	C	D	E	F
信贷不良率(%)	1	3.5	7.5	12.5	17.5	25
估计损失率(%)	0.5	2	4	6	8.5	12

对任意一个指标实际值 Z_i，可通过与其对应评判等级的标准值 A_i、B_i、C_i、D_i、E_i、F_i 相比较得出该实际值对于其对应评判等级的隶属度。具体计算方法如下：

C.2.2.2.1 若 $Z_i > A_i$ 或 $Z_i < E_i$，则其隶属度为1，分别填入 A 等级或 E 等级；

C.2.2.2.2 若 $A_i < Z_i < B_i$ 或 $A_i > Z_i > B_i$，则 $b = (Z_i - A_i)/(B_i - A_i)$，$a = (B_i - Z_i)/(B_i - A_i)$，且 $a + b = 1$，其隶属度为 a，b 分别填入 A 等级或 B 等级。

C.2.2.2.3 若 $B_i < Z_i < C_i$ 或 $B_i > Z_i > C_i$，$C_i < Z_i < D_i$ 或 $C_i > Z_i > D_i$，均按上述 2 所列计算方法计算。

C.2.2.2.4 按上述步骤计算完成指标实际值对各评判等级的隶属度后，应建立各个指标在取值论域上对不同评判等级的隶属函数 $U_j^i(x)$（$i = 1$，2，$j = A, B, C, D, E, F$）

C.2.2.2.5 建立模糊关系矩阵把各个评判指标的实际值代入相应的隶属函数 $U_j^i(x)$，计算函数值，进行单因素评判。这个隶属函数值也就是对应于 A、B、C、D、E、F 六个评判等级的风险临界值（或风险概率值）。

C.2.2.2.6 最后以1、0.8、0.6、0.4、0.2、0.1 分别与对应于 A、B、C、D、E、F 六个评判等级的隶属函数值相乘，计算加权算术平均数，即可得到标准化处理的指标值。

C.3 地区信贷资产质量等级划分。

参考国际权威主权评级机构世界市场研究中心（WMRC）的等级划分标准（附世界市场研究中心的评级办法），设计以下信贷资产质量等级确定标准（见表 C.3）。

表 C.3　地区信贷资产质量等级设定标准

地区信贷资产质量评级		风险
1~0.8876 分	AAA	非常小
0.8875~0.7751 分	AA	可忽略
0.7750~0.6626 分	A	低
0.6625~0.5501 分	BBB	适中
0.5500~0.4376 分	BB	中
0.4375~0.3251 分	B	略高
0.3250~0.2689 分	C	高
0.2688~0.1566 分	D	非常高
0.1565~0.1000 分	E	极高

附：世界市场研究中心（WMRC）的评级办法。

世界市场研究中心的评级办法考虑六个因素，即政治、经济、法律、税收、运作和安全性。政治风险评级要估计国家全面的政治状况，如政府机构是否稳定和政治的民主性、政府是否能够实施政治计划而没有经常性政治僵局、国家的政治生活是否安定；经济风险评级要关注国家宏观状况和稳定性，如是否有稳定的市场、政府的政策是有益还是有害；法律和税收风险评级估计投资者遇到法律障碍的程度和未曾预料到的税收情况；运作和安全风险评级估计官僚主义和物质方面的障碍以及人员在工作中可能面临的情况，如是否有良好的基础设施或是否有恐怖主义的威胁。

WMRC 的思路是对每个国家六项考虑因素中的每一项都给出风险评分，分值为 1~5，1 表示最低风险，5 表示最高风险。风险评级最小的增加值是 0.5。国别风险的最终衡量根据权重，综合六个因素的打分情况得出。其中政治风险、经济风险各占 25% 的权重，法律风险和税收风险各占 15%，运作风险和安全性各占 10%。其计算方法如下：

$$国别风险 = \sqrt{\begin{matrix}(政治风险)^2 \times 0.25 + (经济风险)^2 \times 0.25 + (法律风险)^2 \times 0.15 + \\ (税收风险)^2 \times 0.15 + (运作风险)^2 \times 0.1 + (安全性)^2 \times 0.1\end{matrix}}$$

其国别风险评级状况描述见表 C.4。

表 C.4　WMRC 国别风险评级状况

全面风险评级		风险
1.0 ~ 1.24 分	A + +	非常小
1.25 ~ 1.74 分	A +	可忽略
1.75 ~ 1.99 分	A	低
2.0 ~ 2.49 分	B + +	适中
2.50 ~ 2.99 分	B +	中
3.0 ~ 3.49 分	B	略高
3.50 ~ 3.99 分	C	高
4.0 ~ 4.49 分	D	非常高
4.5 ~ 5.0 分	E	极高

附录 D 评价结果

表 D. 1 中国 247 个城市金融生态环境评价结果（2013 年）

城市 （地区）	地方债务对 金融稳定的 影响（分）	经济 基础 （分）	金融 发展 （分）	制度与诚信 文化（分）	综合 得分 （分）	综合 排名	不考虑 债务情况 的排名	债务对 生态的 影响
深　圳	0.537	0.781	0.709	0.921	0.746	1	1	0
上　海	0.529	0.785	0.673	0.892	0.727	2	2	0
苏　州	0.627	0.767	0.578	0.940	0.725	3	3	0
杭　州	0.543	0.684	0.589	0.910	0.684	4	5	↑
广　州	0.428	0.837	0.570	0.822	0.671	5	4	↓
宁　波	0.632	0.651	0.559	0.770	0.649	6	10	↑
南　京	0.545	0.770	0.549	0.721	0.647	7	7	0
厦　门	0.522	0.808	0.579	0.662	0.645	8	6	↓
绍　兴	0.636	0.523	0.600	0.821	0.643	9	11	↑
无　锡	0.577	0.653	0.529	0.812	0.640	10	9	↓
嘉　兴	0.629	0.589	0.525	0.799	0.630	11	12	↑
北　京	0.438	0.778	0.572	0.654	0.617	12	8	↓
温　州	0.574	0.523	0.635	0.702	0.612	13	13	0
中　山	0.570	0.593	0.570	0.673	0.601	14	15	↑
东　莞	0.591	0.705	0.538	0.559	0.596	15	18	↑
佛　山	0.653	0.502	0.584	0.643	0.592	16	23	↑
台　州	0.558	0.493	0.565	0.746	0.591	17	17	0
大　连	0.694	0.550	0.572	0.544	0.584	18	28	↑
常　州	0.572	0.622	0.577	0.555	0.582	19	20	↑

续表

城市 （地区）	地方债务对 金融稳定的 影响（分）	经济 基础 （分）	金融 发展 （分）	制度与诚信 文化（分）	综合 得分 （分）	综合 排名	不考虑 债务情况 的排名	债务对 生态的 影响
珠　　海	0.503	0.688	0.548	0.575	0.581	20	16	↓
福　　州	0.408	0.571	0.603	0.674	0.574	21	14	↓
舟　　山	0.543	0.597	0.605	0.525	0.571	22	21	↓
阳　　江	0.620	0.309	0.447	0.895	0.559	23	30	↑
金　　华	0.616	0.500	0.584	0.535	0.557	24	32	↑
潍　　坊	0.555	0.373	0.562	0.733	0.556	25	27	↑
威　　海	0.624	0.487	0.463	0.681	0.556	26	34	↑
镇　　江	0.510	0.536	0.518	0.648	0.554	27	25	↓
南　　通	0.593	0.524	0.541	0.562	0.552	28	33	↑
青　　岛	0.396	0.656	0.567	0.544	0.549	29	19	↓
济　　南	0.404	0.609	0.561	0.564	0.542	30	22	↓
长　　沙	0.443	0.537	0.579	0.558	0.536	31	26	↓
烟　　台	0.586	0.492	0.493	0.590	0.536	32	44	↑↑
连 云 港	0.639	0.338	0.462	0.722	0.531	33	54	↑↑↑
宣　　城	0.715	0.253	0.518	0.676	0.531	34	75	↑↑↑
汕　　头	0.605	0.343	0.578	0.600	0.530	35	48	↑↑
合　　肥	0.540	0.496	0.540	0.537	0.528	36	42	↑
韶　　关	0.551	0.339	0.499	0.735	0.528	37	45	↑
天　　津	0.376	0.517	0.576	0.602	0.528	38	24	↓↓
扬　　州	0.571	0.462	0.531	0.552	0.527	39	47	↑
马 鞍 山	0.597	0.400	0.498	0.616	0.523	40	55	↑↑
柳　　州	0.469	0.349	0.483	0.786	0.522	41	37	↓
海　　口	0.563	0.454	0.514	0.563	0.521	42	50	↑
滨　　州	0.622	0.355	0.553	0.568	0.521	43	61	↑↑
泰　　州	0.573	0.421	0.535	0.555	0.519	44	53	↑
武　　汉	0.487	0.535	0.564	0.473	0.519	45	40	↓
日　　照	0.656	0.370	0.577	0.480	0.517	46	77	↑↑↑
泉　　州	0.535	0.493	0.529	0.509	0.516	47	49	↑
蚌　　埠	0.563	0.348	0.495	0.672	0.516	48	56	↑
长　　春	0.547	0.449	0.558	0.502	0.514	49	52	↑
南　　昌	0.417	0.483	0.579	0.544	0.514	50	35	↓↓
湖　　州	0.434	0.519	0.528	0.539	0.510	51	38	↓↓
漯　　河	0.607	0.245	0.499	0.709	0.510	52	73	↑↑↑

续表

城市 （地区）	地方债务对 金融稳定的 影响（分）	经济 基础 （分）	金融 发展 （分）	制度与诚信 文化（分）	综合 得分 （分）	综合 排名	不考虑 债务情况 的排名	债务对 生态的 影响
重　庆	0.403	0.447	0.584	0.568	0.510	53	36	↓↓
南　平	0.595	0.373	0.543	0.534	0.509	54	70	↑↑
黄　山	0.593	0.279	0.553	0.608	0.506	55	76	↑↑↑
西　安	0.354	0.590	0.502	0.547	0.505	56	31	↓↓↓
临　沂	0.603	0.394	0.495	0.550	0.505	57	78	↑↑↑
锦　州	0.573	0.294	0.561	0.593	0.505	58	69	↑↑
阜　新	0.568	0.249	0.507	0.705	0.504	59	67	↑
成　都	0.341	0.554	0.536	0.545	0.504	60	29	↓↓↓
郑　州	0.398	0.458	0.579	0.537	0.502	61	39	↓↓↓
呼和浩特	0.544	0.465	0.480	0.529	0.502	62	63	↑
株　洲	0.558	0.357	0.412	0.705	0.501	63	72	↑
黄　石	0.610	0.254	0.451	0.717	0.500	64	85	↑↑↑
芜　湖	0.510	0.389	0.554	0.538	0.500	65	59	↓
十　堰	0.630	0.332	0.496	0.568	0.500	66	91	↑↑↑
银　川	0.540	0.384	0.526	0.549	0.499	67	65	↓
安　康	0.584	0.370	0.452	0.614	0.498	68	81	↑↑
大　同	0.484	0.341	0.578	0.571	0.498	69	57	↓↓
池　州	0.570	0.317	0.557	0.547	0.497	70	80	↑
太　原	0.450	0.485	0.515	0.522	0.496	71	51	↓↓
南　充	0.598	0.235	0.528	0.633	0.495	72	88	↑↑
南　宁	0.507	0.357	0.563	0.540	0.495	73	62	↓↓
梅　州	0.658	0.242	0.532	0.564	0.493	74	114	↑↑↑
沈　阳	0.366	0.603	0.529	0.437	0.492	75	43	↓↓↓
咸　阳	0.567	0.345	0.400	0.688	0.492	76	83	↑
盐　城	0.633	0.365	0.441	0.566	0.492	77	107	↑↑↑
淮　南	0.599	0.304	0.536	0.540	0.492	78	97	↑↑
贵　阳	0.352	0.419	0.544	0.613	0.491	79	41	↓↓↓
三　明	0.585	0.321	0.506	0.568	0.491	80	89	↑
昆　明	0.376	0.481	0.553	0.514	0.490	81	46	↓↓↓
恩　施	0.633	0.204	0.501	0.647	0.490	82	110	↑↑↑
宁　德	0.561	0.373	0.515	0.516	0.489	83	87	↑
丽　江	0.445	0.259	0.574	0.648	0.488	84	58	↓↓↓
淄　博	0.510	0.431	0.473	0.537	0.486	85	79	↓

续表

城市 （地区）	地方债务对 金融稳定的 影响（分）	经济 基础 （分）	金融 发展 （分）	制度与诚信 文化（分）	综合 得分 （分）	综合 排名	不考虑 债务情况 的排名	债务对 生态的 影响
乌 海	0.569	0.296	0.538	0.547	0.486	86	96	↑
来 宾	0.539	0.230	0.369	0.840	0.486	87	84	↓
济 宁	0.537	0.355	0.477	0.584	0.485	88	86	↓
湛 江	0.550	0.352	0.536	0.500	0.484	89	90	↑
盘 锦	0.571	0.306	0.399	0.695	0.484	90	99	↑
莱 芜	0.550	0.373	0.495	0.526	0.483	91	93	↑
邢 台	0.609	0.304	0.496	0.543	0.482	92	116	↑↑↑
石 家 庄	0.420	0.329	0.554	0.598	0.482	93	60	↓↓↓
丹 东	0.600	0.307	0.538	0.495	0.482	94	111	↑↑
眉 山	0.670	0.255	0.482	0.556	0.481	95	144	↑↑↑
大 理	0.565	0.301	0.517	0.552	0.481	96	103	↑
哈 尔 滨	0.462	0.390	0.528	0.529	0.481	97	74	↓↓↓
曲 靖	0.538	0.291	0.572	0.514	0.480	98	95	↓
吴 忠	0.643	0.193	0.579	0.519	0.480	99	127	↑↑↑
辽 阳	0.572	0.418	0.430	0.528	0.480	100	106	↑
九 江	0.591	0.318	0.505	0.523	0.480	101	112	↑↑
洛 阳	0.588	0.352	0.463	0.539	0.479	102	113	↑↑
平 顶 山	0.619	0.256	0.525	0.533	0.479	103	123	↑↑
河 源	0.635	0.251	0.512	0.541	0.478	104	128	↑↑↑
泰 安	0.559	0.344	0.357	0.690	0.477	105	105	0
保 定	0.655	0.232	0.504	0.545	0.476	106	146	↑↑↑
晋 中	0.538	0.310	0.526	0.533	0.476	107	101	↓
孝 感	0.688	0.302	0.432	0.533	0.476	108	164	↑↑↑
遵 义	0.588	0.235	0.489	0.612	0.476	109	118	↑
宜 春	0.657	0.268	0.455	0.564	0.476	110	150	↑↑↑
云 浮	0.533	0.263	0.536	0.565	0.474	111	104	↓
滁 州	0.630	0.274	0.470	0.553	0.474	112	141	↑↑↑
安 庆	0.605	0.243	0.541	0.518	0.473	113	125	↑↑
朝 阳	0.609	0.234	0.460	0.617	0.473	114	130	↑↑
赣 州	0.533	0.264	0.537	0.551	0.472	115	108	↓
乐 山	0.514	0.254	0.549	0.562	0.472	116	102	↓↓
德 州	0.653	0.316	0.407	0.559	0.471	117	160	↑↑↑
兰 州	0.401	0.366	0.571	0.512	0.471	118	66	↓↓↓

城市（地区）	地方债务对金融稳定的影响(分)	经济基础（分）	金融发展（分）	制度与诚信文化(分)	综合得分（分）	综合排名	不考虑债务情况的排名	债务对生态的影响
梧 州	0.615	0.232	0.420	0.655	0.471	119	142	↑↑↑
绵 阳	0.402	0.324	0.567	0.556	0.471	120	68	↓↓↓
昌 吉	0.675	0.246	0.514	0.479	0.471	121	170	↑↑↑
平 凉	0.653	0.217	0.489	0.556	0.470	122	161	↑↑↑
淮 安	0.565	0.390	0.403	0.554	0.470	123	119	↓
徐 州	0.600	0.342	0.395	0.583	0.470	124	132	↑
阜 阳	0.542	0.281	0.466	0.603	0.469	125	115	↓
葫芦岛	0.476	0.319	0.515	0.556	0.468	126	94	↓↓↓
通 化	0.617	0.349	0.391	0.558	0.468	127	151	↑↑↑
驻马店	0.592	0.248	0.500	0.545	0.467	128	137	↑
抚 顺	0.588	0.255	0.443	0.611	0.467	129	135	↑
荆 州	0.597	0.256	0.455	0.587	0.467	130	143	↑↑
雅 安	0.534	0.227	0.541	0.561	0.466	131	117	↓↓
德 阳	0.481	0.283	0.533	0.553	0.465	132	100	↓↓↓
沧 州	0.567	0.307	0.423	0.592	0.465	133	126	↓
漳 州	0.458	0.382	0.441	0.582	0.465	134	92	↓↓↓
长 治	0.539	0.262	0.530	0.530	0.465	135	121	↓↓
铜 陵	0.428	0.374	0.542	0.491	0.464	136	82	↓↓↓
伊 犁	0.599	0.256	0.481	0.541	0.464	137	154	↑↑
克拉玛依	0.567	0.250	0.493	0.558	0.463	138	133	↓
遂 宁	0.581	0.264	0.484	0.539	0.462	139	145	↑
包 头	0.567	0.421	0.370	0.530	0.462	140	136	↓
乌鲁木齐	0.352	0.450	0.528	0.483	0.462	141	64	↓↓↓
聊 城	0.628	0.300	0.443	0.512	0.462	142	168	↑↑↑
钦 州	0.618	0.258	0.449	0.554	0.462	143	166	↑↑↑
鞍 山	0.483	0.363	0.437	0.569	0.461	144	109	↓↓↓
宿 迁	0.580	0.254	0.466	0.561	0.460	145	155	↑
佳木斯	0.555	0.316	0.413	0.582	0.459	146	138	↓
上 饶	0.535	0.321	0.480	0.505	0.457	147	131	↓↓
淮 北	0.587	0.279	0.447	0.543	0.457	148	163	↑↑
商 洛	0.597	0.303	0.438	0.522	0.457	149	167	↑↑
荆 门	0.663	0.284	0.399	0.535	0.457	150	197	↑↑↑
西 宁	0.335	0.354	0.535	0.562	0.457	151	71	↓↓↓

续表

城市 （地区）	地方债务对 金融稳定的 影响（分）	经济 基础 （分）	金融 发展 （分）	制度与诚信 文化（分）	综合 得分 （分）	综合 排名	不考虑 债务情况 的排名	债务对 生态的 影响
亳　　州	0.629	0.285	0.417	0.538	0.457	152	178	↑↑↑
张 家 口	0.433	0.299	0.553	0.516	0.456	153	98	↓↓↓
新　　乡	0.581	0.286	0.440	0.544	0.456	154	162	↑
宜　　昌	0.568	0.358	0.404	0.522	0.455	155	159	↑
张 家 界	0.506	0.347	0.423	0.558	0.454	156	124	↓↓↓
抚　　州	0.622	0.237	0.450	0.541	0.454	157	179	↑↑↑
襄　　阳	0.679	0.315	0.351	0.534	0.454	158	210	↑↑↑
阿 克 苏	0.620	0.190	0.482	0.548	0.453	159	181	↑↑↑
唐　　山	0.510	0.347	0.428	0.539	0.452	160	134	↓↓↓
三 门 峡	0.629	0.244	0.423	0.550	0.451	161	193	↑↑↑
宝　　鸡	0.530	0.360	0.408	0.530	0.451	162	148	↓↓
泸　　州	0.534	0.282	0.487	0.509	0.451	163	153	↓
玉　　溪	0.538	0.280	0.458	0.540	0.450	164	158	↓
汉　　中	0.574	0.338	0.405	0.516	0.450	165	171	↑
普　　洱	0.524	0.214	0.514	0.548	0.450	166	149	↓↓
景 德 镇	0.463	0.317	0.444	0.578	0.449	167	120	↓↓↓
南　　阳	0.600	0.251	0.421	0.561	0.449	168	180	↑↑
赤　　峰	0.641	0.253	0.333	0.629	0.448	169	202	↑↑↑
渭　　南	0.603	0.270	0.419	0.537	0.448	170	186	↑↑
开　　封	0.498	0.254	0.422	0.632	0.448	171	140	↓↓↓
新　　余	0.518	0.332	0.435	0.519	0.447	172	156	↓↓
鹤　　壁	0.586	0.270	0.406	0.553	0.445	173	185	↑↑
龙　　岩	0.443	0.305	0.515	0.501	0.445	174	122	↓↓↓
咸　　宁	0.589	0.320	0.384	0.523	0.444	175	189	↑↑
玉　　林	0.547	0.267	0.453	0.526	0.444	176	172	↓
信　　阳	0.650	0.249	0.422	0.499	0.444	177	213	↑↑↑
安　　顺	0.536	0.247	0.476	0.526	0.443	178	169	↓
吉　　安	0.553	0.284	0.422	0.537	0.442	179	175	↓
通　　辽	0.672	0.252	0.254	0.672	0.441	180	219	↑↑↑
运　　城	0.566	0.209	0.486	0.521	0.441	181	183	↑
临　　沧	0.445	0.247	0.514	0.541	0.440	182	129	↓↓↓
铁　　岭	0.555	0.146	0.407	0.680	0.439	183	182	↓
广　　元	0.539	0.297	0.426	0.517	0.439	184	176	↓

城市 （地区）	地方债务对 金融稳定的 影响（分）	经济 基础 （分）	金融 发展 （分）	制度与诚信 文化（分）	综合 得分 （分）	综合 排名	不考虑 债务情况 的排名	债务对 生态的 影响
巴彦淖尔	0.563	0.205	0.496	0.506	0.439	185	188	↑
娄 底	0.582	0.302	0.415	0.490	0.439	186	198	↑↑
郴 州	0.559	0.222	0.455	0.540	0.439	187	187	0
宿 州	0.552	0.250	0.407	0.574	0.439	188	184	↓
怀 化	0.594	0.274	0.406	0.516	0.438	189	204	↑↑
红 河	0.470	0.249	0.466	0.568	0.438	190	152	↓↓↓
枣 庄	0.577	0.358	0.329	0.537	0.438	191	199	↑
安 阳	0.564	0.282	0.413	0.521	0.438	192	196	↑
桂 林	0.456	0.265	0.500	0.515	0.436	193	147	↓↓↓
牡丹江	0.489	0.322	0.391	0.561	0.436	194	165	↓↓↓
邵 阳	0.504	0.281	0.442	0.521	0.434	195	173	↓↓↓
邯 郸	0.541	0.281	0.452	0.477	0.433	196	192	↓
广 安	0.537	0.239	0.431	0.546	0.433	197	190	↓
焦 作	0.537	0.339	0.385	0.501	0.433	198	191	↓
鸡 西	0.563	0.202	0.355	0.644	0.431	199	208	↑
湘 潭	0.411	0.298	0.434	0.574	0.431	200	139	↓↓↓
达 州	0.556	0.230	0.423	0.538	0.430	201	205	↑
巴音郭楞	0.621	0.169	0.412	0.559	0.430	202	223	↑↑↑
黑 河	0.535	0.232	0.414	0.560	0.429	203	200	↓
吉 林	0.540	0.402	0.294	0.525	0.428	204	203	↓
铜 仁	0.558	0.165	0.446	0.558	0.426	205	212	↑
忻 州	0.506	0.255	0.474	0.475	0.426	206	195	↓↓
白 山	0.579	0.272	0.343	0.552	0.425	207	218	↑↑
萍 乡	0.556	0.329	0.375	0.474	0.425	208	215	↑
白 银	0.588	0.201	0.451	0.485	0.424	209	220	↑↑
伊 春	0.397	0.209	0.517	0.543	0.422	210	157	↓↓↓
永 州	0.486	0.284	0.392	0.545	0.422	211	194	↓↓
齐齐哈尔	0.534	0.294	0.373	0.507	0.419	212	217	↑
双鸭山	0.500	0.273	0.393	0.529	0.418	213	207	↓
黄 冈	0.555	0.201	0.430	0.508	0.417	214	221	↑
呼伦贝尔	0.747	0.271	0.240	0.511	0.417	215	247	↑↑↑

续表

城市 （地区）	地方债务对 金融稳定的 影响（分）	经济 基础 （分）	金融 发展 （分）	制度与诚信 文化（分）	综合 得分 （分）	综合 排名	不考虑 债务情况 的排名	债务对 生态的 影响
百　色	0.492	0.209	0.440	0.535	0.416	216	209	↓
鹰　潭	0.549	0.230	0.391	0.525	0.416	217	222	↑
喀　什	0.592	0.187	0.468	0.439	0.415	218	230	↑↑
内　江	0.543	0.227	0.395	0.519	0.414	219	226	↑
辽　源	0.499	0.316	0.323	0.549	0.413	220	216	↓
六　安	0.408	0.259	0.486	0.482	0.412	221	177	↓↓↓
自　贡	0.459	0.237	0.415	0.540	0.411	222	206	↓↓
鄂　州	0.643	0.293	0.295	0.481	0.410	223	242	↑↑
榆　林	0.550	0.267	0.365	0.492	0.409	224	227	↑
随　州	0.642	0.200	0.409	0.433	0.409	225	243	↑↑
本　溪	0.477	0.345	0.380	0.452	0.409	226	214	↓↓
白　城	0.573	0.288	0.280	0.552	0.408	227	235	↑
鹤　岗	0.377	0.272	0.453	0.515	0.408	228	174	↓↓↓
四　平	0.605	0.242	0.256	0.600	0.408	229	237	↑
六盘水	0.559	0.235	0.396	0.471	0.407	230	232	↑
濮　阳	0.611	0.212	0.347	0.511	0.407	231	238	↑
商　丘	0.612	0.236	0.373	0.454	0.407	232	240	↑
益　阳	0.549	0.264	0.372	0.474	0.406	233	231	↓
常　德	0.502	0.340	0.291	0.532	0.406	234	225	↓
七台河	0.499	0.225	0.360	0.564	0.405	235	224	↓↓
铜　川	0.553	0.315	0.281	0.525	0.405	236	234	↓
绥　化	0.592	0.254	0.268	0.564	0.403	237	239	↑
延　安	0.544	0.295	0.296	0.520	0.401	238	236	↓
阿拉善	0.405	0.253	0.495	0.424	0.399	239	211	↓↓↓
许　昌	0.514	0.233	0.358	0.518	0.398	240	233	↓
临　汾	0.381	0.218	0.474	0.497	0.397	241	201	↓↓↓
毕　节	0.606	0.146	0.333	0.541	0.393	242	246	↑
大　庆	0.553	0.285	0.264	0.489	0.383	243	245	↑
黔西南	0.397	0.205	0.448	0.454	0.378	244	228	↓↓
岳　阳	0.495	0.293	0.238	0.537	0.378	245	244	↓
衡　阳	0.476	0.294	0.375	0.385	0.377	246	241	↓
宜　宾	0.348	0.231	0.442	0.428	0.367	247	229	↓↓

表 D. 2　中国 30 个省份金融生态环境评价结果（2013 年）

城市（地区）	地方债务对金融稳定的影响（分）	经济基础（分）	金融发展（分）	制度与诚信文化（分）	综合得分（分）	综合排名	不考虑债务情况的排名	债务对生态的影响
上　海	0.529	0.785	0.673	0.892	0.727	1	1	0
北　京	0.438	0.778	0.572	0.654	0.617	2	2	0
浙　江	0.501	0.572	0.655	0.590	0.587	3	3	0
广　东	0.544	0.549	0.591	0.558	0.563	4	4	0
江　苏	0.603	0.541	0.499	0.572	0.549	5	8	↑
福　建	0.522	0.486	0.585	0.541	0.537	6	6	0
天　津	0.376	0.517	0.576	0.602	0.528	7	5	↓
山　东	0.627	0.415	0.530	0.515	0.517	8	9	↑
重　庆	0.403	0.447	0.584	0.568	0.510	9	7	↓
辽　宁	0.604	0.414	0.488	0.422	0.476	10	10	0
安　徽	0.639	0.281	0.472	0.495	0.463	11	11	0
河　北	0.573	0.277	0.379	0.386	0.394	12	20	↑
吉　林	0.623	0.263	0.339	0.396	0.391	13	23	↑
湖　北	0.510	0.292	0.378	0.409	0.390	14	16	↑
内蒙古	0.584	0.260	0.365	0.384	0.387	15	22	↑
江　西	0.519	0.266	0.400	0.387	0.387	16	18	↑
山　西	0.418	0.266	0.464	0.378	0.384	17	14	↓
云　南	0.413	0.253	0.486	0.367	0.383	18	13	↓
四　川	0.301	0.297	0.488	0.407	0.383	19	12	↓
广　西	0.450	0.243	0.415	0.424	0.381	20	15	↓
湖　南	0.439	0.300	0.343	0.440	0.376	21	17	↓
河　南	0.469	0.260	0.378	0.409	0.374	22	19	↓
海　南	0.577	0.269	0.224	0.417	0.354	23	27	↑
陕　西	0.383	0.262	0.365	0.384	0.348	24	21	↓
新　疆	0.481	0.175	0.405	0.321	0.342	25	24	↓
黑龙江	0.498	0.238	0.332	0.325	0.340	26	25	↓
甘　肃	0.416	0.198	0.330	0.367	0.323	27	26	↓
宁　夏	0.625	0.243	0.255	0.232	0.320	28	30	↑
贵　州	0.418	0.163	0.299	0.350	0.302	29	28	↓
青　海	0.248	0.085	0.292	0.364	0.249	30	29	↓

表 D. 3 中国 30 个省份信贷资产质量评定（2013 年）

省 份	信贷不良率（%）	估计损失率（%）	信贷不良率评分（分）	估计损失率评分（分）	综合评分（分）	等级
重 庆	0.34	1.15	1.000	0.913	0.983	AAA
北 京	0.44	1.22	1.000	0.904	0.981	AAA
天 津	0.67	1.25	1.000	0.899	0.980	AAA
云 南	0.91	1.35	1.000	0.886	0.977	AAA
宁 夏	0.88	1.37	1.000	0.885	0.977	AAA
上 海	0.94	1.37	1.000	0.884	0.977	AAA
海 南	0.89	1.41	1.000	0.879	0.976	AAA
福 建	1.11	1.43	0.992	0.875	0.968	AAA
广 东	1.10	1.50	0.992	0.866	0.967	AAA
广 西	1.20	1.52	0.984	0.864	0.960	AAA
新 疆	1.37	1.48	0.970	0.869	0.950	AAA
青 海	1.34	1.55	0.973	0.860	0.950	AAA
江 苏	1.38	1.50	0.970	0.866	0.949	AAA
四 川	1.38	1.52	0.970	0.864	0.949	AAA
贵 州	1.48	1.53	0.962	0.862	0.942	AAA
山 东	1.51	1.59	0.959	0.855	0.938	AAA
湖 北	1.60	1.52	0.952	0.864	0.935	AAA
陕 西	1.72	1.67	0.943	0.844	0.923	AAA
甘 肃	1.78	1.65	0.938	0.847	0.919	AAA
浙 江	1.83	1.64	0.934	0.847	0.917	AAA
安 徽	1.91	1.62	0.927	0.851	0.912	AAA
江 西	1.96	1.70	0.923	0.840	0.907	AAA
河 南	1.99	1.66	0.921	0.845	0.906	AAA
河 北	2.05	1.80	0.916	0.827	0.898	AAA
湖 南	2.06	1.81	0.915	0.825	0.897	AAA
内蒙古	2.20	1.74	0.904	0.835	0.890	AAA
辽 宁	2.57	1.88	0.875	0.816	0.863	AA
山 西	3.11	2.15	0.832	0.785	0.822	AA
黑龙江	4.26	2.46	0.762	0.754	0.760	A
吉 林	4.76	2.54	0.737	0.746	0.739	A

表 D.4 中国 337 个城市（地区）信贷资产质量评定（2013 年）

省份	城市（地区）	信贷不良率（%）	估计损失率（%）	信贷不良率评分（分）	估计损失率评分（分）	综合评分（分）	等级
内蒙古	阿拉善	0.11	1.06	1.000	0.925	0.985	AAA
海南	三亚	0.24	1.13	1.000	0.916	0.983	AAA
新疆	哈密	0.50	1.13	1.000	0.916	0.983	AAA
西藏	那曲	0.27	1.15	1.000	0.914	0.983	AAA
重庆	重庆	0.34	1.15	1.000	0.913	0.983	AAA
广东	中山	0.29	1.17	1.000	0.910	0.982	AAA
安徽	合肥	0.57	1.18	1.000	0.909	0.982	AAA
广东	珠海	0.39	1.20	1.000	0.907	0.981	AAA
四川	攀枝	0.85	1.21	1.000	0.906	0.981	AAA
四川	成都	0.50	1.22	1.000	0.904	0.981	AAA
海南	海口	0.41	1.22	1.000	0.904	0.981	AAA
北京	北京	0.44	1.22	1.000	0.904	0.981	AAA
甘肃	嘉峪关	0.59	1.23	1.000	0.903	0.981	AAA
西藏	林芝	0.24	1.23	1.000	0.903	0.981	AAA
福建	泉州	0.60	1.23	1.000	0.903	0.981	AAA
云南	昆明	0.54	1.23	1.000	0.902	0.980	AAA
山东	东营	0.54	1.24	1.000	0.902	0.980	AAA
新疆	乌鲁木齐	0.62	1.25	1.000	0.900	0.980	AAA
贵州	贵阳	0.63	1.25	1.000	0.900	0.980	AAA
福建	莆田	0.54	1.25	1.000	0.900	0.980	AAA
内蒙古	乌海	0.49	1.25	1.000	0.900	0.980	AAA
广东	肇庆	0.68	1.25	1.000	0.900	0.980	AAA
天津	天津	0.67	1.25	1.000	0.899	0.980	AAA
江苏	南通	0.73	1.25	1.000	0.899	0.980	AAA
西藏	昌都	0.35	1.26	1.000	0.899	0.980	AAA
安徽	铜陵	0.88	1.26	1.000	0.898	0.980	AAA
西藏	山南	0.28	1.28	1.000	0.896	0.979	AAA
江苏	镇江	0.71	1.28	1.000	0.896	0.979	AAA
江苏	南京	0.70	1.28	1.000	0.896	0.979	AAA
内蒙古	呼和浩特	0.75	1.29	1.000	0.895	0.979	AAA
西藏	日喀则	0.50	1.29	1.000	0.895	0.979	AAA
广西	南宁	0.64	1.29	1.000	0.895	0.979	AAA
山东	日照	0.74	1.29	1.000	0.895	0.979	AAA
广西	柳州	0.81	1.29	1.000	0.895	0.979	AAA
浙江	金华	0.78	1.29	1.000	0.895	0.979	AAA

续表

省　份	城市（地区）	信贷不良率（%）	估计损失率（%）	信贷不良率评分（分）	估计损失率评分（分）	综合评分（分）	等级
宁　夏	银川	0.64	1.29	1.000	0.894	0.979	AAA
湖　南	长沙	0.64	1.30	1.000	0.894	0.979	AAA
广　东	东莞	0.84	1.30	1.000	0.894	0.979	AAA
云　南	玉溪	0.82	1.30	1.000	0.894	0.979	AAA
西　藏	拉萨	0.89	1.30	1.000	0.893	0.979	AAA
安　徽	淮南	0.96	1.30	1.000	0.893	0.979	AAA
云　南	丽江	0.85	1.31	1.000	0.892	0.978	AAA
湖　北	武汉	0.76	1.31	1.000	0.892	0.978	AAA
安　徽	淮北	0.83	1.32	1.000	0.891	0.978	AAA
青　海	西宁	0.74	1.32	1.000	0.891	0.978	AAA
湖　北	黄石	0.99	1.32	1.000	0.890	0.978	AAA
广　东	佛山	0.84	1.33	1.000	0.890	0.978	AAA
广　东	惠州	0.74	1.33	1.000	0.889	0.978	AAA
广　东	深圳	0.77	1.33	1.000	0.889	0.978	AAA
福　建	福州	0.80	1.34	1.000	0.887	0.977	AAA
陕　西	榆林	1.03	1.28	0.998	0.896	0.977	AAA
云　南	德宏	0.99	1.36	1.000	0.886	0.977	AAA
河　南	郑州	0.79	1.36	1.000	0.885	0.977	AAA
河　北	唐山	0.95	1.36	1.000	0.885	0.977	AAA
湖　北	宜昌	0.99	1.36	1.000	0.885	0.977	AAA
上　海	上海	0.94	1.37	1.000	0.884	0.977	AAA
江　苏	苏州	0.95	1.37	1.000	0.883	0.977	AAA
云　南	大理	0.98	1.39	1.000	0.882	0.976	AAA
广　东	韶关	0.81	1.39	1.000	0.881	0.976	AAA
山　东	潍坊	0.94	1.39	1.000	0.881	0.976	AAA
福　建	龙岩	0.81	1.40	1.000	0.880	0.976	AAA
广　东	广州	0.92	1.40	1.000	0.880	0.976	AAA
陕　西	西安	0.89	1.44	1.000	0.875	0.975	AAA
江　西	新余	1.00	1.45	1.000	0.873	0.975	AAA
宁　夏	中卫	0.85	1.46	1.000	0.872	0.974	AAA
江　西	南昌	1.05	1.35	0.996	0.887	0.974	AAA
山　东	济南	1.00	1.48	1.000	0.870	0.974	AAA
山　西	太原	0.99	1.50	1.000	0.867	0.973	AAA
甘　肃	酒泉	1.08	1.38	0.994	0.882	0.971	AAA
四　川	凉山	1.07	1.42	0.995	0.877	0.971	AAA

续表

省　份	城市（地区）	信贷不良率（%）	估计损失率（%）	信贷不良率评分（分）	估计损失率评分（分）	综合评分（分）	等级
四　川	泸州	1.10	1.39	0.992	0.881	0.970	AAA
甘　肃	兰州	1.13	1.36	0.990	0.886	0.969	AAA
山　东	青岛	1.11	1.42	0.991	0.877	0.968	AAA
江　苏	常州	1.15	1.37	0.988	0.884	0.967	AAA
河　北	廊坊	1.13	1.41	0.989	0.879	0.967	AAA
广　西	防城港	1.12	1.45	0.990	0.873	0.967	AAA
江　苏	泰州	1.16	1.40	0.988	0.880	0.966	AAA
新　疆	克拉玛依	0.94	1.80	1.000	0.827	0.965	AAA
四　川	乐山	1.17	1.40	0.986	0.880	0.965	AAA
西　藏	阿里	0.89	1.82	1.000	0.824	0.965	AAA
云　南	昭通	1.22	1.42	0.982	0.878	0.961	AAA
内蒙古	锡林郭勒	1.16	1.58	0.987	0.856	0.961	AAA
云　南	曲靖	1.19	1.53	0.985	0.863	0.960	AAA
山　东	滨州	1.23	1.45	0.982	0.873	0.960	AAA
河　南	洛阳	1.24	1.44	0.981	0.874	0.959	AAA
甘　肃	金昌	1.26	1.42	0.979	0.877	0.959	AAA
辽　宁	大连	1.25	1.45	0.980	0.874	0.958	AAA
浙　江	台州	1.26	1.48	0.979	0.870	0.957	AAA
宁　夏	固原	1.29	1.43	0.977	0.876	0.957	AAA
云　南	红河	1.27	1.47	0.978	0.870	0.956	AAA
甘　肃	甘南	1.26	1.55	0.979	0.860	0.955	AAA
江　西	赣州	1.30	1.48	0.976	0.869	0.955	AAA
浙　江	嘉兴	1.33	1.46	0.973	0.873	0.953	AAA
湖　南	湘潭	1.35	1.45	0.972	0.873	0.952	AAA
山　东	烟台	1.32	1.52	0.974	0.863	0.952	AAA
江　西	萍乡	1.35	1.48	0.972	0.870	0.952	AAA
辽　宁	营口	1.37	1.43	0.970	0.877	0.952	AAA
广　西	来宾	1.34	1.52	0.973	0.864	0.951	AAA
内蒙古	包头	1.35	1.52	0.972	0.864	0.950	AAA
福　建	厦门	1.36	1.55	0.971	0.861	0.949	AAA
云　南	临沧	1.34	1.60	0.973	0.853	0.949	AAA
安　徽	黄山	1.41	1.48	0.967	0.869	0.948	AAA
青　海	海北	1.44	1.40	0.965	0.879	0.948	AAA
广　西	贺州	1.41	1.52	0.967	0.864	0.947	AAA
云　南	迪庆	1.40	1.55	0.968	0.860	0.947	AAA

续表

省 份	城市(地区)	信贷不良率(%)	估计损失率(%)	信贷不良率评分(分)	估计损失率评分(分)	综合评分(分)	等级
浙 江	舟山	1.43	1.54	0.966	0.861	0.945	AAA
内蒙古	巴彦淖尔	1.49	1.50	0.960	0.867	0.942	AAA
广 西	河池	1.49	1.61	0.961	0.852	0.939	AAA
浙 江	衢州	1.51	1.55	0.959	0.860	0.939	AAA
广 东	云浮	1.47	1.66	0.962	0.845	0.939	AAA
安 徽	芜湖	1.52	1.53	0.958	0.863	0.939	AAA
宁 夏	石嘴	1.55	1.48	0.956	0.869	0.939	AAA
江 苏	宿迁	1.52	1.55	0.958	0.860	0.939	AAA
浙 江	宁波	1.55	1.52	0.956	0.864	0.938	AAA
云 南	楚雄	1.57	1.55	0.955	0.860	0.936	AAA
山 东	聊城	1.59	1.55	0.953	0.860	0.934	AAA
广 西	桂林	1.59	1.58	0.953	0.856	0.933	AAA
河 北	石家庄	1.56	1.66	0.955	0.845	0.933	AAA
宁 夏	吴忠	1.58	1.65	0.954	0.846	0.932	AAA
河 北	承德	1.61	1.61	0.951	0.853	0.931	AAA
湖 北	十堰	1.62	1.61	0.951	0.852	0.931	AAA
广 东	汕尾	1.57	1.73	0.954	0.836	0.931	AAA
四 川	宜宾	1.68	1.48	0.946	0.870	0.931	AAA
浙 江	杭州	1.65	1.58	0.948	0.856	0.930	AAA
贵 州	安顺	1.69	1.59	0.945	0.855	0.927	AAA
浙 江	绍兴	1.68	1.62	0.946	0.851	0.927	AAA
云 南	普洱	1.72	1.58	0.943	0.856	0.925	AAA
江 苏	扬州	1.71	1.70	0.943	0.840	0.923	AAA
四 川	遂宁	1.82	1.52	0.935	0.864	0.921	AAA
浙 江	丽水	1.77	1.67	0.939	0.844	0.920	AAA
新 疆	博乐	1.86	1.46	0.931	0.873	0.919	AAA
内蒙古	赤峰	1.83	1.56	0.934	0.858	0.919	AAA
福 建	三明	1.81	1.62	0.935	0.850	0.918	AAA
广 东	江门	1.64	2.05	0.949	0.795	0.918	AAA
安 徽	宣城	1.84	1.57	0.933	0.857	0.918	AAA
湖 南	张家界	1.73	1.85	0.942	0.820	0.917	AAA
云 南	保山	1.80	1.71	0.936	0.838	0.917	AAA
甘 肃	张掖	1.88	1.59	0.930	0.855	0.915	AAA
辽 宁	沈阳	1.85	1.66	0.932	0.845	0.914	AAA
云 南	怒江	1.88	1.66	0.930	0.846	0.913	AAA

续表

省 份	城市（地区）	信贷不良率（%）	估计损失率（%）	信贷不良率评分（分）	估计损失率评分（分）	综合评分（分）	等级
广 西	百色	1.88	1.72	0.930	0.837	0.911	AAA
广 东	清远	1.88	1.76	0.929	0.832	0.910	AAA
安 徽	马鞍山	1.93	1.66	0.926	0.845	0.910	AAA
广 西	钦州	1.85	1.87	0.932	0.818	0.909	AAA
山 东	威海	1.86	1.83	0.931	0.823	0.909	AAA
云 南	文山	1.92	1.71	0.926	0.839	0.909	AAA
河 南	平顶山	1.97	1.59	0.922	0.854	0.909	AAA
河 北	秦皇岛	1.88	1.82	0.929	0.824	0.908	AAA
黑龙江	哈尔滨	1.97	1.73	0.923	0.836	0.905	AAA
青 海	海南	2.03	1.58	0.917	0.857	0.905	AAA
安 徽	蚌埠	2.05	1.58	0.916	0.855	0.904	AAA
青 海	玉树	2.04	1.63	0.916	0.849	0.903	AAA
安 徽	池州	2.06	1.62	0.916	0.850	0.903	AAA
江 苏	徐州	2.09	1.62	0.913	0.850	0.900	AAA
江 西	宜春	2.09	1.62	0.913	0.850	0.900	AAA
广 西	崇左	1.95	1.97	0.924	0.804	0.900	AAA
山 东	济宁	2.10	1.72	0.912	0.838	0.897	AAA
河 南	南阳	2.11	1.69	0.911	0.841	0.897	AAA
山 东	淄博	2.13	1.74	0.910	0.834	0.894	AAA
浙 江	湖州	2.14	1.79	0.909	0.829	0.893	AAA
湖 北	襄阳	2.21	1.62	0.903	0.851	0.893	AAA
辽 宁	丹东	2.18	1.70	0.905	0.840	0.892	AAA
广 东	河源	2.11	1.90	0.912	0.813	0.892	AAA
贵 州	遵义	2.16	1.77	0.907	0.830	0.892	AAA
河 南	鹤壁	2.17	1.76	0.906	0.832	0.891	AAA
河 北	张家	2.18	1.75	0.906	0.834	0.891	AAA
贵 州	铜仁	2.22	1.71	0.902	0.838	0.890	AAA
山 东	临沂	2.16	1.89	0.907	0.815	0.889	AAA
河 南	三门	2.27	1.64	0.899	0.848	0.888	AAA
新 疆	喀什	2.25	1.69	0.900	0.842	0.888	AAA
吉 林	长春	2.26	1.65	0.899	0.846	0.888	AAA
福 建	南平	2.26	1.78	0.899	0.829	0.885	AA
山 东	枣庄	2.22	1.89	0.902	0.815	0.885	AA
新 疆	昌吉	2.31	1.70	0.895	0.840	0.884	AA
甘 肃	武威	2.31	1.74	0.895	0.834	0.883	AA

省　份	城市（地区）	信贷不良率（%）	估计损失率（%）	信贷不良率评分（分）	估计损失率评分（分）	综合评分（分）	等级
福　建	漳州	2.28	1.82	0.898	0.824	0.883	AA
新　疆	伊犁	2.38	1.61	0.890	0.852	0.882	AA
新　疆	阿克苏	2.35	1.69	0.892	0.842	0.882	AA
江　苏	盐城	2.35	1.75	0.892	0.834	0.880	AA
甘　肃	白银	2.29	1.90	0.897	0.813	0.880	AA
四　川	自贡	2.37	1.76	0.890	0.832	0.879	AA
湖　南	郴州	2.34	1.96	0.893	0.805	0.876	AA
山　东	泰安	2.38	1.98	0.890	0.803	0.872	AA
新　疆	巴音郭楞	2.46	1.80	0.884	0.826	0.872	AA
湖　南	娄底	2.40	2.01	0.888	0.799	0.870	AA
黑龙江	大兴安岭	2.53	1.74	0.877	0.835	0.869	AA
河　南	许昌	2.54	1.75	0.877	0.834	0.868	AA
河　北	衡水	2.44	2.02	0.885	0.798	0.867	AA
贵　州	黔东南	2.52	1.85	0.879	0.820	0.867	AA
江　苏	淮安	2.54	1.79	0.876	0.828	0.867	AA
广　西	贵港	2.44	2.07	0.885	0.793	0.866	AA
河　北	沧州	2.49	2.04	0.881	0.796	0.864	AA
四　川	甘孜	2.48	2.15	0.882	0.785	0.863	AA
四　川	雅安	2.57	1.92	0.875	0.811	0.862	AA
湖　北	咸宁	2.62	1.81	0.871	0.825	0.861	AA
新　疆	石河子	2.55	1.98	0.876	0.802	0.861	AA
湖　南	株洲	2.45	2.29	0.884	0.771	0.861	AA
四　川	内江	2.62	1.92	0.870	0.810	0.858	AA
甘　肃	天水	2.60	2.00	0.872	0.801	0.858	AA
辽　宁	抚顺	2.66	1.99	0.868	0.802	0.854	AA
内蒙古	乌兰察布	2.73	1.84	0.861	0.821	0.853	AA
陕　西	宝鸡	2.70	2.00	0.864	0.800	0.851	AA
贵　州	毕节	2.72	1.97	0.863	0.804	0.851	AA
湖　北	随州	2.82	1.77	0.854	0.830	0.849	AA
贵　州	黔南	2.68	2.15	0.865	0.785	0.849	AA
江　西	吉安	2.73	2.04	0.862	0.796	0.849	AA
安　徽	亳州	2.87	1.75	0.850	0.833	0.847	AA
四　川	南充	2.88	1.81	0.849	0.825	0.844	AA
四　川	德阳	2.75	2.20	0.860	0.780	0.844	AA
广　西	玉林	2.73	2.36	0.862	0.764	0.842	AA

省　份	城市（地区）	信贷不良率（%）	估计损失率（%）	信贷不良率评分（分）	估计损失率评分（分）	综合评分（分）	等级
安　徽	安庆	2.89	1.90	0.849	0.814	0.842	AA
河　北	邢台	2.90	2.06	0.848	0.794	0.837	AA
广　东	阳江	2.86	2.24	0.851	0.776	0.836	AA
江　苏	无锡	2.91	2.09	0.847	0.791	0.836	AA
福　建	宁德	2.97	1.99	0.842	0.802	0.834	AA
四　川	资阳	2.93	2.14	0.846	0.786	0.834	AA
安　徽	滁州	3.06	1.82	0.836	0.824	0.833	AA
四　川	广安	3.04	2.00	0.837	0.800	0.829	AA
新　疆	吐鲁番	3.03	2.07	0.838	0.793	0.829	AA
贵　州	六盘水	3.04	2.08	0.837	0.792	0.828	AA
内蒙古	呼伦贝尔	3.10	1.92	0.832	0.811	0.828	AA
贵　州	黔西南	3.14	1.84	0.829	0.821	0.827	AA
四　川	眉山	3.06	2.13	0.835	0.787	0.826	AA
新　疆	塔城	3.20	1.80	0.824	0.827	0.825	AA
山　东	菏泽	3.10	2.13	0.832	0.787	0.823	AA
河　南	焦作	3.18	1.94	0.826	0.808	0.822	AA
河　南	信阳	3.16	1.99	0.827	0.802	0.822	AA
河　南	新乡	3.18	1.97	0.825	0.804	0.821	AA
河　南	商丘	3.24	1.84	0.821	0.821	0.821	AA
广　东	揭阳	3.20	2.03	0.824	0.797	0.819	AA
湖　北	鄂州	3.22	2.08	0.822	0.792	0.816	AA
江　西	鹰潭	3.25	2.07	0.820	0.793	0.814	AA
新　疆	克州	3.37	1.97	0.811	0.804	0.809	AA
湖　北	恩施	3.31	2.13	0.815	0.787	0.809	AA
甘　肃	庆阳	3.26	2.42	0.819	0.758	0.807	AA
辽　宁	鞍山	3.35	2.16	0.812	0.784	0.806	AA
江　西	九江	3.37	2.13	0.810	0.787	0.805	AA
江　西	景德镇	3.22	2.67	0.822	0.733	0.804	AA
广　东	梅州	3.23	2.69	0.822	0.731	0.803	AA
陕　西	延安	3.31	2.51	0.815	0.749	0.802	AA
青　海	海东	3.35	2.43	0.812	0.757	0.801	AA
云　南	西双版纳	3.41	2.26	0.807	0.774	0.800	AA
山　西	大同	3.48	2.24	0.802	0.776	0.797	AA
河　南	安阳	3.57	2.05	0.797	0.795	0.796	AA
黑龙江	大庆	3.49	2.24	0.801	0.776	0.796	AA

续表

省 份	城市（地区）	信贷不良率（%）	估计损失率（%）	信贷不良率评分（分）	估计损失率评分（分）	综合评分（分）	等级
湖 南	衡阳	3.56	2.10	0.797	0.790	0.795	AA
广 西	梧州	3.15	3.47	0.828	0.653	0.793	AA
河 南	漯河	3.62	2.15	0.794	0.785	0.792	AA
新 疆	和田	3.80	1.99	0.785	0.802	0.789	AA
甘 肃	平凉	3.58	2.43	0.796	0.757	0.788	AA
辽 宁	锦州	3.69	2.21	0.790	0.779	0.788	AA
辽 宁	本溪	3.67	2.32	0.791	0.768	0.787	AA
陕 西	咸阳	3.75	2.17	0.788	0.784	0.787	AA
河 南	开封	3.76	2.18	0.787	0.782	0.786	AA
四 川	达州	3.85	2.00	0.783	0.800	0.786	AA
辽 宁	辽阳	3.60	2.58	0.795	0.742	0.784	AA
河 南	驻马店	3.92	2.02	0.779	0.798	0.783	AA
甘 肃	临夏	3.61	2.73	0.795	0.727	0.781	AA
湖 北	孝感	3.94	2.14	0.778	0.786	0.780	AA
河 南	濮阳	3.99	2.04	0.776	0.796	0.780	AA
湖 南	怀化	3.80	2.43	0.785	0.757	0.780	AA
河 北	邯郸	3.86	2.38	0.782	0.762	0.778	AA
陕 西	安康	3.84	2.44	0.783	0.756	0.778	AA
山 东	德州	3.82	2.48	0.784	0.752	0.777	AA
甘 肃	定西	3.78	2.58	0.786	0.742	0.777	AA
山 西	长治	3.78	2.62	0.786	0.738	0.777	AA
广 西	北海	3.68	2.99	0.791	0.701	0.773	A
江 苏	连云港	4.08	2.34	0.771	0.766	0.770	A
湖 北	荆门	4.22	2.12	0.764	0.788	0.769	A
吉 林	吉林	4.15	2.24	0.767	0.776	0.769	A
四 川	绵阳	4.00	2.57	0.775	0.743	0.769	A
江 西	抚州	4.21	2.45	0.765	0.755	0.763	A
江 西	上饶	4.21	2.56	0.765	0.744	0.761	A
湖 南	永州	4.10	2.81	0.770	0.719	0.760	A
湖 南	邵阳	4.21	2.66	0.765	0.734	0.759	A
安 徽	宿州	4.37	2.39	0.756	0.761	0.757	A
山 西	晋城	4.37	2.39	0.757	0.761	0.757	A
浙 江	温州	4.31	2.51	0.759	0.749	0.757	A
山 西	忻州	4.36	2.46	0.757	0.754	0.757	A
陕 西	商洛	4.37	2.59	0.757	0.741	0.753	A

续表

省　份	城市（地区）	信贷不良率（%）	估计损失率（%）	信贷不良率评分（分）	估计损失率评分（分）	综合评分（分）	等级
内蒙古	鄂尔多斯	4.40	2.58	0.755	0.742	0.752	A
新　疆	阿勒泰	4.54	2.37	0.748	0.763	0.751	A
陕　西	渭南	4.63	2.42	0.743	0.758	0.746	A
山　西	晋中	4.75	2.27	0.738	0.773	0.745	A
辽　宁	盘锦	4.77	2.24	0.736	0.776	0.744	A
广　东	汕头	4.06	3.68	0.772	0.632	0.744	A
青　海	海西	4.63	2.81	0.743	0.719	0.738	A
四　川	广元	4.65	2.85	0.743	0.715	0.737	A
湖　北	黄冈	4.95	2.28	0.727	0.772	0.736	A
吉　林	延边	5.01	2.66	0.724	0.734	0.726	A
陕　西	汉中	5.02	2.82	0.724	0.718	0.723	A
青　海	黄南	4.91	3.16	0.729	0.684	0.720	A
湖　南	岳阳	5.13	2.78	0.718	0.722	0.719	A
广　东	湛江	4.98	3.17	0.726	0.683	0.717	A
湖　北	荆州	5.37	2.46	0.707	0.754	0.716	A
黑龙江	七台河	5.20	2.93	0.715	0.707	0.714	A
山　西	临汾	5.31	2.93	0.709	0.707	0.709	A
黑龙江	牡丹江	5.38	3.08	0.706	0.692	0.703	A
河　北	保定	5.50	3.08	0.700	0.692	0.698	A
青　海	果洛	5.59	2.98	0.696	0.702	0.697	A
甘　肃	陇南	5.66	2.97	0.692	0.703	0.694	A
安　徽	六安	5.88	2.74	0.681	0.726	0.690	A
安　徽	阜阳	5.76	3.10	0.687	0.690	0.688	A
山　西	吕梁	5.78	3.18	0.686	0.682	0.685	A
山　西	朔州	6.07	2.98	0.671	0.702	0.677	A
辽　宁	阜新	6.14	3.15	0.668	0.685	0.672	A
山　西	运城	6.23	3.02	0.664	0.698	0.671	A
黑龙江	齐齐哈尔	6.03	3.59	0.673	0.641	0.667	A
山　东	莱芜	6.47	2.84	0.652	0.716	0.665	A
湖　南	湘西	6.11	3.60	0.669	0.640	0.663	A
辽　宁	朝阳	6.35	3.14	0.657	0.686	0.663	A
内蒙古	通辽	6.57	2.85	0.646	0.715	0.660	BBB
湖　南	益阳	6.33	3.40	0.659	0.660	0.659	BBB
湖　南	常德	6.52	3.09	0.649	0.691	0.658	BBB
黑龙江	佳木斯	6.47	3.34	0.651	0.666	0.654	BBB

续表

省 份	城市（地区）	信贷不良率（%）	估计损失率（%）	信贷不良率评分（分）	估计损失率评分（分）	综合评分（分）	等级
广 东	茂名	5.84	4.89	0.683	0.511	0.649	BBB
吉 林	辽源	6.84	3.12	0.633	0.688	0.644	BBB
河 南	周口	6.90	3.69	0.630	0.631	0.630	BBB
四 川	巴中	7.31	2.98	0.609	0.702	0.628	BBB
黑龙江	双鸭山	7.39	2.98	0.605	0.702	0.625	BBB
山 西	阳泉	7.23	3.59	0.613	0.641	0.619	BBB
黑龙江	鹤岗	7.55	3.00	0.598	0.700	0.618	BBB
吉 林	通化	7.15	3.87	0.617	0.613	0.616	BBB
内蒙古	兴安	7.88	2.95	0.585	0.705	0.609	BBB
辽 宁	葫芦岛	7.57	3.51	0.597	0.649	0.607	BBB
黑龙江	伊春	8.86	4.14	0.546	0.586	0.554	BBB
吉 林	白城	9.95	4.14	0.502	0.586	0.519	BB
吉 林	白山	9.56	5.02	0.518	0.498	0.514	BB
黑龙江	黑河	10.54	3.92	0.478	0.608	0.504	BB
黑龙江	鸡西	10.90	4.36	0.464	0.564	0.484	BB
四 川	阿坝	10.95	6.93	0.462	0.542	0.478	BB
广 东	潮州	11.74	6.92	0.430	0.544	0.453	BB
吉 林	四平	13.37	5.74	0.365	0.426	0.377	B
辽 宁	铁岭	13.93	5.07	0.343	0.493	0.373	B
陕 西	铜川	15.42	5.79	0.283	0.421	0.311	C
黑龙江	绥化	18.00	6.34	0.193	0.621	0.279	C
吉 林	松原	18.92	6.81	0.181	0.559	0.257	D

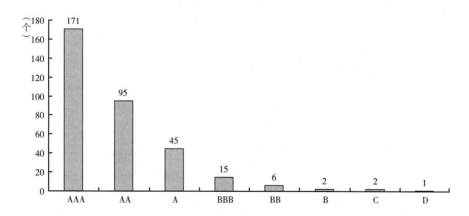

图 D.1 中国 337 个城市（地区）信贷资产质量评级数量分布（2013）

图书在版编目（CIP）数据

中国地区金融生态环境评价. 2013~2014/王国刚，冯光华
主编. —北京：社会科学文献出版社，2015.5
ISBN 978 - 7 - 5097 - 7454 - 0

Ⅰ.①中… Ⅱ.①王…②冯… Ⅲ.①金融 – 研究 – 中国
Ⅳ.①F832

中国版本图书馆 CIP 数据核字（2015）第 086833 号

中国地区金融生态环境评价（2013~2014）

主　　编 / 王国刚　冯光华
副 主 编 / 刘煜辉　钟 用　蔡 真

出 版 人 / 谢寿光
项目统筹 / 周　丽
责任编辑 / 蔡莎莎　恽 薇

出　　版 / 社会科学文献出版社·经济与管理出版分社 （010）59367226
　　　　　 地址：北京市北三环中路甲 29 号院华龙大厦　邮编：100029
　　　　　 网址：www. ssap. com. cn
发　　行 / 市场营销中心（010）59367081　59367090
　　　　　 读者服务中心（010）59367028
印　　装 / 三河市尚艺印装有限公司

规　　格 / 开 本：787mm × 1092mm　1/16
　　　　　 印 张：18　字 数：299 千字
版　　次 / 2015 年 5 月第 1 版　2015 年 5 月第 1 次印刷
书　　号 / ISBN 978 - 7 - 5097 - 7454 - 0
定　　价 / 69.00 元